Kunst-Reiseführer in der Reihe DuMont Dokumente

Zur schnellen Orientierung für den Reisenden die wichtigsten Orte und Seen auf einen Blick

(Auszug aus dem ausführlichen Ortsverzeichnis S. 313–317)

Abtenau 124–125	Mauterndorf 127–128
Alt-Aussee 214–215	Michaelbeuern, Kloster . . 278–280
Altmünster 216	Mittersill 134
Altoberndorf 280	Mondsee, Kloster 136–138
Altpernstein, Burg 210–211	Obernberg am Inn 274
Anif, Schloß 121	Oberrauchenödt 257–258
Attersee 164	Pürnstein, Burg 262–263
Bad Aussee 213–214	Radstadt 125
Badgastein 131	Ranshofen 276–277
Bad Goisern 141–142	Reichersberg, Augustiner-
Bad Hall 229–230	Chorherrenstift 272–274
Bad Hofgastein 131	Ried im Innkreis 274–275
Bad Ischl 140–141	Salzburg 15–120, 285–288
Baumgartenberg, ehem.	Schärding 270–271
Zisterzienserstift 234–235	Schlägl, Stift 259–261
Braunau am Inn 275–276	Schlierbach,
Christkindl 230–231	Zisterzienserstift 192–210
Eferding 266–268	Spital am Pyhrn 211–212
Engelhartszell 269–270	St. Florian, Augustiner-
Enns 184–185	Chorherrenstift 180–184
Freistadt 240, 257–258	St. Georgen an der Mattig . . . 277
Fuschlsee 135	St. Gilgen 135–136
Garsten, Kollegiatstift . . 191–192	St. Martin im Lungau 127
Gleink 187	St. Michael im Lungau . . 126–127
Gmunden 217–218	St. Thomas am Blasenstein . . 237
Golling 124	St. Wolfgang 138–140
Grein 236–237	Stadl-Paura 169
Hallein 122	Straßwalchen 163
Hallstatt 142–144	Steyr 188–191
Irrsdorf 163	Tamsweg 128–129
Kefermarkt 238–240	Traunkirchen 215–216
Königswiesen 238	Traunsee 215–218
Kremsmünster 220–229	Vöcklabruck 165
Kuchl 124	Wartberg a. d. Krems 220
Lambach, Benediktinerstift 166–169	Wels 169–171
Linz 171–180	Werfen 129–130
Mariapfarr 128	Wilhering,
Maria Kirchenthal 133–134	Zisterzienserabtei . . . 265–266
Mattighofen 277–278	Wolfgangsee 135–138
Mattsee, Kollegiatsstift . . 161–162	Zell am See 133

In der vorderen Umschlagklappe: Übersichtskarte

In der hinteren Um

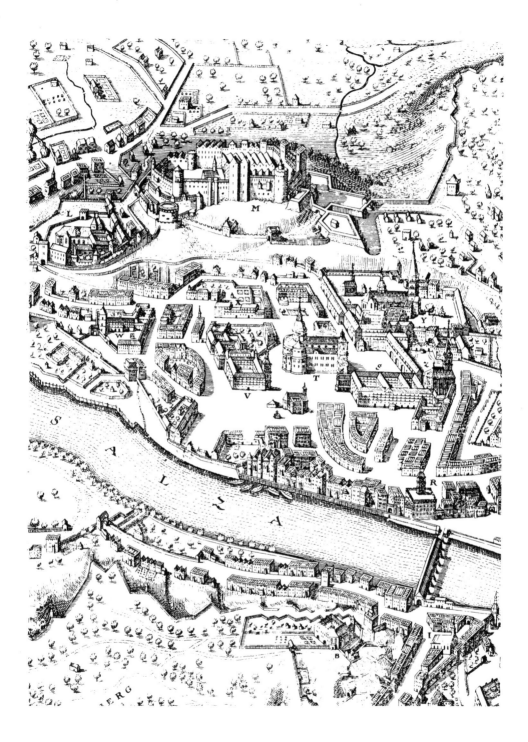

Werner Dettelbacher

Salzburg
Salzkammergut
Oberösterreich

DuMont Buchverlag Köln

Umschlagvorderseite: Salzburg mit der Festung Hohensalzburg
Vordere Innenklappe: Joh. Fischbach, Blick auf Salzburg, 1797.
Öl a. Lwd. 29,5 x 37 cm. Salzburger Landessammlungen, Residenzgalerie, Salzburg
Umschlagrückseite: Bürgerhaus in Tamsweg. Relief am Portal
Frontispiz: Salzburg. Ausschnitt aus der ›Topographia Bavariae‹, 1644.
Kupferstich von M. Merian

7. Auflage 1990
Alle Rechte vorbehalten. Nachdruck verboten
© 1978 DuMont Buchverlag, Köln
Satz: Rasch, Bramsche
Druck: Interdruck GmbH, Leipzig
Buchbinderische Verarbeitung: Leipziger Verlags- und Druckereigesellschaft mbH

Printed in Germany   ISBN 3-7701-0940-6

Inhalt

Vorbemerkung 7

Das Land 8
Einige Blätter aus dem Geschichtsbuch 10

I Salzburg 15
   Die Fürstenstadt 16
   Mozart- und Residenzplatz – Residenz – Dom – Franziskanerkirche –
   St. Peter mit Friedhof und Katakomben – Hohensalzburg und Stift Nonn-
   berg – Kajetanerkirche

   Die Bürgerstadt 70
   Alter Markt – Rathaus – Getreidegasse – Mozarts Geburtshaus – Universität – Kollegienkirche – Felsenreitschule – Hofstallschwemme – Bürgerspitalkirche – Museum Carolino Augusteum – Markuskirche – Müllnerkirche

   Der Stadtteil rechts der Salzach 77
   Schloß Mirabell mit Garten – Kapuzinerberg – Sebastianskirche und Friedhof – Robinighof – Wallfahrtskirche Maria Plain

   Einige Schlösser um Salzburg 115
   Klesheim – Leopoldskron – Hellbrunn

II Von Salzburg aus in den Pongau, in den Lungau und den Pinzgau . . 121
   Anif – Hallein – Kuchl – Abtenau – Altenmarkt – Mauterndorf – Maria-
   pfarr – Tamsweg – Gasteiner Tal – Abstecher nach Zell am See und Maria
   Kirchenthal – Großglocknerstraße – Mittersill

III Von Salzburg durchs Salzkammergut nach Hallstatt 135
   Fuschlsee – Mondsee (Kloster) – Wolfgangsee (St. Wolfgang, St. Gilgen) –
   Bad Ischl – Gosautal – Hallstatt

IV Auf der Römerstraße von Salzburg über Wels nach Linz und
Lorch/Enns 161
Kloster Mattsee – Straßwalchen – Abstecher zum Attersee – Benediktiner-
stift Lambach – Stadl-Paura – Wels – Linz (Schloß, Rathaus, Landesmuseum,
Pöstlingberg mit Wallfahrtskirche) – Stift St. Florian – Lorch – Enns

V Kostbarkeiten an Enns, Steyr, Traun und Krems 187
Steyr (Burg Lamberg, got. Pfarrkirche, Marktplatz mit Bummerlhaus) –
Stift Garsten – Zisterzienserabtei Schlierbach – Spital am Pyhrn – Durchs
Ausseer Land (das zur Steiermark zählt) über Bad Ischl und Ebensee nach
Traunkirchen – Altmünster – Schloß Ort – Gmunden – Grünau im Alm-
tal – Benediktinerstift Kremsmünster – Bad Hall – Christkindl – Steyr-Enns

VI Von Enns durchs Mühlviertel nach Linz 233
Ausgangspunkt Enns – Mauthausen – Stift Baumgartenberg – Schloß Clam –
Grein – St. Thomas am Blasenstein – Über Pregarten nach Kefermarkt –
Schloß Weinberg – Freistadt – Waldburg – Stift Schlägl – Sprinzenstein –
Burg Pürnstein

VII Von Linz um das Innviertel nach Salzburg 265
Linz – Zisterzienserabtei Wilhering – Eferding – Aschach – Schlögen
(Donauknie) – Engelhartszell – Schärding am Inn – Suben – Stift
Reichersberg – Ried im Innkreis – Braunau – Ranshofen – Mattighofen –
Kloster Michaelbeuern – Oberndorf a. d. Salzach

Hinweise für Kunstfreunde 281
Salzburger- und andere Festspiele – Aus Küche und Keller – Hotels und
Gaststätten – Brauchtum und Feiertage

Ausgewählte Literatur 303

Fotonachweis 304

Erklärung historischer und kunsthistorischer Fachbegriffe (Glossar) 305

Register 310

Vorbemerkung

Mit dem Kunst-Reiseführer ›Salzburg, Salzkammergut, Oberösterreich‹ möchte ich Sie in mein bevorzugtes Feriengebiet führen, das ich über Jahre bis in alle Winkel durchstreift habe, um seine bekannten und verborgenen Kostbarkeiten vorzustellen. Für Einheimische ist die Kombination dieser zwei Bundesländer in einem Band gar schroff, für manche Alt-Salzburger fast schmerzlich, doch sieht gerade der Kunstinteressierte viele Gemeinsamkeiten im überall vorherrschenden Barock, bemerkt nur bei historischen Erinnerungen Unterschiede und Eigenheiten. Daß die Kunstwerke rings um sich Sommer wie Winter eine Ferienlandschaft als Kulisse haben, ist eine erfreuliche ›Dreingabe‹.

Was an Besonderheiten der Sitten, des Essens und Trinkens, samt der Salzburger und anderer Festspiele geboten wird, bringen die ›Gelben Seiten‹. Sowohl in der Stadt Salzburg als auch bei den Besuchen außerhalb wurden Routen ausgearbeitet, die man nicht sklavisch absolvieren soll. Anhand tauglicher Straßenkarten (zu empfehlen sind die des ÖAMTC) und des Registers kann man sich individuelle Touren zusammenstellen. Auf den sechs in diesem Band beschriebenen Routen wurde versucht, möglichst viel an Eigenständigkeit von Kunst und Kultur aus dem reichen Bestand dieser Länder zwischen Großglockner und Plöckenstein zu versammeln. Da nur die Höhepunkte beschrieben sind, wende man sich wegen Einzelheiten an die auf Seite 305 vorgeschlagene Literatur.

Für freundliche Auskünfte zur Verbesserung der 7. Auflage danke ich Herrn Hubert Feichtmeier in Schwandorf und Herrn Dr. Wolfgang Sommergruber in Vöcklabruck. Dank gebührt Frau Inge Bodesohn für die Betreuung meines dritten Kunst-Reiseführers beim DuMont Buchverlag, Frau Ute-Barbara Leutloff für die Erstellung der Register und Frau Jutta Walrich für das Zeichnen der Karten.

Unser aller Wunsch ist, daß dieser Band Ihnen Vertrautes vor Augen rückt und viele erfreuliche Entdeckungen ermöglicht, damit Sie auch andere mit Ihrer Begeisterung anstecken.

Werner Dettelbacher

Das Land

Das Gebiet, das wir auf der Suche nach hervorragenden oder typischen Zeugnissen der Kunst durchstreifen wollen, ist, grob gesprochen, von Nord nach Süd dreigeteilt. Im Norden zieht sich der Böhmerwald von Nordwest nach Osten, auf dessen Rücken, meist durch dichte Wälder, die Grenze zwischen Österreich und der Tschechoslowakei verläuft. Nahe dem Grenzdreieck zu Bayern liegt die höchste Erhebung unseres Ausschnittes, der Plöckenstein (Plechy), mit 1378 m. Wir stehen hier auf einem Teil der uralten Rumpflandschaft des Bojischen Massivs und damit auf den ältesten Gesteinen, auf Granit und kristallinen Schiefern, die in einer mehrere hundert Millionen Jahre überschreitenden Zeit trotz ihrer Härte vorzüglich durch die Verwitterung stark abgetragen und abgerundet wurden, in unserem Gebiet im Osten stärker als im Westen. Da die Böden aus Granit- und Schiefergrus wenig ergiebig sind, wurden Rodungsschneisen entlang den Flüssen und Bächen erst nach der Jahrtausendwende vorangetrieben, als fruchtbare Gebiete bereits übervölkert waren, seitwärts der Flüsse gar erst in der Neuzeit durch Weiler der Grundherrschaften erschlossen. Die Herrschaftssitze, auf steilen Felsen fast uneinnehmbar gelegen, entstanden zumeist an den Handelsstraßen nach Böhmen, die von Passau, Linz, Steyr und Enns aus durch die Wälder nach Budweis, Tabor und Iglau führten. Auch heute noch ist das Mühlviertel, dessen zahlreiche Mühlen bis auf wenige ›wegrationalisiert‹ wurden, ein Abwanderungsgebiet mit geringer mittelständischer Industrie.

Die Donau hat zwischen Passau und Schlögen das Urgestein durchsägt und den Sauwald, den nördlichen Kern des Innviertels, abgetrennt, der nun, waldbestanden wie die Hauptmasse, im Alpenvorland liegt, ursprünglich eine Senke zwischen der alten Bojischen Masse und den gegen sie gepreßten und dabei aufgefalteten jungen Schichten der Alpenkette. Dieses Vorland – im Westen ist es das südliche Innviertel und im Osten das ›Landl‹ als Herzstück des alten Traungaus – in seinem gelassenen Wechsel kleiner waldbestandener Hügel und breiter fruchtbarer Fluren liegt auf Ablagerungen. Zuunterst dämmert der Rest eines seichten Meeres aus dem Tertiär, das vor ca. 50 Millionen Jahren dort ablagerte, heute ›Schlier‹ heißt und einen guten Ackerboden abgibt. Darüber befinden sich meist Sande aus einem jüngeren Meer, das langsam ausgesüßt wurde. Wo Sumpf- und Moorwälder versanken, bildete sich Braunkohle. In den vier

8

Eiszeiten, also von etwa 900 000–10 000 v. Chr. schoben sich mächtige Gletscher ins Vorland und lagerten dort ihren Schutt als Moränen ab. Die wurden von den Flüssen Inn, Salzach, Traun, Steyr und Enns dann zum Teil mitgeschleppt und beidseits der Betten abgelagert. Auf diesen 10–12 Meter hoch liegenden Schottermassen stehen Burgen und Klöster (so Ranshofen ob dem Inn, Lambach ob der Traun) auf hochwasserfreiem Boden. Noch fruchtbarer als der Schlier sind die inselartig eingesprengten Lößlager, vom Wind aus Wüsten herangewehter Staub. Vor der Alpenkette liegt als dünner Saum der Flysch, ein ganz junger Sandstein von 80 Millionen Jahren, verglichen mit dem über 650 Millionen Jahre alten Granit des Böhmerwaldes.

Südlich davon ragen die Kalkalpen auf, deren Aussehen in jüngster Erdgeschichte geformt wurde, deren Kalke aber in Meeren abgelagert wurden, die vor 250 Millionen Jahren bestanden. Die ältesten Versteinerungen entstammen den ›Hallstätter Kalken‹ aus der geologisch äußerst ergiebigen Senke zwischen dem Toten Gebirge und dem Dachstein. Im Dachstein erreichen die Kalkalpen unseres Ausschnitts hochalpines Format; seine Kalke, fast waagerecht lagernd, sind die ältesten. Ursprünglich bildeten wohl Dachstein und Totes Gebirge ein einziges Massiv, eine Kalkhochfläche ohne eigenes Flußsystem, weil sich das Wasser, in Klüften und Spalten versickert, unterirdisch Wege bahnte, die als weitläufige Höhlen zum Teil heute noch sicht- und begehbar sind. Als diese Hochfläche zwischen Dachstein und Großem Priel in Schollen zerfallen war, drang das Wasser füllend in die Klüfte, bildete die sieben großen und die 47 kleinen Seen des Salzkammergutes. An den Seebecken arbeiteten außerdem die Eisströme der Gletscher. Der vom Dachstein rutschende Hauptgletscher wurde vom Gspranggupf da gespalten, wo heute Ischl liegt; der Ostarm drang bis zum Traunsee vor, benutzte ihn als Zunge; der Westarm erreichte den Wolfgang- und Fuschlsee, drängte seinen Daumen in Mond- und Attersee. Da manche Moränen zu übermächtig waren, entwässern Fuschl-, Mond- und Wolfgangsee nicht nach außen, sondern in den Attersee und die Traun.

Im Westteil gehören zu den Nördlichen Kalkalpen das Tennengebirge, der Hochkönig, das Steinerne Meer, die Leoganger Steinberge und die von Tirol trennenden Kitzbühler Alpen vom Gerlos-Paß bis zum Zeller See. Ein breites, von eiszeitlichen Gletschern ausgeräumtes Längstal, das jetzt von der Salzach von ihrer Quelle bis zu St. Johann im Pongau genutzt wird, trennt diese Kalkstöcke und Züge von den Zentralalpen, deren einstiger Kalkmantel von der Verwitterung bis auf geringe Reste zerstört wurde, so daß die Granit- und Gneismassen des Kerns zutage treten. Die Hohen Tauern mit der Venediger- und Glocknergruppe, diese Steilwand im Süden des Pinzgaus, entwässern in schmalen, häufig nicht befahrbaren Tälern zur oberen Salzach, die östlich des Gasteiner Tales aufragenden Radstädter Tauern zur Salzach und zur jungen Enns. Österreichs höchste Berge, der Großvenediger (3674 m) und der Großglockner (3797 m), bilden nicht nur die Wasserscheide zwischen Inn- und Drauzuflüssen, sondern auch mit ihren ausgedehnten Gletschern die Grenze zwischen dem Salzburger Land und Osttirol bzw. Kärnten.

Einige Blätter aus dem Geschichtsbuch

Bis heute fehlen Funde aus der älteren Steinzeit in Salzburg, während sie in Oberösterreich zutage kamen. Die frühesten Spuren menschlicher Existenz sind die Felszeichnungen am Warscheneck im Toten Gebirge, die wahrscheinlich dem Magdalénien (15000–9000 v. Chr.) angehören. Aus der Mittleren Steinzeit (ca. 9000–4000 v. Chr.) stammen Mammutknochen und Feuersteinwerkzeuge bei Mauthausen und der Hornsteinschaber neben Bisonknochen im Linzer Froschberg. In der Jungsteinzeit (ca. 4000 bis 1500 v. Chr.) des Voralpen-Donau-Raumes treten aus Grünstein geschliffene Geräte anstelle des Feuersteins, werden Tongefäße gebrannt, wird der Räuber und Jäger zum Wirtschaftsproduzenten, der Haustiere zähmt und Fruchtvermehrung durch Ackerbau betreibt. Die älteste bäuerliche Siedlung wurde in Rutzing bei Hörsching freigelegt mit Holzhäusern der Abmessung 20 x 8 m. Damals entstanden die Pfahlbaudörfer am Mondsee, damals wurde auch das Salzburger Becken und sein voralpines Flachland besiedelt, wie die Funde auf dem Rainberg in Salzburg (ca. 2500 v. Chr.), der ältesten Fundstelle im Salzburger Raum, beweisen. Am Mondsee wurden Fragmente des neuen ›Metalles‹ Bronze gefunden, das der Epoche von ca. 1800–900 v. Chr. den Namen gab. Sein Hauptbestandteil Kupfer wurde ca. 1700–950 v. Chr. vor allem am Mitterberg, Buchberg und Einödberg bei Bischofshofen gewonnen und verhüttet. Als die Kupferadern versiegten, konnte die Salzgewinnung am Dürrnberg bei Hallein aufgenommen werden. Besitzer und Händler des begehrten Salzes, die Kelten der Jungeisenzeit (ca. 400–15 v. Chr.), erwarben bereits solchen Reichtum, daß sie Zeit und Geschick für die künstlerische Gestaltung ihrer Geräte und Waffen hatten, wie die im Salzburger Museum Carolino Augusteum bewahrten Funde (Abb. 12) zeigen. Noch reichhaltiger waren die Funde im oberösterreichischen Hallstatt, die einer ganzen Epoche, der Hallstattzeit (ca. 800–450 v. Chr.), den Namen gegeben haben (Abb. 76, 77). Hallstatter Salz wurde damals bis 1000 km weit nach Norden und Osten gehandelt.

Die Kelten konnten um 400 v. Chr. einen eigenen Staat, NORICUM, zwischen Alpenkamm und Donau errichten, der auf friedlichem Wege dem römischen Imperium angegliedert wurde, dessen Grenze 15 v. Chr. die Donau erreichte. Hauptstadt der römischen Provinz Ufernoricum wurde OVILAVA (Wels), während IUVAVUM (Salzburg) als Municipium an der wichtigen Nord-Süd-Verbindung lag. Erst als um 130 n. Chr. nördlich der Donau die kriegerischen Germanenstämme der Markomannen und Quaden bedrohlich auftauchten, wurde nahe der Ennsmündung die Grenzfestung LAURIACUM (Lorch) für die 6000 Mann der 2. Italischen Legion gebaut, unter Kaiser Marc Aurel (161–180) eine Donauflottille dorthin verlegt. Dort starb 304 Florian als Märtyrer des christlichen Glaubens, der unter Kaiser Konstantin d. Gr. (306–37) sehr gefördert wurde. Noricum hatte im hl. Severin seinen bedeutendsten Seelsorger, der sich als Gründer des Klosters Mautern um die durch Überfälle und Plünderungen der Heruler verängstigte und beraubte romanische Bevölkerung kümmerte. Diese wich schließlich dennoch 488 zum großen Teil nach Italien zurück. Diese Abwanderung hat die endgültige Romanisierung Noricums verhindert, wie sie etwa in Dacien (dem heutigen Rumänien) gelungen war. Daß die römisch-keltische Mischbevölkerung nicht ausgestorben war, zeigen bis heute die übers ganze Gebiet verstreuten ›Walchen‹-Orte an, die auch die Hunnenstürme 425–53 überstanden haben. In Salzburg saßen bei Ruperts Eintreffen (ca. 696) noch Romanen zwischen der Stadt und dem Paß Lueg.

In dieses menschenarm gewordene Land drang 500–600 der Stamm der Baiern ein, als dessen Kern die Markomannen angenommen werden, die allerdings mehr Ackerbauern und Viehzüchter als städtebewohnende Handwerker und Händler waren, so daß nur wenige Einheimische verdrängt wurden, die meisten unbehelligt blieben. Mit den Baiern kam eine erneute Christianisierung durch Missionare aus Irland und dem Rheinland. Berühmt wurde der Rheinfranke Hruodbert (Rupert) aus Worms, dem Baiernherzog Theodo 695 die Missionserlaubnis erteilte, der St. Peter in den Ruinen von Iuvavum gründete. Von Salzburg aus wurden die heidnischen Slawen Karantaniens (Kärntens und der Steiermark) zum Christentum bekehrt. Auf diese Slawen waren die vordringenden Baiern im Lungau und am Oberlauf von Steyr und Enns schon getroffen, doch mußte erst Baiernherzog Tassilo I. 595 deren Zwingherren, die Awaren, besiegen, ehe die slawischen Landstriche eingegliedert werden konnten. Alte Slawenorte verraten sich noch heute durch die Zusätze ›-itz‹ oder ›Windisch–‹. Zur Festigung des Christentums stiftete Herzog Odilo 748 das Kloster Mondsee, Herzog Tassilo III. 777 die Klöster Mattsee und Kremsmünster, die mit reichem Güterbesitz ausgestattet wurden, in ihren Schreibschulen auch fähigen Verwaltungsnachwuchs heranbildeten. Unter Tassilo III. soll Virgil den ersten Salzburger Dom errichtet haben, eine der drei größten Anlagen des damaligen Frankenreiches, die, so vermutete Sedlmayr, Tassilos Krönungskirche werden sollte.

Mit dem Sturz des Herzogsgeschlechtes der Agilolfinger durch Karl d. Gr. und dessen Sieg über die Awaren 791 wurde das Land zwischen Inn und Enns königlicher Besitz, der in Grafschaften aufgeteilt wurde und über hundert Jahre Frieden genoß. Unter Arno, dem Freund Karls d. Gr. und Alkuins, wurde Salzburg zur Erzdiözese erhoben und ihm die bairischen Bistümer Regensburg, Freising, Passau und Brixen unterstellt. Um 900 begannen die Ungarn gegen die Ostmark anzurennen, konnten 907 bei Preßburg den bairischen Heerbann vernichtend schlagen und bis zur Enns vorrücken, wobei ein großer Teil des salzburgischen Missionsgebietes verlorenging. Damals wurde die Enns-

AUS DER GESCHICHTE

burg gebaut, die erste von weiteren Zufluchtsburgen (wie z. B. Steyr) vor den häufigen Einbrüchen ungarischer Reiterhorden, die nur durch Tributzahlungen für einige Jahre fernzuhalten waren. Nachdem sie beim Angriff auf Augsburg 955 auf dem Lechfeld von Kaiser Otto I. und dem Reichsaufgebot geschlagen worden waren, bestrafte man auch die aufsässigen baierischen Adeligen, Erzbischof Friedrich von Salzburg wurde sogar geblendet und ins Kloster Säben/Südtirol verbannt. Kaiser Otto III. belohnte die Treue der Erzbischöfe zum kaiserlichen Haus, indem er 996 Erzbischof Hartwik den täglichen Markt und das Münzrecht gewährte, womit sich die Herauslösung Salzburgs aus dem bairischen Herzogtum anbahnte. Von jetzt an bis 1806/16 betrachten wir die Schicksale Oberösterreichs und Salzburgs getrennt.

Nachdem Kaiser Otto II. einen Aufstand Herzog Heinrich des Zänkers von Baiern niedergeworfen hatte, setzte er den Babenberger (Bamberg war die Hauptburg des Geschlechtes) Luitpold zum Markgrafen des bairischen Ostlandes, seit 996 ›Ostarrichi‹, ein. Sein Herrschaftsgebiet umfaßte das Land westlich Melk bis zum Hausruck und nördlich der Donau bis westlich der Aist, doch waren in ihm einige freie Adelsherrschaften zu finden. Am mächtigsten waren die Adalberonen, die Grafen von Lambach/Wels, deren Besitz von Grieskirchen bis ans Tote Gebirge reichte. Nach ihrem Aussterben 1050 beerbten sie westlich der Traun die Grafen von Formbach am Inn, östlich davon die Herren von Steyr; den persönlichen Besitz aber brachte der 1045 zum Bischof von Würzburg erhobene Graf Adalbero 1056 seinem Kloster Lambach ein. Das 11. und 12. Jh. war die große Zeit der Klöster als kulturelle Mittelpunkte wie als Pioniere der Landwirtschaft und Rodung. Gegründet wurden: 1020 Traunkirchen, 1050 Suben am Inn, 1071 übernahmen die Augustiner-Chorherren St. Florian, 1082 das Kollegiatstift Garsten, 1084 Stift Reichersberg, 1125 Kloster Gleink, 1141 Baumgartenberg, 1146 Wilhering und 1210 Schlägl, um nur die langlebigsten zu nennen, die vor allem im reichen Traungau mit Güterbesitz ausgestattet waren oder Rodungsland im Mühlviertel besaßen. Der westliche Teil des Mühlviertels und Linz gehörten zur Herrschaft des Bistums Passau, während das nördliche Mühlviertel durch Rodungen der Herren von Aist, der Haunsperger und Waxenberger Grafen erschlossen wurde. Eine Zeit unerhörter Baufreude und Bildungshungers war angebrochen, auch getragen von der aufkommenden Schicht der Ritter und Ministerialen, zu denen auch der Kürnberger und Dietrich von Aist, die ritterlichen Dichter, gehörten.

Ende des 12. Jh. drangen die Babenberger als Erben der Grafen von Steier in den Traungau vor, den sie 1186 vom Herzogtum Steiermark trennen und ihrem Österreich zuschlagen konnten. Mit dem Aussterben der Herren von Regau und später der Haunsperger fiel ihnen weiterer Besitz um Wels und Linz zu. Nach dem Tode des letzten Babenbergers Friedrichs II. 1246 in der Schlacht bei Wiener Neustadt gegen die Ungarn schien das Land zwischen Enns und Hausruck zwischen Ungarn und Böhmen zerquetscht zu werden. Immerhin bekam das Land damals seinen Namen, als 1264 bei einem Gerichtstag in Linz König Ottokar von Böhmen einen ›Richter der Provinz Oberösterreich‹ walten ließ. Der Stellvertreter des Landesherrn (seit 1276 war das Ru-

12

dolf von Habsburg), hieß seit dem Einzug der Habsburger ›Hauptmann von Oberösterreich‹. Diesem Land konnte Kaiser Maximilian I. 1506 das Mondseer Land hinzufügen. Die letzte Gebietsabrundung gelang erst Kaiser Joseph II., der 1779 das Innviertel Bayern abjagen konnte, das seitdem Bestandteil Oberösterreichs ist. Bis ins 19. Jh. hinein lag ein besonderer Reichtum dieses Gebietes in der Salzgewinnung in Hallstatt und dem Handel mit diesem ›weißen Gold‹ nach Böhmen, Mähren und Ungarn, sowie im Handel mit dem Eisenerz des steirischen Erzberges und seiner Weiterverarbeitung in den Hütten und Schmieden des Enns-, Steyr-, Krems- und Almtales, von denen nur noch die Sensenschmiede in Scharnstein überlebt hat. Dort hatte bereits 1585 Helmhart Jörger zwei moderne Hammerwerke errichten lassen.

Die Jörger und Tschernembl, Erasmus von Starhemberg und andere Adelige waren inzwischen, ähnlich vielen Bürgern und manchen Bauernschaften, zum evangelischen Glauben übergetreten, begünstigt durch die Religionskonzession an die Landstände 1568, um die Riesensumme von 1 200 000 Gulden Türkenhilfe aufzubringen. Mit dem Regierungsantritt Kaiser Ferdinands II. (1619–37) setzte eine massive Gegenreformation ein. Als daher die evangelischen Stände 1620 dem Kaiser die Huldigung verweigerten, warf der damit beauftragte Herzog Maximilian von Bayern den Aufstand nieder und ließ das Land durch Adam Graf von Herberstorff, einen Steiermärker und Konvertiten, acht Jahre lang besetzen, bis seine Kriegsunkosten in Böhmen bezahlt waren. Herberstorff warf 1626 auch den gefährlichen Aufstand der Traungauer Bauern unter dem Bauer Stefan Fadinger und der Mühlviertler Bauern unter dem Gastwirt Christoph Zeller, die Linz belagerten, nieder und hielt zu Frankenburg (s. S. 284 f.) jenes berüchtigte Würfelspiel zur Auslosung seiner Opfer. Die Bauern blieben bis 1848 an Grund und Boden haftende Untertanen. Mit der Ausweisung der evangelischen Adeligen 1627, deren Grundbesitz katholischen Standesgenossen aus anderen Erbländern zugewiesen wurde, siegte die Gegenreformation, die mit ihren herrlichen Kirchen und Klöstern allerdings erst nach dem Dreißigjährigen Krieg beginnen konnte. Zum Triumph über die Falschgläubigen gesellte sich nach dem Entsatz Wiens von den Türken 1683 und die folgenden Siege über den ›Halbmond‹ auch der über die Ungläubigen.

Der Stil des reichen 18. Jh. und der Gegenreformation war der Barock, der Oberösterreich wie kein anderer geformt hat, die schloßartigen Stifte genauso wie die über 100 Kirchen im Lande. Von Italienern zuerst gelehrt, von einheimischen wie aus Wien geholten Künstlern zur Perfektion gebracht, entstanden diese theatralischen Schöpfungen, die in Schlierbach, Stadl-Paura und Christkindl besondere Triumphe feierten. Ein großer Teil dieser alten und neuen Stifte wurde 1784 f. von Kaiser Joseph II., dem Aufklärer auf dem Thron, aufgehoben, zum Teil zur Ausstattung des Bistums Linz verwendet, das den Einfluß von Passau endgültig beschnitt. Dieses Land, in dem Joseph II. auch Robot und Leibeigenschaft aufgehoben hatte, erlebte 1800, 1805 und 1809 die Niederlagen Habsburgs und Besetzungen durch französische und bayerische Armeen, bis der Wiener Kongreß 1814–16 Oberösterreich mit dem 1779 gewonnenen Innviertel wieder herstellte.

AUS DER GESCHICHTE

1816 kam das aufgehobene Erzstift Salzburg, um den Rupertiwinkel gemindert, an Österreich ob der Enns, wurde bis zur Erklärung als Kronland 1861 der Regierung in Linz unterstellt, schmerzlicher Vorgang nach über 800 Jahren Selbständigkeit. Um 1000 war das Erzbistum Salzburg nicht nur das reichste im Südosten des Reiches, zu seinen Suffraganen zählten so missionseifrige wie Freising, Regensburg (vorübergehend) und Passau, das sich bis zur Säkularisation 1803 vergeblich bemühte, seine abhängige Stellung zu verlassen. Im 12./13. Jh. gründete Salzburg die sog. Eigen-Bistümer Gurk, Chiemsee, Seckau (Obersteiermark) und Lavant (Kärnten). Das weltliche Herrschaftsgebiet, durch Schenkungen der Agilolfinger und des bairischen Adels im Isen- und Chiemgau gelegen, um die Forste bei Bischofshofen, Abtenau und Thalgau vermehrt, wuchs unter Erzbischof Eberhard II. von Regensberg (1200–46), einem Parteigänger der Staufer, zu einem geschlossenen Territorialblock zusammen. König Friedrich II. schenkte 1213 dem ›Vater des Landes Salzburg‹ Güter im Lungau. Durch Kauf oder Heimfall der Lehen konnte Eberhard II. den Oberpinzgau und Windischmatrei, Plain und den Mittelpinzgau, schließlich Lebenau angliedern, da ihm und seinen Nachfolgern die hohen Überschüsse aus der Salzgewinnung zu Gebote standen. Mit den Habsburgern, die Salzburgs Expansion nach Osten stoppten, arrangierte man sich 1296 im Wiener Frieden, blieb – von wenigen Ausnahmen abgesehen – auf ihrem Kurs, hatte aber bis zum Untergang 1803 stets Schwierigkeiten mit Bayern, das auch das Fürstentum Berchtesgaden an sich ziehen konnte und mit seinem Salz aus Reichenhall wirtschaftlich gefährlich konkurrierte.

Dieser auf Sicherheit bedachte geistliche Staat erlebte Verheerungen zwar im Ungarischen Krieg, in dessen Folge 1535 auf die Gebiete in Kärnten und Steiermark verzichtet wurde, und im Bauernaufstand 1525 und 1626, blieb jedoch vom Dreißigjährigen Krieg verschont, dank der Friedenspolitik Paris Lodrons.

Mit der Gegenreformation, die allerdings nur in den Städten zunächst konsequent betrieben wurde, zog in Salzburg der Barock ein, machte die Stadt zu jenem vielgepriesenen ›Rom des Nordens‹. 1684/85 erfolgte die Ausweisung der Protestanten aus dem (heute tirolischen) Defreggental, erst 1731/32 unter Erzbischof Leopold von Firmian (1727–44) die spektakuläre Emigration von 20000 Einwohnern des Pongaus und seiner Nachbarschaft zumeist nach Ostpreußen, aber auch nach Holland und Georgia. Das seit 1612 von keinem Feind mehr betretene Land wurde von Napoleons I. Heeren gleich dreimal (1800, 1805, 1809) durchzogen, das Erzstift 1803 säkularisiert und (dem Habsburger) Großherzog Ferdinand III. von Toskana als Ersatz für sein besetztes Stammland gegeben, 1806–10 Österreich als Entschädigung für Tirol abgetreten, 1810 bis 1816 schließlich vorübergehend von Bayern besetzt. Um den fruchtbaren Rupertiwinkel gemindert, kam das ehem. Erzstift Salzburg 1816 endgültig zu Österreich.

I Salzburg

In Salzburg ist vieles großartig, die Kirchen, die Plätze, die Brunnen, doch einmalig
ist die Lage der Altstadt im Schutze des Mönchs- und Festungsberges links der Salzach.
Beide Hausberge verhinderten bis zur Jahrhundertwende ein Ausufern des alten Be-
standes, den alte Städte nach dem Schleifen ihrer Befestigung erlebten. Neubauten und
Reihensiedlungen, notwendig bei einer Verdreifachung der Bevölkerung in den letzten
70 Jahren, liegen bis auf wenige Ausnahmen jenseits der sichtbegrenzenden Berge. Gestaltet oder wenigstens überformt wurde die Altstadt zu Füßen der krönenden Festung
Hohensalzburg vom Barock, dem nicht nur die großen Bauten und Plätze zu danken
sind, der auch auf die Fassaden der engen Bürgerstadt und ihre gleichhohen Dachzeilen
gewirkt hat. Der knappe Boden zwang zu dichter und hoher Bebauung in der Bürgerstadt im Unterschied zu den repräsentativen Plätzen der Fürstenstadt. Überragt werden
Fürsten- wie Bürgerstadt von Kuppeln und Türmen der Kirchen (Abb. 1), auch des
Rathauses, die vor der Kulisse der Mönchsbergfelsen und der Festung Hohensalzburg
scharf umrissen stehen und mit ihren zahlreichen Glocken zu Andacht und Gottesdienst
rufen.

Steht man auf dem rechten Ufer der Salzach zu Füßen des Kapuzinerberges, so wirkt
die Häuserzeile des Gegenufers wie eine Mauer, massiv gebaut gegen die oft bedroh-
lichen Hochwasser, kaum daß ein Zugang zu erspähen ist (Abb. 2). Da allerdings, wo
der Makartsteg aufsetzt, führt einer in die ›Bürgerstadt‹, und dort, wo das Ufer den
Mozartsteg aufnimmt, dringen wir in die ›Fürstenstadt‹ (›Mönchsstadt‹, ›Residenzstadt‹) vor. Statt des 1867 abgerissenen St. Michaels-Tores zieht jetzt eine Schneise vom
Rudolfskai zum Mozartplatz. Bei der Ausschachtung des Fundamentes fürs Mozart-
denkmal stieß man 1841 auf ein römisches Mosaik mit der Inschrift: ›Hic Habitat
Felicitas Nihil Intret Mali‹ (Hier wohnt das Glück, nichts Böses trete ein!), ein freundlicher Wunsch aus dem römischen Munizipium Iuvavum, das, im Unterschied zur älteren
Keltensiedlung auf dem Rainberg, in der Talaue lag, da der Raum zwischen Alpen und
Donau befriedet war. Unter Kaiser Claudius (41–54) zum Munizipium erhoben, der
einzigen Gemeinde des römischen Staatsverbandes nördlich der Alpen, die staatliche
Aufgaben zu erfüllen hatte, wurde Iuvavum in den Markomannenkriegen niedergebrannt, um 205 im kleineren Rahmen wieder aufgebaut, schließlich ab 488 eine ver-
ödende Stadt, weil der größte Teil der Bevölkerung auf Geheiß Odoakars nach Italien

SALZBURG MOZART- UND RESIDENZPLATZ

heimkehrte. Das Forum vermutet man unter dem heutigen Residenzplatz, einen Umgangstempel will man am Verlauf der Kaigasse ablesen. Im Tiefgeschoß des Museum Carolino Augusteum werden Mosaiken, Steindenkmäler und Kleinfunde der römischen Zeit verwahrt, dazu die römische Kopie einer archaischen Apollostatue aus Gnigl und der Rahmenbalken eines Mithräums aus Unternberg im Lungau.

Die Fürstenstadt

Mit dem MOZARTPLATZ (ehem. Michaelsplatz) betreten wir einen der vier Plätze der Fürstenstadt, die auf Erzbischof Wolf Dietrich von Raitenau zurückgehen, der Bürgerhäuser ankaufen und schleifen ließ, darunter auch das Palais seines Bruders, um diese regelmäßigen Plätze und Durchblicke zu schaffen. Beraten hat ihn wohl der Venezianer Vincenzo Scamozzi im Winter 1603/04, der in seinem Architekturwerk für eine ideale Stadt fünf Plätze vorgeschlagen hatte. 1842 hat man auf dem ehem. Michaelsplatz das Denkmal Mozarts von Ludwig von Schwanthaler enthüllt, was aber die Witwe Konstanze Mozart-Nissen, die ihren Lebensabend in Nr. 8 verbrachte, nicht mehr erlebte.

Anton Amon, Salzburg vom Kapuzinerberg aus gesehen. 1791. Kupferstich nach Franz von Naumann.

Johanna S. Küsel, Der Residenzplatz. 1690. Kupferstich und Radierung

Dieses Haus, ein ehem. Kanonikalhof, war mit seinen Nachbarn zu einem Komplex zusammengefaßt worden. Das Haus Nr. 4 mit Hof und Kapelle aus dem 18. Jh. gehörte dem Landschaftskanzler J. E. von Andretter, einem der Auftraggeber Mozarts. Es beherbergt heute das Musikwissenschaftliche Institut der Universität. – An der Kante zum ›römisch‹ wirkenden Residenzplatz steht die MICHAELSKIRCHE anstelle einer schon vor 800 existierenden Pfalzkapelle der bairischen Herzöge, die mit der ›porta‹ (dem Tor) dem Kloster St. Peter zinste (Pagitz). Abt Beda Seeauer von St. Peter (1753–85) ließ daher den Neubau von Meistern ausstatten, die gerade an St. Peter beschäftigt waren. So schmiedete Philipp Hinterseer das prächtige Abschlußgitter, schuf Franz Xaver König das Deckenfresko und die Seitenaltarbilder, trug Benedikt Zöpf zierlichen Stuck an.

Der weite RESIDENZPLATZ ist kein ›totes Pflaster‹, sondern ins Leben der Stadt einbezogen (Farbtafel 2). Hier wird vom Glockenspielturm zu Advent das neue Kirchenjahr angeblasen, werden die Christbäume verkauft, sind am Palmsonntag Zweige und Palmbuschen zu haben, fahren am Vorabend der Festspieleröffnung die Gäste zum Galaempfang, wird der Fackeltanz gehalten. – Inmitten des Platzes steht auf polygonalem Grundriß der prächtige hochbarocke BRUNNEN, den Erzbischof Guidobald Graf Thun 1656–61 unter der Leitung des Giovanni Antonio Dario errichten ließ. Die vier aus Höhlungen eines Felsen hervorschnaubenden Rosse, die drei Athleten auf der Felsspitze, die drei schalentragenden Delphine und der Triton mit der wasserspeienden Muschel zuoberst werden einem Meister Tommaso zugeschrieben, wahrscheinlich Tommaso di Garona, von dem nichts Näheres bekannt ist.

Die linke Seite des Platzes nimmt der NEUBAU ein, ein großer kubischer Block, dessen Fassade zum Mozartplatz und zur Kaigasse den strengen Stil der Erbauungszeit 1588 bis 1602 unter Erzbischof Wolf Dietrich zeigt, der diesen Palast vielleicht als Zwischenlösung während des Umbaus der erzbischöflichen Residenz gedacht hatte. Ein Anbau von 1675 auf Geheiß des Kardinals Max Gandolph Kuenburg (heute Postamt) verzerrte die Proportionen, was durch die vorgebaute Arkadenhalle 1701 gemildert werden sollte. Populär wurde das Glockenspiel im Turm, das Graf M. J. E. Preysing bei dem Antwerpener Glockengießer Melchior de Haze gekauft hatte und dessen 35 Glocken 1696 in Salzburg wohlbehalten angekommen waren. Sie blieben stumm, weil der Mechanismus fehlte. Erst nach einem teuren Umbau durch Jeremias Sauter auf eine Walze mit gleichgroßen Anschlaghämmern spielt seit 1705 das Werk unverdrossen, dreimal am Tag (um 7.00, 11.00 und 18.00 Uhr), und erhält Antwort vom ›Stier‹, dem 200 Jahre älteren Orgelwerk auf der Hohensalzburg. – Weil der Neubau Behörden beherbergt, sind Besichtigungen selten möglich. Zu sehen gäbe es in den Repräsentationsräumen im zweiten Stock vorzüglichen frühbarocken Stuck, den Elia Castello aus Melide, der auch Wolf Dietrichs Grabkapelle im St. Sebastians-Friedhof arbeitete, 1600–03 geschaffen hat. Schwere Stuckreliefs stellen in den Sälen die Tugenden, die Engelsglorioeln u. a. farbig dar. Im Feldherrnsaal ließ Erzbischof Wolf Dietrich von Raitenau in Reliefs seine Vorbilder Karl der Große, Kaiser Karl V., Juan d'Austria und Gottfried von Bouillon zeigen.

Als dem in Rom aufgewachsenen, mit neuen Vorstellungen von Repräsentation und Hofhaltung erfüllten Erzbischof Wolf Dietrich (1587–1612) der mittelalterliche Bischofshof mit seinem Haupttrakt zum Alten Markt nicht mehr genügte, begann er mit dem Residenzbau. Über die Bauten um die Franziskanerkirche kam er nicht hinaus; erst sein Nachfolger Markus Sittikus (1612–19) ließ den Hauptbau am Residenzplatz erstellen, Paris Lodron (1619–53) konnte den Bau vollenden, während seine Nachfolger mit der Innenausstattung beschäftigt waren. Hieronymus Colloredo (1772–1803), Salzburgs letzter geistlicher Fürst, ließ den Toskanatrakt errichten, wollte das Langhaus der Franziskanerkirche und die Trakte um die westlichen Höfe abreißen lassen und Neubauten errichten, doch war ihm dabei gottlob seine Sparsamkeit im Wege. Gebaut wurde nur der frühklassizistische Trakt an der Churfürstenstraße und Sigmund-Haffner-Gasse. An den Wolf-Dietrich-Trakt erinnert heute noch die kolossale Pilaster-

Blick aus dem
Glockenspiel-Turm
der Residenz auf
die Stadt

SALZBURG DIE RESIDENZ

gruppe nördlich der Franziskanerkirche. Die Bauherren hinterließen in Burg und Stadt folgende Wappen:

Leonhard	Wolf Dietrich	Markus Sittikus	Paris Lodron	Leopold Anton
von Keutschach	von Raitenau	von Hohenems		Firmian
1495–1519	1587–1612	1612–1619	1619–1653	1727–1744

Die RESIDENZ ist ein vielgliedriger, um drei Höfe gruppierter Komplex aus wuchtigen Kuben, dessen wenig gegliederte Wände nur durch ihre Portale prunken. Durch das Marmorportal am Residenzplatz, geschmückt mit den Wappen Wolf Dietrichs und Paris Lodrons samt dem von Löwen gehaltenen des Franz Anton Harrach, betreten wir den RESIDENZHOF, dessen feierlicher Eindruck durch die toskanischen Pilaster an der Nord- und Westwand geschaffen wird. Dazu trägt ein Portikus bei, in dessen mittlerer Nische ein Brunnen plätschert, an dem ein überlebensgroßer Herkules eines unbekannten Meisters einen Wasserdrachen erschlägt. An der linken Schmalseite des Portikus führt ein Treppenaufgang zu den Prunkräumen der Belétage, mit denen die Residenzführung beginnt. – Ein Marmorportal von 1609 läßt uns in den CARABINIERISAAL, den Wartesaal der Leibwache, der auch als Theater- und Festsaal genutzt wurde. Anläßlich der Aufstockung dieses Traktes durch Erzbischof Johann Ernst Thun erhielt der Raum 1689 die Kolossalpilaster, den Stuck von Francesco und Carlo Antonio Brenno und Antonio Carabelli, schließlich die Fresken von Johann Michael Rottmayr. Sie zeigen die vier Elemente an Neptun und dem Schiff des Äneas, an der Kalydonischen Eberjagd, an der Schmiede des Vulkan und an vier Windgöttern. – Mit den Fresken der folgenden Prunkräume beauftragte 1709 Erzbischof Franz Anton Harrach bei gleicher Bezahlung Martino Altomonte und J. M. Rottmayr, wobei Altomonte wohl von Lukas von Hildebrandt empfohlen worden ist, der die Oberleitung innehatte. Zu sehen sind Szenen aus der Geschichte Alexanders des Großen als deutliche Anspielungen auf die Tugenden des Auftraggebers. So soll das Mittelbild des RITTERSAALES ›Alexander zähmt den Bukephalos‹ bedeuten, daß Franz Anton seine Leidenschaften von Jugend auf gezähmt hat, oder ›Alexanders Traum vom Weltreich‹ im SCHLAFZIMMER, daß er das Reich Gottes auf Erden erhofft. Die einzelnen Allegorien, vom Stuck des Alberto Camesina von 1710 umlagert, werden bei der Führung erklärt. Das KONFERENZZIMMER, dessen Alexanderbilder von M. Altomonte 1710 gemalt wurden, diente im Winter Konzerten, bei denen auch der junge Mozart mitwirkte. Der AUDIENZSAAL mit Rottmayr-Fresken besitzt drei Brüsseler Tapisserien (Abb. 38) mit Themen der römischen Geschichte (Porsenas Belagerung, Raub der Sabinerinnen, Etruskerschlacht), die Wolf Dietrichs Wappen tragen. Die weiß-goldenen Louis-Seize-Öfen und die zierlichen Möbel des G. Jakob aus Paris wurden erst um 1775 hier aufgestellt. Im etwas zurückgesetzten Flügel am Alten Markt ist die SCHÖNE GALERIE nur noch als Gehäuse einer mehrfach geplünderten Sammlung übriggeblieben mit einer von Hildebrandt entworfenen Nischenumrahmung für den 1502 auf dem Magdalensberg in Kärnten gefundenen antiken ›Jüngling vom Helenenberg‹, dessen Original 1806 nach Wien ins Kunsthistorische Museum kam. Das Deckenfresko mit Allegorien der Künste und Wissenschaften schuf J. M. Rottmayr 1711. Im anschließenden GESELLSCHAFTSZIMMER (Thronsaal) hat Rottmayr das ›Göttermahl‹ (Abb. 37) und das ›Urteil des Paris‹ an die Decke gemalt, während die Supraporten (Gemälde über den Türen) von Johann Anton Eismann sind. In die Reihe der Prunkräume zurückgekehrt, durchschreiten wir den WEISSEN SAAL mit feinen klassizistischen Stukkaturen des Peter P. Pflauder von 1776, der auch den Wandstuck der vorigen Säle angetragen hat. Der jetzige KAISERSAAL schließt die Suite mit Porträts der Kaiser aus dem Hause Habsburg von Rudolf I. bis Karl VI., wohl um 1720 gemalt. Über einen Verbindungsgang mit Stuck von 1610 kann man auf den Kapellenumgang der Franziskanerkirche gelangen.

Im dritten Stockwerk ist die RESIDENZGALERIE untergebracht, die, 1923 wieder begründet, einen guten Überblick über die europäische Malerei vom 16. zum 20. Jh. bringt, mit Akzenten auf Niederländern und Italienern des 17. Jh. und auf österreichischer Malerei des 18.-20. Jh. Eine wertvolle Neuerwerbung ist zweifelsohne das *Porträt Karls V.* von Peter Paul Rubens (Abb. 39). Eingegliedert wurde 1954 die Gemäldegalerie, die Johann Rudolf Graf Czernin 1800-45 bei Wiener Kunsthändlern zusammengekauft hatte, und 1958 die Galerie Schönborn-Buchheim, die auf die Sammlung des Reichsvizekanzlers Friedrich Carl von Schönborn (1674-1746) zurückgeht, der vor allem Italiener des 16. und 17. Jh. erworben hat. Diese Galerie entschädigt etwas für die Verluste, die Salzburgs Residenz 1800-16 erlitten hat, denn nicht nur Soldaten entwendeten, was nicht niet- und nagelfest war, sondern auch Großherzog Ferdinand ›räumte auf‹, nahm die kostbare Silberkammer erst nach Würzburg, dann nach Florenz mit. Allein im Palazzo Pitti wurden von Kurt Rossacher 85 Kostbarkeiten aus Salzburger Besitz nachgewiesen, die der Öffentlichkeit bis heute nicht gezeigt werden. Weitaus mehr wurden aber in der Münze eingeschmolzen. – Daß man Teile der Residenz ohne Zerstörung modernen Zwecken nutzbar machen kann, bewies Otto Prossinger, der 1963-65 den Wallistrakt für die Universität umbaute, dabei für den Hörsaal V einen ›Einsäulenraum‹ freilegte, deren 7,60 m hohe tragende Marmorsäule wohl zur Sakristei gehörte, die Wolf Dietrich dem alten Dom angebaut hatte. – Im ehem. Garten »Dietrichsruh« steht in einer mit Muscheln ausgelegten Marmornische ein überlebensgroßer Herkules mit dem Fell des Nemeischen Löwen, um 1605 geschaffen.

Treten wir auf den Residenzplatz hinaus, so beeindruckt die gewaltige Baumasse des DOMES, den Hll. Rupert und Virgil geweiht, dessen erster Vorgänger bereits 774 vom

SALZBURG DER DOM

hl. Virgil gebaut wurde. Bei den Domgrabungen kam nicht nur der Virgilbau, sondern auch seine romanischen Nachfolger mit allen Erweiterungen zutage. Die freigelegte Chorkrypta ist vom Residenzplatz aus zugänglich. Beim achten Brand wurde der mittelalterliche Dom am 11.12.1598 so beschädigt, daß Erzbischof Wolf Dietrich einen Neubau beschloß, nachdem auch noch das Gewölbe des Hauptschiffes durch unsachgemäße Sanierung einstürzte. Rigoros ließ er Dom und Kloster samt den Grabmälern (auch seiner bischöflichen Vorgänger) schleifen und die Gebeine des hl. Virgil 1606 in die Franziskanerkirche übertragen. Die Pläne des Vincenzo Scamozzi, dessen Grundriß von 1606 erhalten blieb, wurden nicht ausgeführt, zumal der Erzbischof 1612 abgesetzt wurde. Sein Nachfolger Markus Sittikus ließ durch seinen Hofbaumeister Santino Solari (1576–1646) einen Dom mit reduzierten Maßen (99 x 45 m) entwerfen, der nicht an venezianischen Kuppelbasiliken, sondern an frühbarocken Kirchen Roms orientiert war. So wurden die Seitenschiffe wie in Il Gesù als Kapellenreihen angelegt, Chor und Querhaus (68 m lang) wie Kleeblätter um die Vierung gebaut und der Platz zwischen den zwei Türmen für eine Vorhalle genutzt. 1628, vierzehn Jahre nach Grundsteinlegung, fand mitten im Dreißigjährigen Krieg die Einweihung des stattlichen Gotteshauses statt, mit Volksspeisung und freiem Wein eine Woche lang vor dem Dom auf Kosten des Erzbischofs Paris Lodron. Alle Landesverweisungen waren aufgehoben, ausgenommen die von Totschlägern und Protestanten. Erst nach dem Frieden von Münster und Osnabrück konnten 1652–55 die Türme mit ihren oktogonalen Aufsätzen vollendet werden, noch später die Kapellenaltäre, Beichtstühle und Kirchenbänke. 1944 wurde der Dom durch eine Bombe so getroffen, daß die Kuppel einstürzte. Nach durchgehender Restaurierung und Ergänzung übergab man den Dom 1959 wieder seiner Bestimmung. Zu den Ergänzungen der Jahre 1957/58 gehören die modernen Bronzetore von der Vorhalle ins Langhaus, die als Thema die göttlichen Tugenden Glaube, Liebe und Hoffnung haben (v.l.n.r.) von Toni Schneider-Manzell, Giacomo Manzù und Ewald Mataré gestaltet wurden.

Gehen wir vom Residenzplatz durch die Dombögen, die Giovanni Antonio Dario um 1660 als Klammer zwischen Dom und Residenz fügte, hinüber zum Domplatz mit der FASSADE aus hellem Untersberger Marmor (Abb. 24). Sie steht breit und in vier Geschossen zwischen den kantigen Türmen mit ihren laternenbekrönten Haubendächern. Durch die Aufführungen des ›Jedermann‹ von Hugo von Hofmannsthal sind aller Welt die drei Arkadenbogen und die vier Standbilder auf den wenigen Treppenstufen zur Vorhalle bekannt geworden (Abb. 23). Die Apostelfürsten Petrus und Paulus, 1697 von dem Salzburger Michael Bernhard Mandl geschaffen, flankieren das mittlere Portal, außen stehen die Heiligen Salzburgs, Rupert (mit Salzfaß) und Virgil (mit Kirchenmodell), ausgehauen von Bartholomäus van Opstal 1660. Auf der Balustrade darüber verkünden die vier Evangelisten die ›Frohe Botschaft‹. Auf dem Giebel, dessen Feld die Wappen der beiden Bauherrn ziert, steht Christus als Erlöser der Welt in der Gebärde des Auffahrenden, flankiert von den Propheten Moses und Elias, dem Stifter des Alten

Bundes und dem im Feuerwagen zum Himmel Gefahrenen – Figuren, die wohl von G. A. Dario stammen.

Im INNERN empfängt uns das breite Langhaus kühl und halbdunkel, weil Licht nur indirekt aus den seitlichen Kapellen und den darüber angeordneten Oratorien eindringt (Abb. 22). Wie mit einem Scheinwerfer hingegen ist die Vierung ausgestrahlt, in die das Licht aus der oktogonalen Kuppel schießt, die mit 71 m Höhe nur acht Meter niedriger als die Türme ist (Abb. 21). Der Eindruck des Würdigen und Kräftigen wird durch die Gliederung der Wände durch Doppelpilaster und Emporenbalkone, schließlich durch den Stuck bestimmt, den Giuseppe Bassarino mit seinen Landsleuten vor 1628 als weiße Pracht angetragen hat. Die Deckenfresken im Mittelschiff und Chor, gemalt von dem florentinischen Mönch Arsenio Mascagni und von Ignazio Solari, dem Sohn des Baumeisters, zeigen Szenen aus dem Leben und Leiden Jesu und führen zu Mascagnis großem Bild des Auferstandenen auf dem Hochaltar. In der lichtdurchströmten Kuppel weisen Ereignisse aus dem Alten Testament auf Christus hin, nach der Zerstörung von 1944 anhand von Farbdias rekonstruiert. Die Fresken des südlichen Querhauses sind der hl. Maria, die des nördlichen dem hl. Franziskus gewidmet, deren Aufnahme in den Himmel jeweils im Gewölbescheitel dargestellt ist. Dieses Programm ist auch in den seitlichen Hochaltären verankert. Der Hochaltar zeigt in seinem Blatt die Auferstehung als die Überwindung des Todes mit der Verheißung des Psalmisten auf einer marmornen Draperie: ›Notas mihi fecisti vias vitae‹ (Du hast mir die Wege des Lebens gewiesen). Auf den geschwungenen Marmorgiebeln sind die allegorischen Figuren der Caritas (links) und Religion postiert, flankiert von den Salzburger Heiligen Rupert und Virgil, von Johann Konrad Asper und Hans Pernegger d. J. geschaffen. In die Seitenwände des Chores eingelassen sind die ›Grablege Christi‹ von Ignazio Solari und ›Christus in der Vorhölle‹ von Arsenio Mascagni. Der Altar im rechten Seitenschiff zeigt das ›Maria-Schnee-Wunder‹ von I. Solari, der im linken ›Die Portiunkula-Vision des hl. Franziskus‹ von A. Mascagni. Die Marmorschranken mit Figuren vor diesen drei großen Altären sind ebenfalls von J. K. Asper und H. Pernegger d. J. – Die durchwegs schlichteren Kapellenaltäre wurden 1670 von Giovanni Antonio Dario aufgestellt und enthalten einige bemerkenswerte Altarbilder, so in der rechten Reihe (vom Eingang her) von Johann Heinrich Schönfeld (1609–83) die Blätter mit den ›Hll. Rochus und Sebastian‹, ›Hl. Karl Borromäus‹, ›Hll. Martin und Hieronymus‹, in der linken Kapellenreihe die ›Taufe Christi‹ von Franz de Neve (1674) und eine ›Hl. Anna‹ des Joachim von Sandrart. In der Taufkapelle (erste links) fasziniert das *Taufbecken*, das laut Inschrift Meister Heinrich 1321 in Bronze goß. Es ruht auf Bronzelöwen des 12. Jh., die wie das Becken aus dem romanischen Dom stammen (Abb. 27). Hier wurde am 28. 1. 1756, einen Tag nach seiner Geburt, Johann Chrysostomus Wolfgang Theophil Mozart getauft, der später Wolfgang Amadé signierte. – Der Deckel des Taufbeckens wurde erst 1959 von Toni Schneider-Manzell modelliert, von dem auch die bronzene *Kanzel* stammt. Deren tragende Marmorsäule weist die Evangelistensymbole auf, während die Reliefs den Propheten Isaias, den zwölfjährigen Jesus im Tempel, das Gespräch mit

SALZBURG DOM UND DOMSCHATZ

Nikodemus, Christus als Sämann, die Ehebrecherin, die Sendung der Apostel, den Propheten Ezechiel, schließlich das Pfingstwunder zeigen.

Während im Chor und den Querhausarmen die Grabdenkmäler der Fürsterzbischöfe von Markus Sittikus bis Sigismund Schrattenbach zu sehen sind, hat man die neue Grablege der Erzbischöfe in der Gruft eingerichtet, über das rechte Querhaus zu erreichen. In der LIUPRAM-KAPELLE wurde das Mauergrab des hl. Virgil eingelassen, jenes irischen Mönches, der 745 auf Empfehlung des Frankenkönigs Pippin Bischof von Salzburg wurde. Die folgende Krypta-Kapelle birgt als Kostbarkeit das romanische *Kruzifix* (Anfang 13. Jh.) aus Seekirchen am Wallersee, dem Ort, an den der hl. Rupert zuerst kam, bevor ihm Herzog Theodo von Baiern die Ruinen Salzburgs samt Umgebung für einen Bischofssitz schenkte, wozu Bonifatius 739 Salzburg offiziell erhoben hatte. – Wieder im Kirchenschiff haben wir vielleicht das Glück, die berühmte Orgel zu hören, denn barocke Kirchen wirken nicht nur durch Stuck und Farbe, sondern vor allem durch ihre Musik. Das erste Werk mit 24 Registern lieferte 1703 der Salzburger Hoforgelmacher Johann Christoph Egedacher, das immer wieder erweitert wurde und jetzt mit 120 klingenden Registern und rund 10000 Pfeifen nach der Orgel im Stephansdom das größte Österreichs ist. Von der Orgelliteratur ist ein reicher Schatz erhalten geblieben, wozu auch der Domkapellmeister Abraham Megerle, der Onkel des Kanzelpredigers Abraham a Sancta Clara, mit 2000 Musikwerken beigesteuert hat.

Im DOMSCHATZ (jetzt im Dommuseum) haben sich, trotz drastischer Ablieferungen in die Münze, zahlreiche Erinnerungsstücke und Kultgeräte erhalten. Mag die Reiseflasche des hl. Rupert und sein Hirtenstab legendär sein, hervorragend sind auch die eucharistische Taube, im 12. Jh. in Limoges geschaffen, dazu ein vermutlich byzantinisches doppelarmiges Reliquienkreuz (Abb. 26), der gotische Rupertikelch, Reliquiare und das Legatenkreuz, das Erzbischof Leonhard von Keutschach 1499 fertigen ließ. Seit 1026 nämlich, damals regierte Theotmar (Dietmar) II., haben die Salzburger Erzbischöfe das Recht, das Pallium zu tragen, sich ein Legatenkreuz vorantragen zu lassen und an Festtagen auf einem Pferd mit scharlachroter Decke zu reiten und den Purpur anzulegen. Von der 1179 für ganz Deutschland verliehenen Legatengewalt sind nurmehr der spätere Ehrentitel eines ›Primas Germaniae‹ und der Purpur geblieben. An Werken der Renaissance im Domschatz sind das Pacificale (Kußtafel) Papst Gregors XIII., Wolf Dietrichs Monstranz von 1596 und der kostbare Einband eines Missales durch den Hofgoldschmied Hans Karl zu besehen. Ornate und Kaseln des 17. und 18. Jh. erinnern an glanzvolle Hochämter, die Pretiosenmonstranz von 1697 mit ihren 1792 Diamanten, 405 Rubinen u. a. Edelsteinen an den einstigen Reichtum der Salzburger Metropolitankirche (Abb. 25).

Treten wir auf den Domplatz hinaus, so steigt vor uns das mächtige STANDBILD DER IMMAKULATA auf (Abb. 24), das Erzbischof Sigismund Graf Schrattenbach 1766–71 von

◁ Melchior Küsel, Dominneres. Um 1682. Kupferstich und Radierung

SALZBURG FRANZISKANERKIRCHE

den Brüdern Wolfgang und Johann Baptist Hagenauer aus Blei gießen und auf das Marmorpostament stellen ließ. An dessen Ecken sitzen die Kolossalfiguren Engel, Teufel, Weisheit und Kirche, deren seltsames Zusammentreffen eine Tafel an der Domseite deutet: so groß sei das Geheimnis der unbefleckt empfangenen Mutter Gottes, daß der Geist der Engel in Entzücken gerate, die menschliche Weisheit schwinde, der Teufel mißgünstig knirsche, die Kirche aber triumphiere. – Die Nord- und Westwand des Platzes bilden 1595–1605 gebaute Trakte der Residenz, die Südwand gehört zu St. Peter, das für diesen Bau von 1657 auf das Vorgangsrecht bei Prozessionen zugunsten des Domkapitels verzichtete, um das man fast zwei Jahrhunderte gestritten hatte.

Verlassen wir den Domplatz auf der Franziskanergasse, so kann man rechter Hand durch das romanische Stufenportal von etwa 1220 die spätromanische FRANZISKANERKIRCHE betreten. Christus thront mit zwei Heiligen im Tympanon über dem Türsturz. Das romanische Hauptportal liegt jedoch an der Westseite zur Sigmund-Haffner-Gasse mit einer barocken Pilasterfassade des Lorenz Stumpfegger und einem Fresko der Immakulata. Ihr wurde die Vorgängerkirche ›Zu Unserer Lieben Frau‹ geweiht, die 1167 im großen Brand zerstört wurde, als die Grafen von Plain im Auftrag Kaiser Friedrichs I. Barbarossa die Stadt verheerten. Vom Neubau 1208–23 stammt noch das Langhaus. Den Chor hingegen vertraute man, gestärkt durch eine große Stiftung, dem Hans von Burghausen (1350/60–1432) an, dem bedeutendsten Baumeister der bayerischen Spätgotik, der 1422 mit dem Bau des Chores begann, der schließlich mit einem weiteren Joch an das romanische Langhaus gehängt wurde, nachdem vermutlich die Gelder für ein gotisches sechsjochiges Schiff ausgegangen waren. 1460 konnte die Kirche, ein Denkmal auch des damals recht selbstbewußten Bürgertums, geweiht werden, nachdem Stephan Krumenauer († 1461) den Chor vollendet und die beiden Bauteile verschmolzen hatte. Der für das Stadtbild wichtige gotische Turm war bis dahin zum Kranzgesims gediehen und wurde erst Ende des 15. Jh. nach Nürnberger Plänen vollendet. – Wer die südliche Turmvorhalle mit Bronzereliefs des Außentors von Toni Schneider-Manzell (montiert 1963) durchschritten hat, betritt einen ungewöhnlichen Raum, der von der Spannung zwischen romanischem Langhaus und spätgotischem Chor lebt, beschwert vom barocken Stuck des Kapellenkranzes, den Wolf Dietrich 1606 noch mit dem palastartigen Residenzoratorium übertrumpfte. In den hellen hohen Chor mit seinen fünf hohen Rundpfeilern stellte 1709/10 Fischer von Erlach seinen großartigen Hochaltar, goldfarben und monumental, in den er auftragsgemäß das Gnadenbild einzubauen hatte, bewacht von den Hll. Georg und Florian, die wie der plastische Schmuck von Simeon Fries stammen. Die jetzt von Putten mit Attributen der Lauretanischen Litanei umlagerte *Madonna* stand einst im Schrein des Flügelaltars, den Michael Pacher († 1498 in Salzburg) zwei Jahre vor seinem Tod begonnen hatte (Abb. 40). Nur sie (ergänzt mit einem Jesuskind von 1895) hat die Demontage des spätgotischen Altars, der im Barock äußerst unmodern geworden war, am alten Platz überdauert; von den vier unzerstörten Tafeln gehören drei der Österreichischen Galerie in Wien. Vielleicht hat Pachers Muttergottes deshalb überstanden, weil sie von ca. 1600–1865 in Samt

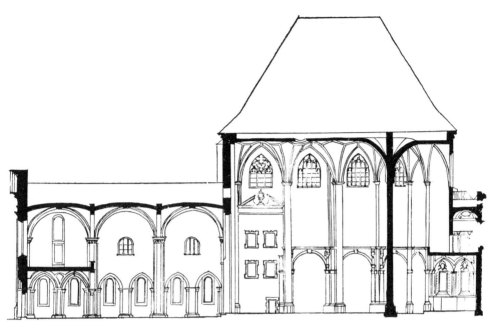

SALZBURG Franziskanerkirche, Längsschnitt
(mit freundl. Genehmigung d. Reclam Verlags Stgt. aus ›Kunstführer Österreich I‹ entnommen)

und Seide gehüllt und somit akzeptabel war. Das schützende Rokoko-Gitter vor dem Hochaltar schmiedete Thomas Reckeisen erst 1780. – Von den neun Kapellen des Kranzes sind etliche von der Stadt gestiftet, Gelübde zur Abwehr der Pest erfüllend, die auch auf den Altartafeln mehrfach beschworen wird. Die Kapelle im Chorscheitel birgt den alten Domaltar von 1561 mit dem Wappen des Erzbischofs Michael von Kuenburg. Die jüngste, von Ottavio Mosto 1690 überreich stuckierte Franziskuskapelle besitzt einen Bilderzyklus des Heiligen von Johann Michael Rottmayr. – Bei der Renovierung 1950–57 wurde nicht nur die Sakramentsnische freigelegt, sondern daneben die *Fresken* des Konrad Laib von 1446, der einen Schmerzensmann, begleitet von zwei Engeln, über die Nische stellte, der in einem Kelch das Blut der eigenen Herzwunde auffängt (Abb. 42). Weitere Fresken, auf 1447 datiert, wurden gegenüber am Triumphbogen und neben der Kanzel freigelegt, an deren Stiege ein steinerner Löwe des 12. Jh. liegt (Abb. 41), dem ein geharnischter, unter dem Tier liegender Krieger das Schwert in die Brust stößt. Einst trug er den schlanken Pfeiler einer Vorhalle.

Verlassen wir die Kirche durch den südlichen Seiteneingang unter dem Turm, so sehen wir gegenüber ein Marmorrelief des hl. Franziskus von 1604 über der ehem. Klosterpforte der Franziskaner, die 1583 das aufgelassene Petersfrauenkloster und die Stadtpfarre übernahmen. Rechts rahmt der Schwibbogen den Durchblick zur Hofstall-

SALZBURG ERZABTEI ST. PETER

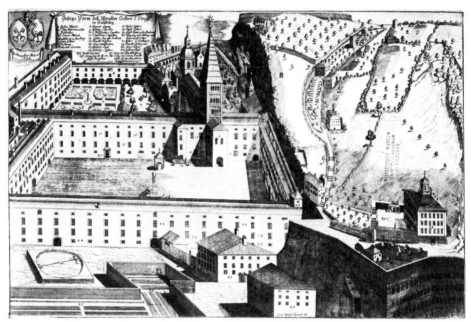

Georg J. Sigmund, ›Jetzige Form deß Uhralten Closters S. Peter in Saltzburg‹. 1699. Kupferstich

gasse und zum Festspielhaus. Dazwischen befindet sich der schlichte Zugang zum Bezirk ST. PETER, zum fast quadratischen HAUPTHOF der Erzabtei (seit 1927), dessen Flügel 1688 barock gestaltet wurden, während die Rokokoverkleidung der Fassaden erst 1760 erfolgte.

Im Mittelpunkt des Hofes steht der Fischkalterbrunnen des Bartholomäus van Opstal mit dem hl. Petrus auf der Säule. Ihm sind Kirche und Kloster geweiht, die der hl. Rupert um 696 am Fuß des Mönchsberges und auf den Ruinen des zerstörten römischen Iuvavum anlegte. Von hier aus wurde die Missionierung weiter Teile Österreichs und des westlichen Ungarn betrieben. Bis 987 war der Abt von St. Peter zugleich Bischof bzw. seit 798 Erzbischof von Salzburg. Erst Erzbischof Konrad I. bezog 1110 einen neuen Bischofshof anstelle der heutigen Residenz und überließ den Mönchen von St. Peter, deren Kloster am Felsen vom Steinschlag gefährdet war, den alten Bischofshof. Diese Ausdehnung bot der Mal- und Schreibschule mehr Platz, welche gerade im 12. Jh. einmalige Werke hervorbrachte, die, vereinigt mit den Kostbarkeiten der karolingischen Zeit, zu den 1300 Handschriften zählen, die in der Bibliothek der Abtei neben 923 Inkunabeln und 120 000 Bänden liegen. Im reichhaltigen Musikarchiv werden auch jüngst entdeckte Kadenzen zu Klavierkonzerten Wolfgang Amadeus Mozarts, Noten seines Vaters und seiner Schwester verwahrt. Diese Bildungstradition verpflichtete. So gehörte die Abtei mit Ottobeuren zu den führenden Gründern der Benediktineruniversität, für die Erzbischof Paris Lodron 1622 bzw. 1624 die päpstlichen und kaiserlichen Privilegien erwarb; erst 1810 wurde sie aufgehoben. Erzabt Dr. Petrus Klotz errichtete 1925 das Collegium Benedictinum als zentrales Studienhaus für Benediktiner deutscher Sprache, dem westlich des Stiftshofes ein eigenes Kollegiengebäude nach Plänen von Peter Behrens um einen eigenen Hof gebaut wurde.

Herzstück der Erzabtei ist die KIRCHE, deren Turm im Untergeschoß noch in die Zeit um 850 reicht, in Nagelfluh hochstrebt und mit einem Rokokohelm von 1756 schließt. Ähnlich eigenständig erhebt sich auch die 1757 erhöhte Kuppel über das Langhaus, das die Höhe der umliegenden Flügel eingehalten hat. Eine Marmorfassade von 1757 verkleidet die romanische Vorhalle, das ›Paradies‹ von 1250. Im Tympanon über dem Portal huldigen Petrus und Paulus Christus, eine lateinische Umschrift ermuntert zum Eintritt: ›Ich bin das Tor des Lebens. Kommt, ihr Heilsbedürftigen alle. Geht durch mich, es gibt keinen anderen Weg zum Leben‹. Überraschend ist die Abfolge eines romanischen Portals, das trichterförmig zur Basilika drängt, und der von Lorenz Hörmbler geschnitzten Rokokotüre mit einem kunstvollen Oberlichtgitter des Philipp Hinterseer von 1766. Aufgestellt sind dort zwei römische Aschenurnen des 3./4. Jh., die im Mittelalter noch genutzt, jedoch erst 1966 im linken Seitenschiff wieder aufgefunden wurden.

Das INNERE der Stiftskirche, das von einem hervorragenden Gitter Ph. Hinterseers von 1768 gesperrt werden kann (Abb. 35), zeigt noch die romanische Gestalt von 1143, die im Rokoko nur vereinheitlicht und um ein Seitenkapellenschiff bereichert wurde, wozu Benedikt Zöpf reichen Stuck beitrug. Die Deckenfresken des Augsburgers J. Weiss erzählen Begebenheiten aus dem Leben des hl. Petrus und wurden wie die Rokokoausstattung auf Veranlassung von Abt Beda Seeauer (1753–85) geschaffen. Das Bild ›Ausführung Christi‹ an der rechten Wand stammt aus dem alten Dom, wohin es Kaspar Memberger 1591 geliefert hatte, die ›Kreuzerhöhung‹ an der linken Wand schuf Antonio Solari, ein Sohn des Dombaumeisters. Die quadratischen Bilder ›Benedikt segnet Totila‹ (links) und ›Rupert und Herzog Theodo‹ steuerte Bruder Thiemo Sing von St. Peter 1660 bei. Die 20 rechteckigen Ölbilder unterm Gebälk des Langhauses jedoch, die links das ›Leben des hl. Benedikt‹ und rechts das ›Leben des hl. Rupert‹ erzählen, arbeitete Franz X. König nach 1757, der auch die Bilder an den Stirnwänden des Querhauses, links ›Geburt Christi‹ und rechts ›Anbetung der Könige‹, sowie die Kuppelbilder malte. Martin Johann Schmidt, gen. der ›Kremser-Schmidt‹, war für 14 der 16 Altarblätter der Marmoraltäre verpflichtet worden. Abt Beda zahlte ihm allein für das Hochaltarbild ›Petrus, Paulus und Benedikt flehen zur Madonna‹ 1000 Gulden, das höchste Honorar, das er für eines seiner Andachtsbilder in Gold und Rembrandtbraun erhalten hat. Wegen dieses verhaltenen Farbenklangs muß man die Bilder aus der Nähe besehen. Die beiden Ausnahmen sind die ›Neun Chöre der Engel‹ von Karl von Reslfeld (1704) auf dem Schutzengelaltar und ›Tod des hl. Rupert‹ auf dem Rupertaltar, bereits 1661 von Silvester Paur gemalt. Mehr noch als der Hochaltar von Johann

SALZBURG ERZABTEI ST. PETER · PETERSFRIEDHOF

Högler mit den Statuen der Hll. Virgil, Rupert, Vital und Amand von Franz de Paula Hitzl ergreift der MARIA-SÄUL-ALTAR im nördlichen Querhaus mit der *Schönen Madonna* (Abb. 32), eine der reifsten Salzburger Madonnen des Weichen Stils, von den Hll. Agnes und Cäcilia verehrt. Die Steingußarbeit um 1420 wurde im Barock golden gefaßt. – Gegenüber ist neben dem Vitalisaltar im *Grabmal des hl. Vitalis* aus der Mitte des 15. Jh. ein bedeutendes Werk der Salzburger Spätgotik erhalten geblieben. Aus dem von Johannes Scissor gemeißelten Marmorrelief wächst aus der Herzmitte eine Lilie, weil der Legende nach ein Zweifler an Vitalis Heiligkeit durch dieses Zeichen der Unschuld bekehrt wurde.

Daneben führt ein Marmorportal von 1700 in die KATHARINEN- oder MARIAZELLER-KAPELLE, eine Stiftung des Babenbergers Leopold VI. von Österreich und 1227 geweiht. Während das Äußere die romanischen Formen erhalten hat, wurde das Innere 1792 von Peter Pflauder zart im Louis-Seize stukkiert und mit Spiegeln inkrustiert. Der Altar ist eine Kopie (1733) des Hochaltars von Mariazell in der Steiermark, den Josef Emanuel Fischer von Erlach entworfen hat. – Ins rechte Seitenschiff zurückgekehrt, betrachten wir in einer Wandarkade das sog. *Grab des hl. Rupert*. Seit 1143, seit Abt Balderich den Neubau der Kirche begann, brennt dort ein Ewiges Licht. Von den zahlreichen *Grabmälern* in der Kirche sind sehenswert das Tumbagrab für den in Kroatien gefallenen Feldobristen Hans Werner von Raitenau († 1593), den Vater des Erzbischofs Wolf Dietrich, eine hervorragende Arbeit aus dem Bodenseegebiet in der fünften der südlichen Kapellen, daneben ein klassizistisches Epitaph für den Komponisten und Kapellmeister Michael Haydn († 1806), den Bruder Joseph Haydns, und eine Tafel für Marianne von Berthold zu Sonnenburg, die Schwester W. A. Mozarts. – Unikate sind die beiden prächtigen Sanktus-Leuchter von 1609 mit den Wappen des Stifters Wolf Dietrich von Raitenau. Während 1760–85 die ganze Kirche einheitlich gestaltet wurde, blieben von der früheren Ausstattung nur der Tabernakel von 1620 und die Orgelstatuen des Hans Waldburger von 1628 erhalten. Erst 1926 fügte der Bildhauer Jakob Adlhardt aus Hallein den Abtthron und das Chorgestühl im expressionistischen Stil hinzu.

Diese Kirche wirkt bei einem informierenden Rundgang nicht so intensiv wie bei einem Gottesdienst, etwa an einem Festtag im Sommer (z. B. Peter und Paul am 29. 6.), wenn das Geschehen am Hochaltar von einem Blumenmeer gerahmt wird. Gerühmt wird die Osternacht, wenn vor dem ›Paradies‹ der Feuerbrand entfacht ist, um die Osterkerze zu entzünden, wenn Erzabt, Mönche und Ministranten mit dieser einsamen Kerze ins stockdunkle Langhaus einziehen, dann die Gläubigen in den Bankreihen an dieser Osterkerze die ihre entzünden. – Jedes Jahr wird zur Festspielzeit Mozarts c-Moll-Messe (K.V. 427) aufgeführt, die am 25. Oktober 1783 hier zum ersten Mal erklang, wobei Konstanze Mozart eine der beiden Sopranpartien gesungen hat.

Das KLOSTERGEBÄUDE ist als Klausur nicht zugänglich. Die an den frühgotischen Kapitelsaal anschließende Marienkapelle, 1319 geweiht, besitzt eine Muttergottes aus dem gleichen Jahr und gotische Fresken im Chor. In dem Boden der Kapelle wie im anliegenden KREUZGANG (Abb. 34) liegen zahlreiche Grabplatten, auch die des Abtes Joh. von Staupitz (1522–24), des Freundes und Vorgesetzten Martin Luthers, als dieser noch dem Augustiner-Eremitenorden angehörte.

Durchs Tor neben der Kirche gelangt man auf den PETERSFRIEDHOF, die älteste kirchliche Begräbnisstätte Salzburgs, am Allerseelentage von ungezählten Lichtern auf den Gräbern überflackert (Abb. 33). Auffällig die sieben schmiedeeisernen Kreuze für die Familie der Steinmetzen Stumpfegger, nicht für die Ehefrauen eines Blaubartes, wie ein Touristenmärlein es will. Inmitten des Totenackers steht die 1485–91 ganz aus Nagelfluh erbaute Margaretenkapelle, deren Innen- und Außenwände prunkvolle Grabplatten tragen für vertraute Namen der Salzburger Geschichte. Weitere sehenswerte Gräber finden sich in den Arkaden, die der Maurermeister Christoph Gottesreiter als Abschluß vor die Mönchsbergfelsen stellte. Die zweite Arkade bewahrt das Grab des Hofbauverwalters Wolfgang Hagenauer, die sechste das der Gräfin Lackoronska mit einem Relief von Ludwig von Schwanthaler, in der 22. das Grab des Dombaumeisters Santino Solari, in der 37. die Gruft der Mozartschen Hausherrn Hagenauer. Neben dem Eingang zu den Katakomben steht die 1170 erbaute romanische Kreuzkapelle, die Dompropst Anton Graf Lodron († 1615) zu einer Gruft umbauen ließ. Sein Epitaph schuf J. Konrad Asper, während ein gleichzeitig für den Dom tätiger unbekannter Meister den Stuck antrug. Dem Eingang gegenüber liegt die sog. Gebetshöhle des hl. Rupert mit der ältesten romanischen Altarmensa. Auf schmaler Stiege erreicht man die romanische Ägydiuskapelle, 1172 geweiht, mit Fresken aus der Zeit um 1240: Maria mit dem Kind, Märtyrer, die Hll. Benedikt und Ägydius. – Zu den sog. KATAKOMBEN, die in der Haustradition St. Peters stets nur als Eremitorien galten, gelangt man durch die Kommunegruft. Hier sind Michael Haydn und Mozarts Schwester Nannerl begraben; in St. Peter wurde ihrer mit Epitaphien gedacht. Eine Treppe führt zur Gertraudenkapelle, die Erzbischof Konrad III. schon 1178 dem 1170 ermordeten Thomas Beckett widmete, an dessen Martyrium Freskenreste erinnern. Bogennischen der Südseite bergen sechs Steinsitze für Kleriker. Die Säule in der Mitte stand einst auf dem Friedhof und trug eine Totenleuchte. Der Altar aus Terrakotta und die Leuchter sind fleißige Kopien (1862) des Denkmalpflegers Georg Pezolt nach römischen Katakombenvorbildern. Weiter aufwärts steht in der Maximuskapelle ein sog. Märtyrergrab, das einst als Ruhestätte für Eremiten gedient hat. Nach Ansicht des römischen Gelehrten J. B. de Rossi, Ende des 19. Jh. verbreitet, sind die Katakomben ein frühchristlicher Ort, an dem vielleicht schon vor 15 Jahrhunderten gebetet worden ist.

Nachdenklich gehen wir über den Gottesacker und hinaus auf den KAPITELPLATZ südlich des Domes, so benannt nach den Höfen der Domkapitulare, die rings um den Platz und in der Kapitelgasse angelegt wurden, um die Wähler des Erzbischofs standesgemäß unterzubringen. Kaiser Heinrich IV. gestand im Wormser Konkordat 1122 statt St. Peter dem Domkapitel das freie Wahlrecht zu. Nach der Flucht des letzten Fürsterzbischofs 1800 nach Wien und seinem Tode 1812 starb das adelige Domkapitel aus, ohne aus seiner Mitte einen neuen Erzbischof wählen zu dürfen. Erst 1824 wurde Erz-

SALZBURG KAPITELPLATZ · FESTUNG HOHENSALZBURG

bischof Gruber vom Papst ernannt und ein neues Domkapitel nominiert. Durch das Konkordat von 1934 hat der Papst das Recht, drei Kandidaten vorzuschlagen, aus dem das Kapitel seinen Erzbischof kürt. Dieser residiert in einem Palais an der Ostwand des Platzes mit einem Wappen des Erzbischofs Maximilian Josef von Tarnóczy, der 1864 zwei ehem. Kanonikalhöfe durch eine klassizistische Fassade zusammenfassen ließ. Dem Domkapitel gehört nur die erneuerte Dompropstei Kapitelgasse 1, nicht mehr das historische Kapitelhaus (Nr. 4), das Wolf Dietrich 1602 bauen und mit den 24 Wappen der damals residierenden Domherren schmücken ließ, unter denen zweimal Habsburg, Wittelsbach und Wolkenstein vertreten sind. – Die KAPITELSCHWEMME inmitten des Platzes wurde 1732 unter Erzbischof Leopold Anton Firmian errichtet und mit der Figur des Neptun von Josef Anton Pfaffinger geschmückt. Das Wasser der Pferdeschwemme liefert die Alm, die seit Mitte des 12. Jh. in einem Kanal durch den Festungsberg geführt wird und zuvor die Mühle von St. Peter anzutreiben hatte.

Zwischen dieser Mühle und dem Dompfarrhof führt die Festungsgasse zur HOHENSALZBURG, die 119 m über der Stadt liegt (Farbtafel 1, 3; Abb. 2, 4). Man kann zu Fuß hinauf spazieren, Wandermüde benutzen die 1960 elektrifizierte Seil-Bahn, um auf die einmalige Aussichtsterrasse zu gelangen, das »deutsche Rom« mit seinen zahlreichen Kirchen unter sich (Abb. 3), den Kapuzinerberg mit seinem Kloster gegenüber. – Urzelle der heutigen Festung war ein hölzernes Kastell, das Erzbischof Gebhard mitten im Investiturstreit errichten ließ. Erst im 12. und 13. Jh., als Salzburg seine eben gewonnene Landeshoheit verteidigen mußte, wurde der äußere Mauerring angelegt, der die ganze Fläche des Mönchsbergausläufers, des Festungsberges, einschloß und dabei den Felsvorsprüngen im Mauerlauf so folgte, daß Fels und Mauer eine Einheit bilden. Als die Landesherren sich gegen die Salzburger Bürgerschaft und aufsässige Bauern zu wehren hatten, ließ Kardinal Burkart von Weißpriach 1465 die großen Rundtürme bauen. Gegen Kaiser Friedrichs III. Truppen ließ Erzbischof Bernhard von Rohr die nach ihm benannte Bastei und den Schlangengang anlegen, sein erfolgreicher Rivale Erzbischof Johann III. von Gran steuerte den Schüttkasten, das Zeughaus und die Feuertürme am hohen Stock bei. Erzbischof Leonhard von Keutschach baute die Hohensalzburg zum Bollwerk gegen die Stadt aus, fügte zu den fünf spitzen Türmen weitere 17, ließ die innere Ringmauer anlegen und den Hohen Stock zur Residenz ausgestalten, alle seine Bauten aber mit seinem Wappen schmücken. Kardinal Erzbischof Matthäus Lang von Wellenburg, einst Geheimschreiber Maximilians I., der das Schlangenrondell und die Geschützgänge oberhalb Kloster Nonnberg errichten ließ, erlebte 1525 die Belagerung der Bauern, die allerdings die Festung nicht einnehmen konnten; sie gehört zu den wenigen Mitteleuropas, die nie erobert worden sind. Unter Erzbischof Paris Lodron wurde sie während des Dreißigjährigen Krieges in eine barocke Anlage umgebaut, durch Vorwerke im Westen und Sperrbogen im Norden geschützt. Mit der Kuenburg-Bastei von 1681 endete der Ausbau der Festung, die nach 1803 als Gefängnis, von 1816–1945 als Kaserne diente. Das RAINER-MUSEUM (geöffnet 1. 5.–30. 9. von 9–17 Uhr) bewahrt Erinnerungsstücke an das ehem. Salzburger Hausregiment ›Erzherzog Rainer‹.

1 SALZBURG Blick vom Mönchsberg auf die Altstadt mit Kollegienkirche (vorn), Dom (Mitte) und Franziskanerkirche (rechts)

2　SALZBURG　Blick vom Kapuzinerberg auf Dom und Hohensalzburg

3　SALZBURG　Blick von der Festung Hohensalzburg auf die Stadt ▷

FESTUNG HOHENSALZBURG

4 Die Feste von der ›Berchtesgadener Seite‹

5 ›Goldene Stube‹ mit Kachelofen (1501)

SALZBURG

6 Hof der Festung Hohensalzburg

7 Zisterne (1539) und Keutschachdenkmal (1515) im Hof der Festung

8 Stiftskirche Nonnberg   Krypta, 1471 geweiht

9 Stiftskirche Nonnberg   Gregor d. Gr., Fresko unter dem Nonnenchor, Mitte 12. Jh.

SALZBURG

SALZBURG MUSEUM CAROLINO AUGUSTEUM

◁ 10 Stiftskirche Nonnberg,
      Johanniskapelle
      Altar des Veit Stoß, 1498

 11   Bronzehelm,
      um 1000 v. Chr.

 12   Keltische Schnabel-
      kanne aus Dürrnberg
      bei Hallein, um
      400 v. Chr.

 13   Römisches Mosaik
      (Ausschnitt), um 200

 14   Wappenträger,
      Anfang 16. Jh.

 15   Rokoko-Spottofen,
      3. Viertel 18. Jh.

 16   Meister des Salinen-
      Altars, Kreuzigungs-
      gruppe, Anfang 16. Jh.

SALZBURG

17 Hofstallschwemme beim Festspielhaus

18 Getreidegasse

SALZBURG

19 Alter Markt mit Florianibrunnen

20 Residenz   Eingang zur Galerie

SALZBURG DOM

21 Blick in die Kuppel

22 Das Langhaus zum Hochaltar

24 Fassade, 1. Hälfte 17. Jh. ▷

23 Festspiele   Aufführung des ›Jedermann‹ auf dem Domplatz

SALZBURG DOM

SALZBURG

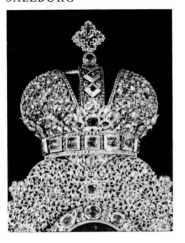

25 Dommuseum
   Pretiosenmonstranz
   (Detail).
   1697, Höhe 74,8 cm

26 Dommuseum
   Doppelarmiges
   Reliquienkreuz,
   12. Jh.

27 Dom Romanisches
   Taufbecken (1321)
   auf Bronzelöwen
   (12. Jh.)

28–29 Mozarts Hammer-
      klavier und seine
      erste Geige im
      Geburtshaus

30 Mozarts Geburtshaus, Getreidegasse 9

SALZBURG

31 St. Blasius (Bügerspitalskirche) Sakraments-
    schrein, um 1480
33 Petersfriedhof mit den Kapellen in der Fels-
    wand

32 Stiftskirche St. Peter Gnadenbild Maria Säul,
    um 1420
34 Erzabtei St. Peter Brunnenhaus des Kreuz-
    gangs, Ende 12. Jh.

SALZBURG

35 Stiftskirche St. Peter Rokokogitter von Philipp Hinterseer (1768)

SALZBURG RESIDENZ

36 Schöne Galerie   Deckenfresko von J. M. Rottmayr (1711)

SALZBURG RESIDENZ

37 Gesellschaftszimmer ›Göttermahl‹, Deckenfresko von J. M. Rottmayr (1711)
38 Audienzsaal Detail aus einem Brüsseler Gobelin, um 1710
39 Bildergalerie P. P. Rubens, Karl V. als Weltherrscher. Öl a. Lwd. 166,5 x 141 cm. Residenzgalerie

SALZBURG FRANZISKANERKIRCHE

40 Michael Pacher, Thronende Madonna vom Hochaltar

41 Romanischer Löwe am Kanzelaufgang

42 Innenraum   Links die Sakramentsnische mit Fresko von 1446

43 Wallfahrtskirche MARIA PLAIN, 1671–74 ▷

44 Schloß Leopoldskron, 1736. Ab 1918 im Besitz Max Reinhardts (1873–1943)

45 Salzburg Treppenhaus im Schloß Mirabell ▷

47 SALZBURG Mirabellgarten. Pegasus von Kaspar Gras (1661)

◁ 46 SALZBURG Figurengruppe im Mirabellgarten

48 Schloß HELLBRUNN Mechanisches Theater, Mitte 18. Jh.

49 Schloß HELLBRUNN Einhorn im Lustgarten

51 Schloß KLESSHEIM, 1732 vollendet

◁ 50 Blick von der Festung Hohensalzburg in Richtung Hallein

52 HALLEIN Keltenmuseum. Gotische Madonna

53 OBERALM Pfarrkirche. Altar von J. G. Mohr (1707)

54 HALLEIN Ehem. Salinenamtsgebäude. Fürstenzimmer mit Darstellungen der Salzgewinnung

55 ALTENMARKT im Pongau ›Schöne Madonna‹, 1393   56 ST. MARTIN im Lungau   Außenfresken an der Kirche

59 Blick auf BADGASTEIN ▷

58 MARIAPFARR bei Tamsweg   Fresken (um 1430) in der Georgskapelle ▷
57 Wallfahrtskirche ST. LEONHARD bei Tamsweg, 1430–33

60 BADGASTEIN Pfarrkirche. Thronende Madonna, um 1450
61 BISCHOFSHOFEN Rupertuskreuz. Irische Metallarbeit, um 800
62 Burg GOLDEGG Malereien im Rittersaal, um 1536
63 ST. JOHANN im Pongau Pfarrkirche. Heinrich II. und Kunigunde, um 1530

64 Blick auf Bad Hofgastein

65 Wallfahrtskirche MARIA KIRCHENTHAL bei Lofer   Votivbild
66 Wallfahrtskirche MARIA KIRCHENTHAL, 1694 bis 1701 erbaut
67 FELBEN bei Mittersill   Filialkirche St. Nikolas

68 Krimmler Wasserfälle nahe dem Gerlospaß

Der Fußgänger hat inzwischen den ersten Festungsbogen, dann den Keutschachbogen überwunden und über die Zugbrücke und durchs Bürgermeistertor den Zwinger erreicht. In den ÄUSSEREN BURGHOF (Abb. 6) gelangt er entweder rechts über eine steile Treppe und die Höllenpforte oder geradewegs durch die Roßpforte. Dort steht eine knorrige Linde mit einer rundumlaufenden Bank. Durch einen Venezianer ließ Kardinal Matthäus Lang eine tiefe Zisterne meißeln und durch eine lateinische wie deutsche Inschrift erklären, daß er dies 1539 »zu Notdurft und Nutzen des Schlosses« habe machen lassen. Auf dem Brunnenrand aus rotem Marmor sitzt ein zierliches Rautengitter mit einem Brunnenhut aus Blech (Abb. 7). An der Außenwand der Burgkapelle steht Hans Valkenauers Marmordenkmal für Leonhard von Keutschach mit der Inschrift: »Hie gibt Erzbischove Leonhard zu Salczburg geborn von Keutschach den segen über des stiffts Salczburg landt. 1515.« Der Erzbischof, ganz der Ausdruck feierlicher Würde, wird von Diakonen begleitet. Darüber und über dem Kapelleneingang sind 1502 ein Kreuzigungs- und ein Christophorusrelief eingelassen worden. Unter dem reichen Netzgewölbe der KAPELLE ST. GEORG lehnen Reliefs der zwölf Apostel an den Wänden, von zwei verschiedenen Künstlern aus rotem Marmor gehoben, kriegerische Gestalten, denen je ein Zitat aus dem Apostolischen Glaubensbekenntnis zugeordnet ist. Daneben bleibt der zierliche Hochaltar nach Wolfgang Hagenauers Entwurf von 1776 wenig beachtet. – Nebenan steht das REISSZUGGEBÄUDE, Endstation des Materialaufzuges vom Nonnberg auf die Festung, der seit 1504 in Betrieb ist, früher Pulver, Kugeln und Baumaterial hochschaffte, im 19. Jh. noch von Sträflingen betrieben. Gegenüber stehen die massigen Bauten des GROSSEN ZEUGHAUSES, des SCHÜTTKASTENS und des ARBEITSHAUSES, neben dem ein Tor im GEYERTURM hinausführt auf die von Paris Lodron angelegten HASENGRABEN-BASTIONEN. Dies ist auch der Weg zur und von der Seilbahn, vorbei an einer Gastwirtschaft, deren Saal die ehem. Geschützkasematte ist. Von den Bastionen öffnet sich ein weiter Blick über Wiesen und Moor bis hin zum Untersberg.

Durch das Geyertor zurück und am Kaplanstöckl vorbei gelangt man in den INNEREN BURGHOF und steht vor dem HOHEN STOCK, auch Palas geheißen. Ihn betritt man durch das Rundbogentor, über das Hans Valkenauer 1498 ein Relief des hl. Rupert einließ, und kommt durch einen tonnengewölbten Gang mit Ringen für die Feuerlöscheimer auf einen kleinen Hof mit einer Zisterne, die der Keutschacher 1502 für 323 Pfund Pfennige lt. Inschrift hat bauen lassen. Gegenüber ragt der Glockenturm, der höchste der Festung, empor. Wer die Fürstenzimmer besehen will, muß mit der Burgführung gehen, die beim Reckturm beginnt, da, wo einst die Inhaftierten einsaßen und – wie damals überall in Europa – peinlich verhört wurden. Von der Turmplattform aus hat man besonders an Föhntagen einen weiten Rundblick bis hin zum Dachstein, zum Tennengebirge mit dem Paß Lueg und den Reichenhaller Bergen mit dem Stauffen (vgl. Abb. 50).

Die Führung geleitet uns zunächst durch Wehrgänge zum SALZBURGER STIER, einer großdimensionierten Walzenorgel mit 200 zinnernen Pfeifen, die vom Palmsonntag

65

SALZBURG FESTUNG HOHENSALZBURG · STIFT NONNBERG

bis 31. 10 täglich um 7, 11 und 18 Uhr dem Glockenspiel am Residenzplatz antwortet und nach dem stierhaften Gebrüll benannt ist, mit dem jedes Stück des Hornwerks schließt. Morgens wechselt die Melodie jeden Monat, um 11 Uhr ist ein Hymnus von Paul Hofhaymer, abends ein Choral von 1502 zu hören. Über eine Wendeltreppe gelangen wir in den dritten und vierten Stock des Hohen Stocks, in die FÜRSTENZIMMER, die schönsten Profanräume der Gotik Mitteleuropas. Nach dem Schlafzimmer öffnet sich die ›Goldene Stube‹, deren Wände und Wappendecke überreich mit gotischem Rankenwerk überzogen sind (Abb. 5). Selbst von den Bändern der schmiedeeisernen Türbeschläge laufen feine eiserne Ranken aufs Holz hinaus. In der Ecke steht der prächtigste *Kachelofen* Österreichs (Farbtafel 13), auf dem Gesims mit 1501 datiert. Auf einer Platte sitzen fünf Löwen, die mit ihren Köpfen das rankenbesetzte Untergeschoß des Ofens scheinbar tragen, gleichzeitig sein Eisengestell verdecken. Die buntglasierten Kacheln eines einheimischen Meisters sind je ein Werk für sich und zeigen Motive aus der Heilsgeschichte, Apostel und Propheten, Krabben und Kreuzblumen, stark vertiefte Stücke mit Reliefs des hl. Rupert, des Erzbischofs Leonhard usw.; die Vielfalt ist während einer Führung gar nicht aufzunehmen. Durch ein Marmorportal betreten wir den ›Goldenen (Fest-)Saal‹, benannt nach den vielen Goldknöpfen an der blauen Holzdecke, die auf vier marmornen Säulen der Spätgotik ruht. An der Seite des Unterzugs läuft ein Fries mit den Wappen des Reiches, der Kurfürsten, der Suffraganbistümer und Stifte Salzburgs und Adeliger in Diensten des Erzbischofs. – Von der Vorhalle mit dem reichen Netzgewölbe (mitunter startet die Führung hier) gelangt man ins Rainer-Museum (s. S. 32), in jene Zimmer, in denen Erzbischof Wolf Dietrich von Raitenau, 1612 zur Abdankung gezwungen, als päpstlicher Gefangener bis zu seinem Tode 1617 inhaftiert war. Er hatte widerrechtlich, des ewigen Streites um das Salz zwischen Bayern und Salzburg überdrüssig, Berchtesgaden besetzt, war aber vor Herzog Maximilian I. von Bayern geflohen, während Salzburg jenem die Tore öffnete. Wolf Dietrich wurde verfolgt, in Kärnten ergriffen und schließlich durch seinen Verwandten Markus Sittikus ersetzt, der dem Gefangenen nur die Gesellschaft von zwei Franziskanern und eines Apothekergesellen zugestand. – Im ebenfalls reich ausgestatteten unteren Geschoß der Fürstenzimmer ist das BURGMUSEUM mit mittelalterlichen Figuren, mit Waffen und Folterinstrumenten und zahlreichen kulturgeschichtlichen Objekten untergebracht und vom 1. 3. – 31. 10. von 9–18 Uhr, vom 1. 11. – 1. 3. von 10–16 Uhr geöffnet.

Wer die Festungsgasse hinabgeht, ohne die Kehre zum Kapitelplatz zu nehmen, gelangt zum STIFT NONNBERG, einer Gebäudegruppe auf dem östlichen Ausläufer des Festungsberges. Noch vor 700 gründete der hl. Rupert dieses Frauenkloster, heute das älteste ohne Unterbrechung bestehende Nonnenkloster nördlich der Alpen, so wie die andere Gründung Ruperts, St. Peter, diesen Ruhm unter den Männerklöstern beansprucht. Zur ersten Äbtissin setzte der hl. Rupert seine Nichte Erentrudis ein, stattete seine Stiftung mit dem Bereich des oberen Kastells aus, den ihm Herzog Theodo geschenkt hatte. Die nächsten großen Schenkungen erfuhr Nonnberg etwa 1009 durch Kaiser Heinrich II. und seine Frau Kunigunde, was einen Kirchenneubau ermöglichte,

66

Erzbischof Wolf Dietrich von Raitenau. 1597. Kupferstich und Radierung von Domenico Custodis

REVERENDISS. ET ILLVSTRISS. PRINCEPS D.D.WOLFGANGVS THEODERICVS ARCHIEPISCOPVS SALISBVRGENSIS. SS. SEDIS APOSTOLICR. LEGATVS NATVS.

dessen Krypta 1043 geweiht wurde. Die romanische Kirche, in der 1. Hälfte des 12. Jh. vollendet, brannte 1423 aus. Wolf Wiesinger hat ihn durch einen gotischen Bau auf gleichem Grundriß ersetzt, der erst 1506/07 vollendet war, wobei – ein einmaliger Fall – die erhalten gebliebene romanische Krypta durch ein Netzrippengewölbe auf 18 Säulen in eine gotische umgewandelt wurde (Abb. 8). Diese Bauten wie auch der Ausbau des Klosters konnte aus dem reichen Güterbesitz bezahlt werden, der auch die Gründung von Tochterklöstern wie Göß/Steiermark (um 1000), Gurk/Kärnten (1042) und St. Walburg in Eichstätt ermöglichte. Erzbischof Eberhard erwirkte 1242 die Pontifikalien für die Äbtissin, die fortan ein Faldistorium (Faltstuhl) benutzen, das Pastorale (Bischofsstab) und das Pectorale (Brustkreuz) tragen durfte; anstelle der Mitra trägt sie an Festtagen eine kleine Krone. Das Pastorale, ein 1,75 m langer Elfenbeinstab, und das Faldistorium von 1242, ein Eschenholzklappsessel mit Temperamalerei und Elfenbeinintarsien aus dem 9./10. Jh., werden im STIFTSMUSEUM verwahrt, das nur mit besonderer Erlaubnis zugänglich ist. Es enthält außerdem Kostbarkeiten aus

67

SALZBURG STIFT NONNBERG · ERHARDKIRCHE

Zinn, Glas, ziseliertem Eisen und eine schöne Krippensammlung. Wer nicht zu den Wissenschaftlern gehört, die dort Zutritt haben, kann vielleicht an der Klosterpforte Einlaß in die JOHANNISKAPELLE erhalten, die vor ihrem Wiederaufbau 1448–51 als Totenkapelle diente und jetzt den figurenreichen spätgotischen *Flügelaltar* von 1498 birgt, der nach Heinrich Decker von Veit Stoß kommt (Abb. 10) und einst im alten Dom stand. Dieser fränkische Fremdling unter Salzburgs Altären zeigt im Mittelschrein die Geburt Christi, auf den Flügeln Szenen aus dem Marienleben.

Über den kleinen Friedhof, der einmal Asylplatz gewesen ist, gelangen wir zum POR-TAL der STIFTSKIRCHE, in dessen Kehlungen vier Holzfigürchen (Kopien der Originale im Stiftsmuseum) von Heiligen stehen, die auf dem Nonnberg besondere Verehrung genossen: Kaiser Heinrich II, die Kirchenpatronin Maria, Rupert und Erentrudis. Auch hier eine Merkwürdigkeit: über dem 1497–99 gemeißelten gotischen Portal der romanische Türsturz des Vorgängerbaues mit dem Tympanon von 1200, das Maria zeigt, flankiert links von Johannes und Erentrudis, rechts von einem Engel und einer betenden Nonne. Die Inschrift im Bogenfeld lautet übersetzt: »Abglanz, Ebenbild des Vaters, fruchtbarer Mutterschoß, Pforte, Licht, Ursprung; Glaube an die Geburt des Erlösers.« – Das INNERE der Basilika ist, abgesehen von den barocken Seitenkapellen, ganz der Gotik verhaftet, die im Netzrippengewölbe am deutlichsten spricht, das im Chor weite Maschen, im Langhaus zunächst Rhomben, schließlich komplizierte vier- und achtzackige Sterne bringt. Das Langhaus erscheint als Quadrat, weil im Westen der Nonnenchor (oben) durch eine Emporenwand abgetrennt wurde. Pfeiler aus rotem Marmor tragen den Nonnenchor, dessen Wand gußsteinerne Gitter und Fensterrahmen vorgeblendet wurden. Als Beträume der Nonnen wurden Galerien mit Gittern in die Arkaden der Mittelschiffwand gefügt. Von den Seitenschiffen führt je eine Treppe in die KRYPTA (Abb. 8), in deren mittlerer Apsis ursprünglich das Felsengrab der hl. Erentrudis lag, über dem sich seit 1882 ein Marmoraltar befindet. – Der *Hochaltar*, ein spätgotischer Schreinaltar mit luftigem Gesprenge, wurde um 1515 geschnitzt und 1853 aus Scheffau bei Golling eingetauscht gegen den barocken Altar des Hans Waldburger. Dabei blieb jedoch die Mittelfigur, ein hl. Ullrich, in Scheffau zurück, wurde in Nonntal durch eine Maria ersetzt, die von manchen dem Gabriel Häring zugeschrieben wird. Im Mittelschrein stehen ihr der hl. Virgil und der hl. Rupert zur Seite. Die Flügel zeigen innen Reliefs mit Szenen aus der Leidensgeschichte, außen aber Temperagemälde eines unbekannten Künstlers, der als Vorlage Holzschnitte Albrecht Dürers aus dessen ›Marienleben‹ und der ›Kleinen Passion‹ benutzte, was damals durchaus üblich war. Originär unter den *Glasfenstern* ist nur das mittlere hinter dem Hochaltar, das 1480 Peter Hemmel von Andlau aus Straßburg schuf und das Bürgermeister Augustin Klanner stiftete. Auf dem linken Seitenaltar steht ein Vesperbild (Pietà) von etwa 1420 im sog. ›Weichen Stil‹, schlecht restauriert, auf dem rechten zeigte Meister Wenzel 1522 im Mittelfeld die Madonna mit dem Kind und die hl. Katharina, links unten die Stifterin des Altars. Die Kanzel von 1475 ist für ihre Zeit verblüffend schlicht, mit dem Wappen der Äbtissin Agatha von Haunsperg geschmückt, die wie die Klosterfrauen bis 1848 dem Adel ent-

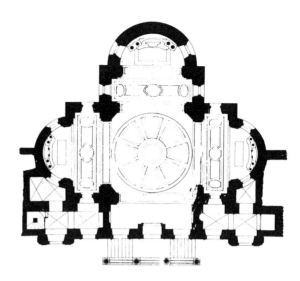

SALZBURG Erhardkirche, Grundriß

stammte. Unter den zahlreichen Grabsteinen ist auch einer für Maria Salome von Altenau († 1605), einer Tochter der Salome Alt und des Erzbischofs Wolf Dietrich, der dem Kloster ein frühgotisches Kruzifix aus dem alten Dom geschenkt hat, eine erschütternde Darstellung des Gepeinigten. (Es kann nur bei der Führung betrachtet werden.) – Wertvollster Bestand sind aber die FRESKEN im ehem. Chor unter dem heutigen Nonnenchor im Westen der Stiftskirche. Diese Malereien (Abb. 9), um 1150 geschaffen, sind deshalb so bedeutend, weil hier griechische Vorbilder, wohl auf dem Wege über Aquileja oder Venedig, gewirkt haben. K. M. Swoboda hat nachgewiesen, daß der Maler der Heiligenbrustbilder sich genau an die Vorschriften der ›Schedula diversarium artium‹ des Theophilus, eines Benediktiners Anfang des 12. Jh., gehalten hat.

Über die Nonnberggasse verlassen wir den Klosterbezirk und erreichen das Nonntal entweder durch die schmale Erhardgasse oder die Brunnhausgasse. An der Nonntaler Hauptstraße steht die ERHARDKIRCHE, deren gotische Vorläuferin mit einem Spital für Klosterangehörige verbunden war. Diese baufällige Kapelle ließ der neue Bauherr, das Domkapitel, abtragen und beauftragte 1685 Giovanni Gaspare Zuccalli, den Erzbischof Max Gandolf Graf Kuenburg aus München verpflichtet hatte, mit dem Neubau. Schon 1689 konnte der kleine Zentralbau mit der hohen Kuppel und dem vorgezogenen Portikus zwischen den beiden schlanken Türmen geweiht werden. Wegen der ständigen Überschwemmungsgefahr mußte man eine doppelläufige Treppe zum hochgesetzten Portal bauen, das wie der Portikus in Marmor gehalten ist. Im Innenraum mit den drei Altarkonchen fällt der reiche Stuck des Francesco Brenno auf, der ihn bereits vor der Modellierung eingefärbt hatte. Die Reliefs in den Kuppelzwickeln sind den Heiligen Rupert, Virgil, Vitalis und Martin vorbehalten, die in Salzburg besonders verehrt wurden. Unter den Engeln, die ihre Attribute halten, figurieren die

SALZBURG KAJETANERKIRCHE · ALTER MARKT · GETREIDEGASSE

vier Kardinaltugenden auf Flachreliefs. Während an der Decke der Hl. Geist als Taube erscheint, schildern Rundmedaillons in der Tambourkuppel Begebenheiten aus dem Leben des hl. Erhard, der als Wanderbischof Ende des 7. Jh. in Regensburg gewirkt hat. Den *Hochaltar,* im wesentlichen von Andreas Götzinger geschaffen, stiftete 1692 Erzbischof Johann Ernst Graf Thun. Im gleichen Jahr datierte und signierte Johann Michael Rottmayr das Hochaltarblatt, das den hl. Erhard bei der Taufe der blindgeborenen hl. Ottilie (Odilia) zeigt, die nach der Legende dabei sehend geworden sei. Sie stiftete später die Klöster Odilienberg und Niedermünster im Elsaß.

Zum KAJETANERPLATZ gelangen wir durch die Schanzlgasse, in dessen Nr. 14 der große Forscher Alexander von Humboldt 1797/98 wohnte, der den Salzburgern nicht nur die genaue Breitenlage (47° 48′ 10″ n.Br.) lieferte, sondern auch in einem seiner Briefe die Huldigung: »Die Gegenden von Salzburg, Neapel und Konstantinopel halte ich für die schönsten der Erde.« – Platz und KIRCHE haben ihren Namen nach dem hl. Kajetan von Tiene, dem Gründer des zweitgrößten Ordens der Gegenreformation, der später Theatiner genannt wurde. Als 1686 die ersten Theatiner nach Salzburg kamen und Vorlesungen hielten, gerieten sie in Streit mit den Benediktinern, die alle Lehrstühle der Universität besetzt hielten, bekamen Vorlesungsverbot und mußten schließlich Kirchen- und Klosterbau einstellen. Erst nach Intervention des Papstes konnte Zuccalli 1696–1700 den Bau vollenden, dessen Schauseite zum Platz durch zwei vorgezogene Klosterflügel palaisartig wirkt; nur die kräftige Kuppel verrät, daß hier eine Kirche steht. In die Kuppel malte 1727 Paul Troger, dessen Ausbildung in Venedig der Neffe des Erzbischofs Johann Ernst bestritten hatte, ein etwas düsteres Frühwerk, das Maria fürbittend vor Gottvater und Christus zeigt. Den schweren Stuck schufen die Brüder Francesco und Carlo Antonio Brenno mit ihrem Landsmann Antonio Carabelli. Da die Kirche dem hl. Maximilian geweiht ist, zeigt Trogers *Hochaltarbild* die ›Marter des hl. Maximilian‹. Während von ihm auch das Bild ›Der hl. Kajetan in der Glorie‹ von 1735 auf dem rechten Seitenaltar stammt, malte Johann Michael Rottmayr 1708 ›Die Heilige Sippe‹. 1809 wurde das Theatinerkloster aufgehoben, seit 1923 gehört es den Barmherzigen Brüdern, die darin ein Krankenhaus einrichteten. – Die Pfeifergasse führt uns am Chiemseehof (Landesregierung), dem ehem. Sitz der Salzburger Weihbischöfe, vorbei zum Mozartplatz zurück.

Die Bürgerstadt

Wir betreten sie mit dem WAAGPLATZ westlich des Mozartplatzes. In Nr. 3 stand die Stadtwaage, darüber lag die erste Ratsstube. Gegenüber, in Nr. 1, wo zunächst das städtische Gericht tagte, wurde später die Stadttrinkstube eingerichtet. An Haus 1 a erinnert eine Tafel, daß hier am 3. 2. 1887 der Dichter Georg Trakl geboren wurde. Das Land Salzburg hat im Gebäudeteil zur Salzach hin eine Trakl-Gedenkstätte eingerichtet, die man gelegentlich besuchen kann. Andere Teile des Hauses wurden der

›Szene der Jugend‹ überlassen, die vor allem zur Festspielzeit ein reiches Programm durchführt, auch mit Konzerten im stimmungsvollen Hof aufwartet. – Von dort führt Salzburgs schmalstes Gäßchen, das Döllerergäßchen, ums alte Gerichtshaus in die Judengasse und zum Kranzlmarkt, dem ehem. Blumen- und Gemüsemarkt. Von hier gehen wir den ALTEN MARKT zur Churfürstenstraße hoch, dessen Häuser mit den pastellfarbenen Fassaden und kräftigen Portalen zumeist die alte Form behalten haben (Abb. 19). Die ehem. fürsterzbischöfliche APOTHEKE fasziniert mit einer Rokokoeinrichtung von 1760, mit geschnitzten und vergoldeten Regalaufsätzen und einem intarsiengeschmückten Rezepturtisch. Sie ist kein Museum, sondern eine moderne Apotheke im alten Gewand. Schräg gegenüber lockt das weitberühmte Café Tomaselli (s. S. 287). Davor steht der Florianibrunnen, dessen achtseitiges Marmorbecken ein kunstvolles Gitter trägt, das Wolf Guppenberger 1583 aus eisernen Spiralen wand, die in Dornen, Vögeln, Köpfen und Steinböcken enden. Während Rohre aus vier Löwenmäulern Wasser liefern, löscht der hl. Florian auf der Spitze der Säule ein brennendes Haus. Ihn hat Josef Anton Pfaffinger 1734 gemeißelt. – In der nahen Sigmund-Haffner-Gasse, die wir zum Rathaus hinabgehen, treffen wir mit dem Langenhof (Nr. 16) auf das einzige nichtgeistliche Adelspalais in Salzburg, 1670 von Erzbischof Max Gandolf Graf Kuenburg für seine Familie ausgebaut, 1800 durch J. G. Laschensky mit einer klassizistischen Fassade geschmückt. In der Durchfahrt ein Brunnen um 1700, gegenüber ein Löwe aus dem 12. Jh., vermutlich vom Kryptaabgang des alten Domes, dessen Inschrifttafel einen Frater Berthold nennt, unter dessen Aufsicht die Plastik geschaffen wurde. – Das RATHAUS, ein eher schlichter Bau, wurde 1407 aus Bürgerhäusern errichtet, später mit einem zinnenbekrönten Turm herausgehoben. Während des Umbaues 1616–18 schuf Hans Waldburger die Statue der Justitia über dem Portal mit dem Stadtwappen. Die Mondkugel im Turm, halb blau und halb gelb gefärbt, zeigt die Mondphasen an. Die Fassade stammt aus dem 3. Viertel des 18. Jh.

Am Rathaus beginnt Salzburgs berühmteste Gasse, die GETREIDEGASSE (Abb. 18), und endet an der Kirche des ehem. Bürgerspitals. Von wenigen geschmacklosen Ausnahmen abgesehen, haben die Häuser ihr Aussehen aus dem 17. und 18. Jh. bewahrt, greifen die Ausleger (Haus- und Gewerbeschilder) weit in die Gasse hinein (Farbtafel 38), laufen Inschriften oder Haussprüche die Hohlkehlen unter den Dachtraufen entlang, öffnen sich schöne Portale zu den Innenräumen und den Arkadenhöfen, den langgestreckten, die rechts bis zur Griesgasse hinab-, links zum Universitätsplatz hinaufreichen (s. Nr. 3, 13, 14, 21, 25, 27, 29, 33, 43). Ein geschwungenes Portal mit dem Bild einer Heiligen besitzt Nr. 9, MOZARTS GEBURTSHAUS (Abb. 30), seit 1703 im Besitz der Kaufleute Hagenauer, die den dritten Stock an den Violinisten Leopold Mozart aus Augsburg und seine Frau Anna Maria vermieteten, die dort in acht Jahren sieben Kinder gebar, von denen nur zwei am Leben blieben. Das letzte Kind, Wolfgang Amadeus, kam am 27. 1. 1756 in der dunklen Stube zum Hof hin auf die Welt. Der Hausherr, der Spezereiwarenhändler Johann Lorenz von Hagenauer, vertrieb nicht nur Leopold Mozarts ›Violinschule‹ und gab Empfehlungsbriefe mit auf die Konzertreisen, er sammelte auch die Briefe Leopolds, die des Sohnes Jugend dokumentieren. Jahrzehntelang bemühte man sich, wichtige Andenken an dieses Genie Salzburgs zusammenzutragen, so Bilder von ihm (Farbtafel 7) und seiner Familie, sein Clavichord, seine Kindergeige (Abb. 29), das Hammerklavier (Abb. 28) und anderes – das Jahr über von 9–18 Uhr zu besehen, sommers auch länger. Von Mai bis Ende September ist die Ausstellung ›Mozart auf dem Theater‹ im ersten und zweiten Stock geöffnet, die z. T. mit Dioramen und Bühnenmodellen bedeutende Inszenierungen aller Mozart-Opern von ihrer Uraufführung bis heute bietet. In Mozarts Jugend besaß dieses Haus auch zur Getreidegasse hin die gleiche beschwingte Rokokofassade, die es zum Universitätsplatz 14 jetzt noch zeigt. Heute spielt sich tagsüber dort der Markt vor der Fassade der Kollegien-(Universitäts-)Kirche ab.

Als 1631 nach einem Modell des Santino Solari das Gebäude für die 1622 gegründete UNIVERSITÄT fortgeführt wurde, war die Große Aula bereits als Saal der Marianischen Kongregation konzipiert. Sie wurde daher mit Bildern der 15 Rosenkranzgeheimnisse auf den Seiten und einem Altar auf der Südseite samt einer Bühne ausgestattet. Der Niederländer Adriaen Blomaert lieferte zusammen mit einheimischen Kräften 1636/37 auch die wertvollen Bilder. Diese Kombination gefiel Erzbischof Johann Ernst Graf Thun nicht, weil man dort »sonsten die Comoedien und andere prophana zu exhibieren pflegt«. Er stiftete 15 000 Gulden für einen separaten Kirchenbau, der 1696 bis 1707 nach Plänen des Johann Bernhard Fischer von Erlach errichtet wurde. Dieser hat sich dabei von allen Vorbildern gelöst und eine Synthese der vorhandenen Kirchenarchitektur versucht. Die KOLLEGIENKIRCHE ist nordsüdlich gerichtet, was dem Stadtbild zugute gekommen ist, und auf dem Grundriß eines griechischen Kreuzes gebaut, wobei die Vierung die hohe Kuppel trägt. Vorgesetzt ist eine kräftig in der Mitte ausschwingende Fassade, die für die Klosterkirchen Weingarten und Einsiedeln zum Vorbild wurde. Flankiert wird dieser Bogen von prismatischen Türmen mit leuchtenden Marmorbalustraden, auf denen die Figuren der Evangelisten und Kirchenväter des Michael Bernhard Mandl stehen, auf dem Giebel der Mittelfassade aber die Imma-

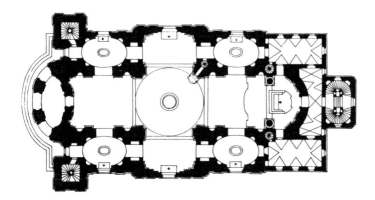

SALZBURG
Kollegienkirche,
Grundriß

Karl Remshard, Die Kollegienkirche. Um 1735. Kupferstich und Radierung nach Franz Anton Danreiter

kulata. – Der INNENRAUM wirkt ernst und hoch, da die Höhe des Langhauses das Anderthalbfache der Breite beträgt. Im Altarraum, deutlich durch zwei Kolossalsäulen markiert, schwebt unter der Stuckglorie die Immakulata, von Putten und Wolken umfangen. Auf dem Hochaltar von 1740 umstellt eine von St. Michael und Engeln bekrönte Kolonnade den Tabernakel, flankiert von den Figuren der Hoffnung und der Liebe. Die zentrale Gestalt des Glaubens überschwebt der Hl. Geist. Die Altäre der Querarme sind den Patronen der Universität, dem hl. Karl Borromäus (links) und dem hl. Benedikt gewidmet. Johann Michael Rottmayrs Altarblätter von 1721/22 zeigen ›Karl Borromäus unter den Pestkranken Mailands‹ und ›Benedikt tauft einen orientalischen Fürsten‹. In den vier ovalen Kapellen zwischen den Achsen des griechischen Kreuzes wurden die Altäre den Kollegien-(Fakultäts-)Heiligen geweiht, so links vorne Thomas von Aquin (Theologie) und rechts vorne Ivo (Jurisprudenz), so links hinten Lukas (Medizin) und rechts hinten Katharina (Philosophie). Die meisten Figuren der Kapellennischen stammen von Meinrad Guggenbichler und Josef Anton Pfaffinger oder aus deren Werkstätten. Die 1715–30 errichteten Altäre aus marmoriertem Holz besitzen nicht mehr den großen Atem Fischers von Erlach, der mit der Kollegienkirche ein Hauptwerk des europäischen Barock geschaffen hat. – Die Studiengebäude nebenan sind zweckentsprechend nüchtern und heute für die Theologische Fakultät

SALZBURG FELSENREITSCHULE · NEUTOR · HOFSTALLSCHWEMME

und die Universitätsbibliothek adaptiert. Kunstwerke sind nur die Große und die Kleine Aula sowie der schöne Marmoraltar der Brüder Wolfgang und Johann B. Hagenauer von 1768 im Sacellum, der ursprünglichen Universitätskapelle. Unter dem Namen »Alma Mater Paridiana« wurde 1962 die Universität wieder errichtet.

Gegenüber der Südfront des Studiengebäudes lag, quasi als westlicher Eingang in die Fürstenstadt, der Hofmarstall (heute Festspielhaus), der neben Ställen für 130 Pferde auch eine Winter- und Sommerreitschule enthielt. Die SOMMER- oder FELSENREITSCHULE gewann man 1693 dadurch, daß in die Steilwand des Mönchsbergs drei Galeriegeschosse gebrochen wurden. 1694 blendete J. B. Fischer von Erlach der nördlichen Schmalseite eine neue Fassade vor, wobei er für die Portalfenstergruppe seine Ehrenpforte der Stadt Wien von 1690 übernahm. Nach seinem Entwurf meißelte Wolf Weissenkirchner die Figuren. 1926 wurde die Felsenreitschule zum ersten Mal als Bühne herangezogen, 1968–70 von Clemens Holzmeister neugestaltet und überdacht. Die WINTERREITSCHULE (heute Stadtsaal) besitzt ein großes Deckenbild, das Johann Michael Rottmayr und Christian Lederwasch geschaffen haben; es zeigt das 1690 so beliebte Reiterspiel des ›Türkenstechens‹. Nebenan ist das KLEINE FESTSPIELHAUS, ein 1200 Zuschauer fassendes Theater, dessen Vorhalle ein Mosaik von Anton Kolig und Holzplastiken von Jakob Adlhardt und Karl Bodinger besaß, die nach 1938 Nationalsozialisten als ›entartete Kunst‹ entfernen ließen. Faistauers Fresken konnten nach Kriegsende ins Foyer zurückkehren, da sie der Restaurator Alberto Susat gerettet hatte. Nach dem Umbau 1962/63 wurde die Statue des Orpheus von Alfred Hrdlicka aufgestellt und die Gobelinbordüre von Oskar Kokoschka angebracht, dessen ›Schule des Sehens‹ zur alljährlichen Sommerakademie für bildende Kunst auf der Festung geworden ist. Ans zentrale Foyer, den einstigen Hofmarstall, baute 1956–60 Clemens Holzmeister unter Beibehaltung der alten Fassaden das GROSSE FESTSPIELHAUS mit 2371 Sitzplätzen (s. S. 284) und einer Hauptbühne mit 30 m Portalöffnung für große Opern. Die Griffe der Eingangstore schuf Schneider-Manzell, die Marmorfiguren ›Musik‹ und ›Theater‹ Wander Bertoni und das Stahlrelief ›Huldigung an Anton Webern‹ Rudolf Hoflehner, um einiges zu nennen.

Neben der westlichen Stirnfassade des Festspielhauses führt das NEUTOR, ein 123 m langer und 12 m breiter Stollen, durch den Mönchsberg; wegen der Lichtführung steigt er zur Riedenburgseite an. Diese erstaunliche Ingenieurleistung vollbrachte Elias von Geyer 1764–67 auf Geheiß des Erzbischofs Sigismund von Schrattenbach, der die Brüder Wolfgang und Johann Baptist Hagenauer mit der Gestaltung der Portale beauftragt hatte. Die Portalfront zur Altstadt zeigt Medusenmasken neben der Öffnung und trägt ein Bildnis des Bauherrn im Medaillon, dazu die Inschrift: ›Te Saxa Loquuntur‹ (Dich preisen die Felsen) in Anspielung auf Lukas 19,40. Das Gegenstück dieser Triumphpforte auf der Riedenburger Seite trägt den hl. Sigismund auf einem Sockel mit dem Schrattenbachwappen. Die geborstenen Obelisken neben dem Tor und ein (ehemals geplantes) Vorwerk mit den Ruinen Iuvavums waren das »erste in Österreich konzipierte Ruinendenkmal« (Hahnl).

Theodor Hellmuth, Die Sommer- oder Felsenreitschule. 1837. Lithographie nach Eugen Adam

Die HOFSTALLSCHWEMME, stadtseitig dem Neutor vorgelagert, besitzt eine prächtige Rossebändigergruppe des Michael Bernhard Mandl von 1695, die zur ersten Pferdeschwemme Erzbischofs Johann Ernst Thun gehört hatte, während Erzbischof Firmian 1732 eine reiche Balustrade stiftete und die Schauwand parallel zur Mönchsbergwand aufrichten ließ (Abb. 17). In die Felder malte im gleichen Jahr Franz Anton Ebner Fresken von Pferderassen nach dem Stichwerk ›Equite seu speculum equorum‹ des Stradanus. Das Mittelfeld zeigt den Sturz des Bellorophontes als Symbol der Vermessenheit des Menschen und Triumph des Pferdes (Hiller). Beim Ausgang der Getreidegasse steht das EHEM. BÜRGERSPITAL, dessen hart an die Felswand geschobener Arkadentrakt von 1556–62 bis 1898 Kranke und Pfründer beherbergt hat. Von Bomben zerstört, wurden die reizvollen drei übereinandergestellten Laubengänge bis 1955 wieder getreu aufgebaut und dem Museum Carolino Augusteum überlassen. Heute ist in dem Gebäude ein Spielzeugmuseum untergebracht. Die BLASIUS- oder BÜRGER-

SALZBURG BÜRGERSPITALKIRCHE · MUSEUM · MARKUSKIRCHE

SPITALSKIRCHE, 1330 aus heimischen Nagelfluhquadern errichtet, hatte eine Vorläuferin in einer 1185 gen. Blasiuskapelle des Admonter Hofes, beide von Erzbischof Friedrich III. 1327 eingetauscht und dem neugegründeten Bürgerspital geschenkt. Das Innere ist zweigeteilt in den quadratischen Chor mit Kreuzrippengewölbe auf achteckigen Nagelfluhsäulen und dem gleichbreiten Langhaus für die Bürgerschaft und der darüber für die Pfründner eingezogenen Empore. Von den neun Altären des 18. Jh. stehen nur noch fünf, darunter der Hochaltar mit wuchtigem klassizistischen Marmoraufbau nach Entwurf von Louis Grenier und einer Kreuzigungsgruppe von Franz de Paula Hitzl. Der rechte Seitenaltar mit einem Bild von Paul Troger und Figuren der beiden Johannes von Josef Anton Pfaffinger wurde 1746 von Bürgermeister Kaspar Wilhelmseder gestiftet wie 1749 das prachtvolle Gitter. Eine Kostbarkeit ist der beim Hochaltar stehende *Sakramentsschrein* mit seiner geschnitzten Kleinarchitektur von ca. 1480 (Abb. 31).

Am Gstättentor, der mittelalterlichen Stadtgrenze, geht es zum MUSEUM CAROLINO AUGUSTEUM hinüber, das aus höfischer Devotion den Namen der Witwe des Kaisers Franz I. trägt, die 1850 das Protektorat über die damals fünf Schauräume übernahm. Im Neubau von 1967 sind die keltischen und römischen Funde (Abb. 11, 13) im Tiefgeschoß untergebracht, in der Eingangshalle sind Teile des unvollendeten Denkmals für Kaiser Maximilian I. von Hans Valkenauer zu sehen, das für den Speyerer Dom gedacht war. In den oberen Geschossen finden sich neben vorgeschichtlichen Funden, wie der Schnabelkanne aus Bronze (Abb. 12), Waffen, Musikinstrumenten, auch Bilder von Troger, Rottmayr, Mengs, Spitzweg, Waldmüller, Makart und Faistauer. Das Museum ist täglich von 9–17 Uhr geöffnet. – Daneben ist im ehem. Ursulinen-

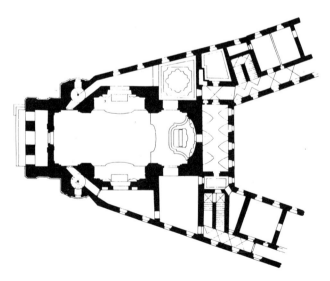

SALZBURG
Markuskirche,
Grundriß

kloster seit 1959 das ›Haus der Natur‹ mit seinen anschaulichen Dioramen und einer Tibetschau untergebracht. An der Stirne des Komplexes steht die 1699–1705 erbaute MARKUSKIRCHE des ehem. Ursulinenklosters, die Fischer von Erlach – gezwungen durch den Vorgängerbau – auf einem Trapez errichten mußte, wobei er seinen ersten Fassaden-entwurf für die Kollegienkirche hier variierte. Die Giebelfiguren (Markus, flankiert von Augustinus und Ursula) hat wohl Sebastian Stumpfegger gemeißelt. Unter dem reichen Stuck der Bauzeit stehen Altäre und Kanzel nach Fischer von Erlachs Entwür-fen. Erst 1756 malte Christoph Anton Mayr aus Schwaz die Fresken, so in der Kuppel Gottvater, Christus und Maria bei der Aufnahme der hl. Ursula in den Himmel, die lateinischen Kirchenväter in den Zwickeln, die hl. Cäcilie an der Orgel in der Wölbung und das Auge Gottes im Chor. Von den vier Heiligenfiguren in der Vorhalle stammen zwei von M. Guggenbichler, heute im Dommuseum. – Die Einheitlichkeit der am Mönchsberg entlangziehenden Häuserzeile der Gstättengasse rührt vom Wiederauf-bau nach dem Felssturz von 1669 her, der 200 Salzburgern das Leben kostete. Seit-dem klopfen jedes Frühjahr die ›Felsputzer‹ die Wände nach mürben Stellen ab. Durchs Klausentor, das 1612 Markus Sittikus auf Kosten der Stadt errichten ließ, führt ein Abstecher zum ehem. Augustiner-Eremitenkloster und zur MÜLLNER KIRCHE, die Erzbischof Wolf Dietrich 1605 den aus München berufenen Augustiner-Eremiten übergab, die 1835 von den Benediktinern aus Michaelbeuern (s. S. 278 ff.) abgelöst wur-den. Wolf Dietrich ließ nicht nur den großen Schwibbogen und die feierliche Treppe er-richten, er veranlaßte auch seine beiden Brüder, je eine Kapelle zu stiften, deren Stuck und Gitter aus jener Zeit noch erhalten sind; die Altarbilder malte Johann Michael Rottmayr. Die erst 1670 stuckierte Turmkapelle besitzt einen Altar der Brüder Ha-genauer mit einer Kopie des Gnadenbildes ›Maria vom Guten Rat‹ zu Genazzano (1766). Die südwestliche Kapelle schließlich, bereits um 1605 stuckiert, zeigt ebenfalls ein Altarbild Rottmayrs zwischen den Figuren des Papstes Gelasius und des Thomas von Villanova. In dem mit Laub- und Bandelwerkstuck von 1738 f. gezierten Innen-raum dominiert der *Hochaltar,* der 1758–60 nach Entwürfen des Vinzenz Fischer aus Wien mit Untersberger- und Adneter-Marmor aufgebaut und mit Statuen der Hll. Alexius, Katharina, Barbara und Wilhelm von Lorenz Wieser bestückt wurde. Barock gefaßt steht in der Nische eine gotische Madonna mit Kind um 1440. Darüber wacht die Hl. Trinität, umgeben von den göttlichen Tugenden, nur daß hier statt der Liebe der hl. Augustinus mit flammendem Herzen steht. Die erst 1709 angebaute Sakristei besitzt Stuck von Diego Francesco Carlone.

Der Stadtteil rechts der Salzach

Über den Müllner Steg gelangen wir direkt in den Garten des SCHLOSSES MIRABELL, der hier mit dem Bastionsgarten beginnt. Ein blinzelnder und ein lächelnder Löwe geben den Weg zum Zwerglgarten frei. Von den 28 Marmorzwergen, die Erzbischof Harrach

SALZBURG SCHLOSS MIRABELL · MOZARTEUM

um 1715 nach Kupferstichen des Jacques Callot von 1616 meißeln ließ, konnte der
Stadtverschönerungsverein nach der Verschleuderung durch Kronprinz Ludwig von
Bayern nur 15 zurückholen, Zeugnisse einer Mode, die am Grotesk-Verkümmerten
Gefallen fand. Westlich steht das 1708–18 angelegte Heckentheater, eines der ältesten
nördlich der Alpen. Der eigentliche Garten, unter Fürsterzbischof Johann Ernst Graf
Thun durch Fischer von Erlach um 1690 streng architektonisch gestaltet, wurde 1730
durch Franz Anton Danreiter erheblich verändert und vereinigt jetzt Fontäne und
Figurengruppen, Balustraden und Buchsbaumspaliere samt Blumenrabatten zu einer
einmaligen Komposition. Am schönsten ist der Garten im Frühjahr, wenn die Magnolien
blühen, am eindrucksvollsten der Blick über das Parterre hinweg auf Dom und Hohensalzburg (Farbtafel 3).
Die großen prunkenden Marmorvasen auf dem Geländer wurden nach Fischer
von Erlachs Entwürfen ausgehauen, während 1690 Ottavio Mosto die vier Gruppen um
das Bassin des Springbrunnens anfertigte, die in barocker Manier die vier Elemente symbolisieren sollten. So flieht Äneas mit Vater und Sohn aus dem brennenden Troja (Feuer), hebt Herkules den Riesen Antäus in die Luft, wird Proser-
pina von Pluto unter die Erde entführt und Helena von Paris in einem Schiff geraubt
(Wasser). Der Susanna-Brunnen des Hans Waldburger von 1610 ist der einzige Über-
rest des frühesten Gartens aus Wolf Dietrichs Zeit. Beim Ausgang zum Makartplatz zu
stehen zwei Faustkämpfer, Kopien des ›Borghesischen Fechters‹ (Abb. 46), sie sind
wahrscheinlich von Andreas Götzinger um 1700 gemeißelt. Die Statuen auf den
geschwungenen Abschlußbalustraden schufen Bartholomäus van Opstal und Johann
Frölich; westlich: Chronos, Bacchus, Jupiter, Mars, Herkules, Vulkanus, Merkur,
Apollo; östlich: Diana, Flora, Minerva, Ceres, Pomona, Venus, Vesta und Juno, wobei
Flora, Ceres, Pomona und Vesta auch als Frühling, Sommer, Herbst und Winter an-
gesprochen und dem Ottavio Mosto zugeschrieben werden. – Erst 1913 kam nach man-
chem Platzwechsel der Pegasus der ehem. Kapitelschwemme vor das Gartenportal des
Schlosses, den 1661 Kaspar Gras aus Innsbruck in Kupfer getrieben hatte (Abb. 47).
Das erste Schlößchen, von dem noch Fundamente und ein Doppelfenster an der Süd-
seite zeugen, ließ Erzbischof Wolf Dietrich 1606 als Sommersitz ›Altenau‹ für Salome
Alt errichten, die bildhübsche Patriziertochter, mit der er schon als Domherr liiert
war und die ihm 15 Kinder gebar. Eher hausbacken und ganz besorgte Mutter, mischte
sie sich nie in Staatsgeschäfte, wurde mit ihren zehn überlebenden Kindern in den
Adelsstand erhoben und zog nach der Inhaftierung Wolf Dietrichs nach Wels zu ihrer
Tante und deren Gatten Christoph Weiß, den Wolf Dietrich aus Salzburg ausgewiesen
hatte, weil er Lutheraner war. Erst 1622 konnte Salome von Altenau das Hofmannsche
Freihaus am Welser Stadtplatz Nr. 24 für sich und ihre Kinder erwerben. – Schon
Markus Sittikus taufte das Schlößchen in Mirabell um, aber erst Erzbischof Harrach
ließ es 1721–27 durch Johann Lukas von Hildebrandt umbauen und mit einem Turm
im Osttrakt schmücken. Nach den Zerstörungen im Stadtbrand 1818 gab ihm Johann
Georg Hagenauer die nüchternen Züge der Ärarbauten unter Kaiser Franz I., wobei

Turm und Sala terrena nicht mehr aufgebaut wurden. So zeigt das Schloß zum Mirabellplatz Hagenauers Fassade, Hildebrandts Barockfront dem Garten. Herzstück ist das TREPPENHAUS von Hildebrandt, auf beengtem Raum geschickt in die Höhe gelenkt, mit dem dynamischen, stark durchbrochenen Geländer und den lebhaften Putten (Abb. 45), die wie die Figuren in den Nischen aus der Werkstatt von Georg Raphael Donner stammen, nur der Paris ist ein eigenhändiges Werk von 1726.

Der MARMORSAAL mit dem roten und goldenen Stuck des Jakob Gall dient gelegentlich als Konzertsaal oder dem Standesamt als Trausaal. Ein schönes Gitter und ein rotmarmorner Altar, beide 1722 geschaffen, schmücken die Kapelle in Mirabell. – Im Südflügel der Orangerie ist das BAROCKMUSEUM mit der Sammlung Kurt Rossacher (Farbtafel 9) untergebracht, die vor allem Entwürfe, Modelle und Bozzettos zu barocken Kunstwerken Europas enthält.

Zwei Mozartstätten liegen gleich in der Nähe. Vom MOZARTEUM aus, das jenseits der südlichen Balustrade steht und von der Schwarzstraße aus zugänglich ist, gelangt man zum ZAUBERFLÖTENHÄUSCHEN, das einst in einem der Höfe des Starhembergschen Freihauses auf der Wieden zu Wien stand. Dort hat Mozart die ›Zauberflöte‹ für Schikaneders Text vollenden können. Als das Freihaus verkauft wurde, schenkte Fürst Starhemberg das Häuschen dem Mozarteum, das es nach zweimaliger Wanderung im

K. Remshard, Dreifaltigkeitskirche. Um 1735. Kupferstich und Radierung nach F. A. Danreiter

SALZBURG DREIFALTIGKEITSKIRCHE · KAPUZINERBERG · SEBASTIANSKIRCHE

angrenzenden Bastionsgarten aufstellen ließ. – MOZARTS WOHNHAUS am Makartplatz 8 liegt genau gegenüber dem Südeingang zum Mirabellgarten mit den beiden Faust-kämpfern. 1944 durch eine Bombe zur Hälfte zerstört, blieb nur der Tanzmeistersaal erhalten, gleichzeitig Raum für historische Musikinstrumente wie für Hauskonzerte. Nur wenige Jahre bewohnte Mozart, der ja auf lange Konzertreisen ging, mit Eltern und Schwester dieses Haus, ehe er 1781 aus dem Dienst des Erzbischofs Colloredo schied und nach Wien übersiedelte.

Die DREIFALTIGKEITSKIRCHE am Makartplatz ließ Erzbischof J. E. Thun 1694–1700 von Fischer von Erlach für die Pagerie und das Priesterhaus errichten, nachdem das alte Priesterhaus beim Felssturz in der Gstättengasse (s. S. 77) zerstört worden war. Fischer, der Borrominis Sant' Agnese in Rom kannte, stellte zwei palastartige Fronten mit Turmaufsätzen an den Platz und verband sie mit einem konkaven Einzug. Von Michael Bernhard Mandl stammen die Figuren Glaube, Liebe, Hoffnung und Kirche über den Doppelsäulen der Fassade. Das schlanke Oval des INNENRAUMES mit rechteckigen Kreuzarmen besitzt ein Kuppelfresko ›Krönung Mariä‹ des Johann Michael Rottmayr von 1700. Der Hochaltar, im Brand von 1818 arg beschädigt, trägt jetzt in silberner Kapsel das Herz des Erzbischofs Johann Ernst Thun, dessen Sarkophag in der Gruft unter dem Hochaltar steht.

Die schmale Bergstraße führt zur Linzer Gasse, bei deren Nr. 14 ein Portal mit dem Relief des hl. Franziskus, unter Markus Sittikus 1617 errichtet, den steilen ›Prügelweg‹ auf den KAPUZINERBERG eröffnet. Sechs Kapellchen mit Holzfiguren der Leiden Christi begleiten bis zur steinernen Kreuzigungsgruppe des Franz Hitzl von 1780. Auf halbem Weg quert der Bohlenweg die Felixpforte, Teil der Lodronschen Befestigung. Linker Hand liegt, mit Keller und Erdgeschoß in den gewachsenen Fels gebaut, das Paschin-gerschlößchen, das 1918–38, bis zu seiner Flucht nach London, Wohnsitz von Stefan Zweig gewesen ist. An den bedeutenden Novellisten und Biographen, dem Richard Strauß den Text zu seiner Oper ›Die schweigsame Frau‹ verdankt, erinnert nichts mehr. – Das KAPUZINERKLOSTER ist, 1599–1602 aus dem alten Trompeterschlößl umgebaut, ebenso schlicht wie der Saal der Kirche, den Ordensregeln entsprechend. Einziger Schmuck sind gotische Türflügel von 1450 mit Maria, Johannes d. T. und zehn Apo-stel- oder Prophetengestalten aus dem alten Dom. – Auf gewundenen Wegen erreicht man die Bayerische Aussicht (573 m), die Stadt-Aussicht (608 m) und das Franziski-Schlößl, 1629 Teil der Stadtbefestigung Lodrons, heute ein lohnendes Ausflugsziel auf dem wenig frequentierten Kapuzinerberg.

In die Linzer Gasse zurückgekehrt, besuchen wir die SEBASTIANSKIRCHE, deren Neu-bau durch Kassian Singer 1750 ein spätgotisches Kirchlein verdrängte. Den Brand von 1818 überlebte das Hauptportal des Josef Anton Pfaffinger von 1754 nach Entwurf von Franz Anton Danreiter mit einem Lünettengitter von Philipp Hinterseer, der 1752

1 SALZBURG Blick vom Mönchsberg ▷

2 SALZBURG Residenzplatz

3 SALZBURG Mirabellgarten

4 Schloß Hellbrunn bei Salzburg   Römisches Theater mit Wasserspielen

5 Schloß Hellbrunn   Marmorsaal

6 Der Robinighof bei Salzburg, wo Wolfgang und Nannerl Mozart als Kinder spielten

7 Der sechsjährige W. A. Mozart. Gemälde aus dem Mozarthaus in Salzburg, dem P. A. Lorenzoni zugeschrieben (1763)

8 ›Anbetung der Hirten‹. Hinterglasmalerei aus Sandl

9 Fayencen aus der Werkstatt des Thomas Obermüller (17. Jh.). Salzburg, Slg. K. Rossacher ▷

10 HALLEIN im Schnee

11 Schloß ANIF bei Salzburg ▷

12 Gnadenbild aus der Wallfahrtskirche MARIA PLAIN bei Salzburg

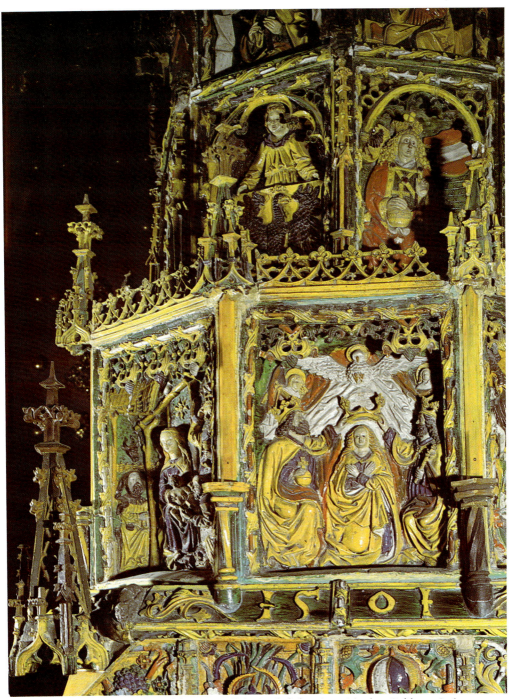
13 SALZBURG Festung Hohensalzburg. Detail des Kachelofens (1501) in der ›Goldenen Stube‹

14 Schloß Ort im Traunsee

15 Traunkirchen am Traunsee mit dem Traunstein

16 Attersee und Höllengebirge

17 Schloß Fuschl am Fuschlsee

19 Kapelle bei LOFER
◁ 18 Die Stauseen von Kaprun gegen die Hohen Tauern
20 Leoganger Steinberge und Birnhorn

21 Gosausee und Dachstein

22 BAD ISCHL Kaiservilla ▷
23 Dienten am Hochkönig ▷

25 Stiftskirche SANKT FLORIAN   Brucknerorgel
◁ 24 Augustiner-Chorherrenstift SANKT FLORIAN bei Linz
26 SANKT FLORIAN   Marmorsaal von J. Prandtauer, 1728–42

27 Pfarr- und Wallfahrtskirche STADL-PAURA (1725 geweiht) bei Lambach

28 LINZ Dreifaltigkeitssäule (1723) auf dem Hauptplatz ▷

30 Zisterzienserstift SCHLIERBACH   Inneres der Stiftskirche
29 Wallfahrtskirche CHRISTKINDL bei Steyr   Hochaltar
31 SCHLIERBACH   Stiftsbibliothek (1712)   32 ENNS   Hauptplatz mit Stadtturm (1554–68)

34   Die Donauschlinge bei Schlögen

◁ 33   Prangstangen aus Muhr im Lungau

35 STEYR Mündung der Steyr in die Enns. Im Mündungswinkel Schloß Lamberg

36 Gutshof in Plankenau bei St. Johann i. P.

37 Vierkanthöfe bei Kremsmünster

38 SALZBURG Wirtshausschild in der Getreidegasse ▷

auch das prachtvolle Gitter im Innern geschmiedet hat. Den umgestalteten Hochaltar schmückt eine Madonna mit Kind, von Hans Waldburger 1610 geschnitzt, und ein Relief von C. Dorn. – An der Treppe von der Kirche zum ST.-SEBASTIANS-FRIEDHOF ist eine Grabplatte für den berühmten Arzt, der sich Paracelsus nannte und 1528–41 in Salzburg wirkte. In der Basis des Obelisken von 1752 kündet die alte Grabplatte: »Hier liegt begraben Philippus Theophrastus, der berühmte Doktor der Medizin, welcher auch die schrecklichsten Wunden, Lepra, Podagra und Wassersucht und andere unheilbar scheinende Krankheiten durch seine wunderbare Kunst heilte. Es brachte ihm auch Ehre ein, daß er sein Hab und Gut unter die Armen verteilen ließ. Im Jahre 1541, am 24. September, vertauschte er das Leben mit dem Tode.« – Der Arkadenfriedhof, den Wolf Dietrich nach dem Vorbild eines italienischen Campo Santo 1595–1600 von Andrea Bertoleto aus Como bauen ließ, birgt wertvolle Grabmäler aus dem 17. mit 19. Jh., unter denen der unheimliche Tod in der 16. Nische, ein Werk des J. Konrad Asper um 1625, besonders beeindruckt. Im Feld nahe dem Ostflügel sind Leopold Mozart und Konstanze Mozart begraben, die nach dem Tode ihres ersten Mannes den dänischen Legationsrat von Nissen geheiratet hatte. – Schon zu Lebzeiten ließ Erzbischof Wolf Dietrich nach Plänen von Elia Castello sein Mausoleum auf dem Sebastians-Friedhof errichten. In diesem 1603 vollendeten Rundbau mit der geschwungenen Kuppel wurde er von seinem Nachfolger Markus Sittikus entgegen seinem Wunsch mit allem Pomp 1617 beigesetzt. Die detaillierten Bestimmungen Wolf Dietrichs sind genau wie die Grundsteinlegung auf bronzenen Gedenktafeln festgehalten, die Christof Herold 1605–07 in Nürnberg gegossen hat. Der Innenraum ist mit Wandfliesen des Hafners Hans Khapp (Khopp) ausgekleidet. Die übermannshohen Stuckfiguren der vier Evangelisten stehen in Nischen, deren reichen Figurenschmuck wohl Elia Castello geschaffen hat. Im Gewölbe des oblongen Altarraumes sind die vier lateinischen Kirchenväter und die vier Kardinaltugenden in Stuck zu sehen. Erst 1749 wurde der heutige Altar mit Figuren von Josef Anton Pfaffinger und einem Altarblatt von Jakob Zanusi geschmückt; das Relief des originalen Altars von Hans Waldburger ist heute in Salzburger Privatbesitz.

Über die Schallmoser Hauptstraße und die Robinigstraße erreichen wir den ROBINIG-HOF (Farbtafel 6), ursprünglich ein Gutshof des aus Villach stammenden Eisenhändlers Georg Josef Robinig von Rottenfeld, der ihn nach Plänen des Lustgarteninspektors Franz Anton Danreiter in ein Rokoko-Landhaus mit beschwingter Fassade umbauen ließ. Mit den jüngeren Kindern des Großhändlers spielten Wolfgang Amadeus Mozart und seine Schwester; für die ›Elf-Uhr-Musik‹ im Robinigschen Stadthaus (Haffnergasse 14) hat Mozart sehr wahrscheinlich das Divertimento K.V. 334 geschrieben.

Die nördlich von Salzburg auf dem Plainberg gelegene Wallfahrtskirche MARIA PLAIN (Abb. 43), wohin unser Abstecher führt, ist mit der Familie Mozart mehrfach verbunden, denn Leopold, der Vater, stiftet von London aus zwei Messen, um heil wieder auf den Kontinent zu gelangen. Es ist zwar eine alte Legende, daß Wolfgang Amadeus

113

WALLFAHRTSKIRCHE MARIA PLAIN · SCHLOSS KLESHEIM

J. B. Hattinger, Wallfahrtskirche Maria Plain. 1. Hälfte 18. Jh. Kupferstich nach F. A. Danreiter

Mozart 1779 die ›Krönungsmesse‹ zur 28. Wiederkehr der feierlichen Krönung des Gnadenbildes geschrieben habe, doch wird sie hier alljährlich am 15. August getreulich aufgeführt. – Damals wie heute zieht der Wallfahrtsweg von der Elisabethstraße (nahe dem Hauptbahnhof) an Bildsäulen mit Darstellungen der Rosenkranzgeheimnisse (1705) vorbei zur Kirche, die seit 1952 päpstliche Basilica Minor ist. Am Hang stehen vier Kalvarienbergkapellen, zwischen 1686 und 1692 errichtet, mit dem Ölberg, der Geißelung, der Dornenkrönung und Kreuztragung aus der Werkstatt des Thomas Schwanthaler ausgestattet. Die nahe Schmerzenskapelle besitzt eine originale Pietà des Franz Schwanthaler von 1730, während das Hl. Grab eine Kopie dessen zu Jerusalem ist. Weithin sichtbar hält die Kreuzigungsgruppe, mit der Anlage 1685–92 geschaffen, die Pilger an, des Leidens und Todes Christi zu gedenken. – Auf Fernsicht berechnet ist auch die Zweiturmfassade der nach Norden gerichteten Kirche, fast eine Kopie der Domfassade, deren Schauseite durch Gebälk energisch in drei Geschosse gegliedert ist. In den Nischen der beiden Hauptgeschosse stehen die vier Evangelisten, die Giovanni Antonio Dario, dem Erbauer der Kirche 1671–74, zugeschrieben werden.

Die INNENAUSSTATTUNG dieser Wandpfeilerkirche, zumeist vom Bauherrn, Fürsterzbischof Kardinal Max Gandolf Kuenburg, seiner Verwandtschaft und Benediktinerabteien geschenkt, ist festlich, vor allem weil die sieben Altäre auf das marianische Blau, nicht auf das übliche Braun oder Schwarzgold gestimmt sind. Der großformatige Hochaltar besitzt Figuren der Hll. Vitalis und Maximilian und der Hll. Rupert und Virgil von Jakob Gerold. Ein Himmelfahrtsbild Franz de Neves bildet den kostbaren Hintergrund für das *Gnadenbild* ›Maria mit dem Jesuskind‹ (Farbtafel 12). Es hatte 1631 in Regen/Niederbayern während des Dreißigjährigen Kriegs eine Brandschatzung unbeschädigt überstanden und gelangte auf dem Erbwege an Rudolf von Grimming, der es in Plain aufstellte. Da dorthin bald Wallfahrten einsetzten, ließ Erzbischof Guidobald Thun eine achteckige Kapelle, die Vorläuferin dieser Kirche, errichten. – Der rechte Chorbogenaltar trägt Figuren von Thomas Schwanthaler, der linke von Bartholomäus van Opstal. Im Jahr der Schlacht um Wien, 1683, schmiedete Hans Thomas das Gitter mit dem Kuenburg-Wappen, den Engeln und den Türken. Während der Künstler der von der Decke hängenden ›Rosenkranzkönigin‹ (1675) unbekannt geblieben ist, stammen die Figuren der beiden vorderen Kapellenaltäre von Thomas Schwanthaler und das Bild links von Christoph Lederwasch. Die Figuren im östlich rückwärtigen Kapellenaltar sind von Wolf Weißenkirchner d. J. zu Bildern von Franz de Neve, im westlichen sind die Skulpturen von Simeon Fries, der auch die Kanzel und das Orgelgehäuse geschnitzt haben dürfte. Viel später, 1765, malte Martin Johann Schmidt sechs Wandbilder mit Benediktinerheiligen für die gekurvten Trapeze neben den Seitenaltären, erschüttert durch den Tod von vier seiner Kinder 1764/65. Die Orgel wurde 1682 vom Kloster Weingarten gestiftet, die Kanzel vom Kloster Garsten gespendet. Ihre Grisaillemalereien zeigen den Brand von Regen, die Kirche in Plain, die Thunsche Kapelle und Moses, wie er Wasser aus dem Felsen schlägt. Die seit 1824 in der Obhut des Stiftes St. Peter stehende Wallfahrtskirche hat besonders regen Zuspruch an den Marienfeiertagen, vor allem aus dem Umkreis von Altötting in Bayern.

Einige Schlösser um Salzburg

Dank der Baulust mancher Erzbischöfe oder deren Familien gibt es am Rande dieser Residenzstadt manches sehenswerte Schloß oder auch nur Schlößl, die zu besuchen ein längerer Aufenthalt verlockt. – Nordwestlich der Stadt und der Autobahn nach München liegt SCHLOSS KLESSHEIM (Abb. 51), seit 1955 Gästehaus der Salzburger Landesregierung und bereits mehrfach für Gipfelgespräche genutzt. Der Vorbesitzer von 1938–45 ließ die Wächterhäuschen am Gitter zur Stadtseite bauen und den einst von Johann Bernhard Fischer von Erlach geplanten pompösen Portikus ausführen. Am Ende eines langgestreckten Rasen- und Blumenparterres steht das Lustschloß, das Erzbischof Johann Ernst Thun anstelle einer Fasanerie 1700–09 nach Plänen Fischers von Erlach errichten ließ. Dieser, von Paolo Veroneses Architekturzeichnungen beeindruckt, öffnete den Mitteltrakt mit einem Vestibül und setzte eine Loggia daran. Die Rückfront ist durch sieben monumentale Rundbogenfenster geprägt. Die zweiflüglige Auffahrtsrampe wird von den Wappentieren Erzbischof Firmians flankiert, je zwei liegende Hirsche von Josef Anton Pfaffinger. Während die Terrasse der Rückfront erst 1940/41

SCHLOSS LEOPOLDSKRON · SCHLOSS FREISAAL · EMSBURG

angefügt wurde, entstammt die Pfeilerdurchfahrt mit Terrasse aus der Zeit Erzbischof Firmians, der erst nach Verkleinerung und Verglasung der Fenster 1732 das Schloß beziehen konnte. Die Fésträume liegen im Mittelteil und wurden 1709 von Paolo d'Allio und Diego Francesco Carlone stuckiert. Der große Festsaal öffnet sich zur Decke in einer Galerie, die durch querovale Fenster indirekt beleuchtet ist und in der, unsichtbar den Gästen, das Orchester musizierte. In einem kleinen Nebenraum hat Giulio Quaglio 1709 das ›Dankopfer des Noah‹ an die Decke freskiert.

Südlich des Mönchsberges ließ Erzbischof Firmian an einem eigens aufgestauten Teich von dem Professor für Mathematik P. Bernhard Stuart 1736 SCHLOSS LEOPOLDSKRON für seinen Neffen Laktanz von Firmian planen und von Johann Kleber bauen (Abb. 44). Trotz mancher Umbauten Ende des 18. Jh. wirkt der sehr geschlossene Baukörper mit dem giebelgekrönten Mittelteil, der sich im Teich wie ein Feenschloß spiegelt, da die Umgebung nicht verbaut werden durfte. Der Festsaal im Mittelbau mit Verbindungsbalkonen an den dreiachsigen Schmalseiten reicht ebenso durch zwei Geschosse wie die rechteckige Kapelle. Die ausgezeichneten Stukkaturen, besonders an der Kapellendecke, schuf Johann Kleber aus dem Bregenzerwald mit Gehilfen aus Wessobrunn. Die Bilder im Festsaal lieferte Andreas Rensi, die in der Kapelle Franz Anton Ebner. Bis auf wenige Stücke wurde die einst so reiche wie berühmte Gemäldesammlung und Galerie von Malerselbstporträts beim häufigen Besitzerwechsel verschleudert. Reinhardts Bibliothek, eine verkleinerte Kopie der Klosterbibliothek St. Gallen, blieb erhalten. Max Reinhardt, der großartige Regisseur, machte Leopoldskron, das er 1918 erworben hatte, bis zu seiner Emigration 1938 während der Festspielzeit zum internationalen Treffpunkt der Künstler und ihrer Mäzene. Seit 1958 ist das Schloß Eigentum des Salzburg Seminars in American Studies, das hier Kurse abhält.

Östlich davon zieht als wahre ›Schlösserstraße‹ die Hellbrunner Allee von Schloß Freisaal bis Hellbrunn, gelegentlich von Fiakern befahren, denn Motorfahrzeuge sind ausgeschlossen. Sie erreichen Hellbrunn mit dem Auto über die Alpenstraße und den Fürstenweg. – Das WASSERSCHLOSS FREISAAL stammt aus dem Jahr 1549 und wurde vor 80 Jahren recht ungünstig restauriert. Da die Salzburger Erzbischöfe nach der Wahl von hier aus ihren feierlichen Einzug in die Stadt begannen, zeigt in einem Saal des Obergeschosses ein Freskenfries Erzbischof Michael von Kuenburgs Einritt von 1558. – Die FRO(H)NBURG wurde 1672 als zweistöckiges Landschloß von Johann Josef Graf Kuenburg erbaut und blieb bis 1956 im Besitz seiner Familie. Seitdem gehören Burg, Garten und Freilichttheater der Akademie Mozarteum, die ein Studentenheim eingerichtet hat. – Die Steintafel über dem Portal der EMSBURG ›Emsburgum Maboniorum‹ verrät, daß Erzbischof Markus Sittikus den Bau 1616 für die geistvolle Frau Barbara des Stadthauptmanns Johann Sigmund von Mabon erstellen ließ. 1701 erwarb Erzbischof Johann Ernst Thun diese Villa und schenkte sie dem von ihm gegründeten Rupertiritterorden, der 1811 aufgehoben wurde. Heute dient der Kreuzhof als Mutterhaus

116

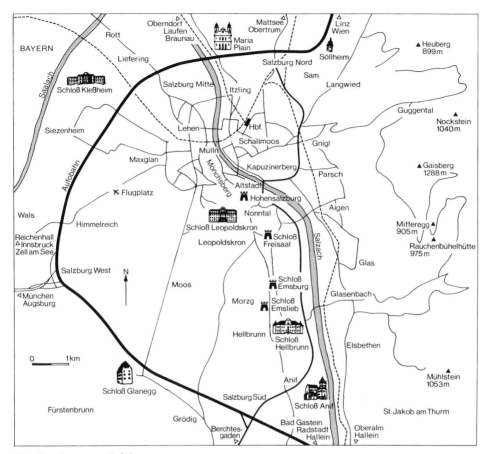

Die Umgebung von Salzburg

der Schulschwestern von Hallein. – Das Schlößchen EMSLIEB schließlich ließ sich 1618 in Rekordzeit Hannibal Graf von Hohenems, der liederliche Neffe des Erzbischofs, erbauen.

SCHLOSS und Park HELLBRUNN sind Schöpfungen des Markus Sittikus, der während seiner römischen Studien und als Ehrenkämmerer des Kardinals Aldobrandini die Villen und Gärten von Frascati und Tivoli kennengelernt hatte, sie aber zum Staunen italienischer Zeitgenossen überbot, dank eines geschickten Baumeisters, sehr wahrscheinlich des Santino Solari, den allerdings keine Quelle nennt. Das zweistöckige

SCHLOSS HELLBRUNN

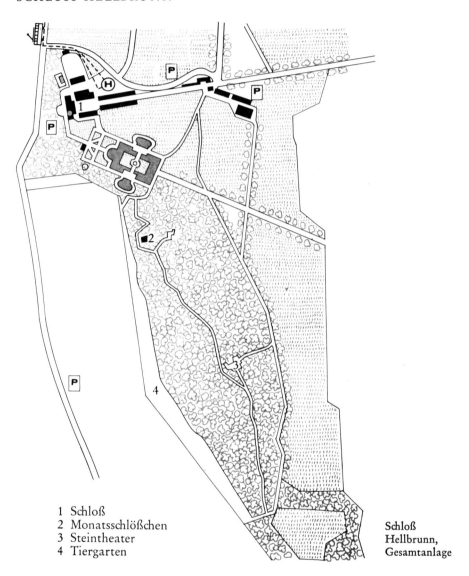

1 Schloß
2 Monatsschlößchen
3 Steintheater
4 Tiergarten

Schloß Hellbrunn, Gesamtanlage

Schloß besitzt zwei zur Gartenfront vorspringende Eckrisalite und einen Mittelrisalit zur Gartenfront. An der Hauptfront zur Hellbrunner Allee umschließt die doppelläufige Freitreppe eine Brunnengrotte, deren Figuren vielleicht von Solari stammen. Über eine steile Marmortreppe werden die Fürstenzimmer erreicht, die einst mit Ledertapeten anstelle der hübschen Papiertapeten bespannt waren. Das lange Speisezimmer besitzt einen hervorragenden Tonofen, den Friedrich Strobl 1608 an Wolf Dietrich geliefert hat. Festsaal und das im Turmrisalit gelegene Oktogon (Musikzimmer) weisen Fresken von Donato Arsenio Mascagni auf. Im FEST- oder MARMORSAAL (Farbtafel 5) tragen die Pilaster vergoldete Bilder von zwölf römischen Kaisern, wandeln Höflinge zwischen den Säulen gemalter Architektur, die perspektivische Ausblicke auf Straßen und Plätze gewährt. Ähnlich sind die Fresken im Oktogon gehalten; hier reicht ein Kavalier mit den Zügen des Markus Sittikus einer Dame, vermutlich Frau von Mabon, eine Blume. Zwei Jagdzimmer mit frühbarocken venezianischen Schränken beenden den obligaten Rundgang.

Die Anlagen der Wasserspiele, 1613–15 errichtet, kann man nur mit der Führung erreichen. Am Weiher mit einer Wassergöttin des Hans Waldburger entlang, vorbei an Tritonen und einem Flußgott, gelangt man zum RÖMISCHEN THEATER, einer mit Nischen und Kieselmosaik reich ausgestatteten Triumphbogenarchitektur (Farbtafel 4). Obenauf thront das ›Siegreiche Rom‹ von Waldburger, darunter steht in der mittleren Nische ein Mark Aurel des Solari, dazu gefangene Barbarenfürsten von Waldburger in den Seitenflügeln. Der steinerne Tisch inmitten der Anlage hat eine Vertiefung, in der durchfließendes Wasser den Wein kühlte. Da verborgene fingerdicke Wasserröhrchen von hier zu allen Sitzen außer dem erzbischöflichen führen, konnte der Hausherr seine Gäste belustigen oder ernüchtern, genau wie jetzt der Führer die Touristen. – Dann erreichen wir die Tuffsteingrotte mit der Figur des Orpheus und der vor ihm schlafenden Eurydike, die man samt den Wappentieren dem Solari zuschreibt. Nach einer Statue der Diana und der eines Bacchus, die als Frühwerke Balthasar Permosers genannt werden, ist rechts der Weinkeller zu sehen, den sich 1660 Erzbischof Guidobald Thun bauen ließ. – Im Mittelrisalit des Schlosses betreten wir die NEPTUNGROTTE, reich mit Marmor und Mosaiken aus Muscheln und Kieseln ausgekleidet, beherrscht von der Neptunstatue des Solari über zwei Meeresrossen und dem ›Germaul‹, einer Spottfigur auf des Erzbischofs Kritiker und Neider. Hier kann aus den Rosetten der Decke Salzburger Schnürlregen herniedergehen. Links davon liegt die Ruinengrotte, rechts die Spiegel-, dann die Vogelsanggrotte mit Wasserpfeifen und einem Fabelwesenkarussell. Gegenüber der Neptungrotte finden wir den Sternweiher mit dem Brunnen Altemps, der eine Reihe schöner Statuen trägt, darunter einen jungen Krieger, der nach der Überlieferung Hannibal Graf Hohenems darstellen soll. Diese Figuren und die der Jahreszeiten auf den Postamenten werden wieder Solari, der Herbst jedoch Balthasar Permoser zugeschrieben. Von fünf Wasserautomaten zeigen drei Handwerke (Schleiferei, Mühle, Töpferei), die anderen mythologische Szenen (Apollo schindet Marsyas; Perseus befreit die Andromeda). – Hans Waldburger schuf die Venus für die Venusgrotte rechts und den Dianabrunnen, der mit einer Steinbockgrotte den Zuschauerraum des MECHANISCHEN THEATERS flankiert (Abb. 48). Der Rechnungsführer am Salzbergwerk Dürrnberg Lorenz Rosenegger schnitzte die 256 Figuren für Erzbischof Dietrichstein (1747–53), die jetzt mit Wasserkraft bewegt werden. Vielleicht sollten wir noch zur Midasgrotte, wo ein Wasserstrahl eine Krone zur Decke treibt, der Umgang mit glasierten Kacheln

SCHLOSS HELLBRUNN · SCHLOSS ANIF

ausgelegt ist, erneut Wasserdüsen erfrischen. – Im Garten, um den großen Karpfen- oder Inselweiher gelagert, stehen Götter- und Heldenstatuen aus dem beginnenden 17. Jh.

Das Schlößchen WALDEMS auf halber Höhe des Hellbrunner Bergs heißt wegen der enorm kurzen Bauzeit nur das ›Monatsschlößl‹, was auf eine Wette zwischen Markus Sittikus und Erzherzog Maximilian zurückgeführt wird. Heute sind darin Bestände der Volkskundeabteilung des Museum Carolino Augusteum untergebracht. – In einem 495 m hoch gelegenen Steinbruch, den Markus Sittikus zur ältesten Gartenfreilichtbühne umarbeiten ließ, endet unser Besuch, am Schauplatz zahlreicher Opernaufführungen. Hier, so sagt eine Gedenktafel, sei am 31. August 1617 die erste Oper auf deutschem Boden aufgeführt worden.

Leopold Rottmann, nach Georg Pezolt, Gräfl. Arco'sches Schloß Anif. 1851. Lithographie

II Von Salzburg aus in den Pongau, in den Lungau und den Pinzgau

Unsere Reise in die salzburgischen Gebirgsgaue beginnt in ANIF, nur eine Viertelstunde Fußweg von Hellbrunn nach Süden. Der Kern des romantisch gelegenen Wasserschlosses reicht zumindest ins 16. Jh. zurück (Farbtafel 11). Es diente von 1693–1814 den Fürstbischöfen von Chiemsee, den Suffraganen der Salzburger Fürsterzbischöfe, als Sommersitz, der nach der Säkularisation an die Grafen Arco-Stepperg verkauft wurde. Graf Alois ließ 1838–48 den eher schlichten Bau nach den Plänen des bayerischen Architekten Heinrich Schönauer im neugotischen Geschmack ausbauen, wobei das Landschloß Goldenstein als Vorbild diente. Im Nordwesten wurde erweitert, der Turm beträchtlich erhöht und verziert, die Hofarkade mit der Statue einer Nymphe aus Carraramarmor geschmückt, die Ludwig Schwanthaler um 1840 geschaffen hat. Die vorzügliche Inneneinrichtung stammt ebenfalls einheitlich aus dieser Umbauzeit. In Anif entband Ludwig III., der letzte bayerische König, nach seiner Flucht aus München am 13. 11. 1918 Offiziere und Beamte von ihrem Treueid. – Der Schöpfer des Schloßparks, eines Landschaftsgartens, der die Kulisse des Untersberges miteinbezieht, war der letzte Chiemseer Fürstbischof (1797–1814), Sigmund Christoph Graf von Zeil-Trauchburg, der sich als Administrator während der französischen Besetzung des Erzbistums Salzburg große Verdienste erworben hat. – Schloß und Park sind Privatbesitz der Grafen Moy, daher nicht allgemein zugänglich. – Auf Zuspruch können dagegen die Brüder Friesacher täglich zählen mit ihrem Heurigen (nach Wiener Art mit Backhendl und kaltem Büffet), dem Friesacher Stadl (einem exklusiven Dancing) und ihrem Hotel mit Restaurant.

Von Anif aus erreicht man in wenigen Minuten per Wagen die Talstation Grödig–St. Leonhard der Untersbergbahn, die nur zehn Minuten benötigt, um das GEIERECK (1776 m) zu erklimmen, zehn Minuten nur von der lieblichen Landschaft um Salzburg in alpine Rauheit. Neben der Bergstation liegt die ›Hochalm‹, ein architektonisches Meisterwerk des Luis Möbius aus Zell am See, als Restaurant gerühmt wegen des Gamsragouts. Auf Gamsleder wurden auch die Untersbergsagen geschrieben und zum Lesen an die Wände gehängt; die bekannteste ist die vom Schlafe Karls des Großen in einer Höhle des Untersberges, der tatsächlich mehrere Eishöhlen besitzt, an die sich die Sage klammern konnte. Von der Hochalm hat man die beste Aussicht auf das

OBERALM · HALLEIN

Salzburger Land und das Land um Berchtesgaden. Die Besteigung des Salzburger Hochthrons (1853 m) und des Berchtesgadener Hochthrons (1972 m) überlassen Einheimische erfahrenen Alpinisten.

Johann Georg Mohr, einer der Schüler Meinrad Guggenbichlers, schuf 1707 den prächtigen Hochaltar (Abb. 53) für die PFARRKIRCHE zum hl. Stephan im nahen OBERALM, einen gotischen Bau mit Sternrippengewölbe und einem barocken Zwiebelhelm auf dem Turm. Hier war das Erbbegräbnis der seit dem 13. Jh. urkundlich gen. Ritter von Wispeck (v. Wiesbach), seit dem 15. Jh. Erbkammermeister des Erzstiftes, die in Schloß Winkl ihren Stammsitz hatten.

Nur sieben Kilometer von Anif salzachaufwärts liegt HALLEIN (Farbtafel 10), Hauptort des Tennengaus, eine Industriestadt, die 1943 durch einen verheerenden Brand sehr geschädigt wurde. Der damals eingestürzte spätromanische Turm der DEKANATS-PFARRKIRCHE wurde nach Plänen Jakob Adlharts 1963–66 neugebaut, die Klosterkirche zum hl. Georg jedoch durch einen modernen Schulbau ersetzt. Die Dekanatspfarrkirche zum hl. Antonius dem Einsiedler besitzt aus ihrem mittelalterlichen Bau nur noch den gotischen Chor, in dem heute der mächtige Hochaltar des Anton Högler von 1799 steht, dessen Altarbild *Anbetung der Hirten* Andreas Nessenthaler gemalt und dessen weißgefaßte Holzstatuen des hl. Antonius und hl. Hieronymus Franz X. Nißl geschnitzt hat. Das Langhaus wurde 1769–75 nach Plänen des Wolfgang Hagenauer gebaut, der zwei Baldachinräume vorsah, mit Hängekuppeln überwölbt, durch ein schmäleres Mitteljoch getrennt. In dem weiß gehaltenen Raum prunken sieben große klassizistische Altäre aus Höglers Werkstatt in dunklen Farben; in den Kapellen beiderseits des Chores stehen zwei weitere Altäre derselben Zeit. Von den Altarblättern sind sehenswert Franz Nikolaus Streichers *Abendmahl* und ein Pestbild von Franz Christoph Mayrhofer, das eine Ansicht von Hallein um 1735 birgt.

Hallein verdankt seinen ehemaligen Reichtum der Wiederaufnahme der Salzgewinnung Ende des 12. Jh. am Dürrnberg und wird 1237 erstmals als das ›kleine‹ Hall im Unterschied zum westlich gelegenen Reichenhall genannt. Wie das Salz gewonnen wurde, wer die sieben Salzherren waren und wie es bis 1871, als die Eisenbahn Hallein erreichte, auf der Salzach verfrachtet wurde, das zeigen instruktiv 71 Bilder in den Fürstenzimmern des EHEM. SALINENAMTSGEBÄUDES (Abb. 54). Dort wurde 1969 das KELTENMUSEUM eingerichtet (Abb. 52). Hier sind die reichen prähistorischen Funde, die vor allem am Dürrnberg ergraben wurden, aufgestellt, die reichhaltigsten neben denen Hallstatts. Die herrliche keltische ›Schnabelkanne‹, um 400 v. Chr., verwahrt Salzburgs Museum Carolino Augusteum (Abb. 12). – Wer die ins Salzgestein eingewachsenen Kienspäne und Werkzeuge der Kelten und den aufgelassenen Bergwerksbetrieb besehen will, fahre mit der Gondelbahn (Talstation am Südrand Halleins) zum OBERSTEINBERGSTOLLEN unterhalb der sehenswerten Knappenkapelle. Attraktion der Bergbegehung ist der 90 m lange und 50 m breite illuminierte Salzsee, Rest einer Laugwerksanlage, der mit einem Floß überquert wird, für manche auch die Überwindung von 360 m Abstieg auf fünf Rutschen oder die Fahrt auf Grubenwagen durch den

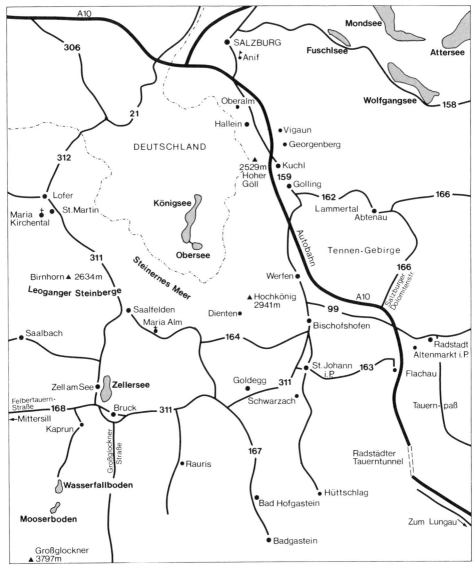

Übersichtskarte zu Route II
✝ = Kirchen u. Klöster   ♦ = Burgen

VIGAUN · KUCHL · GOLLING · ABTENAU · ALTENMARKT

2 km langen ›Wolfdietrich-Stollen‹. – Jenseits der Autobahn liegt am Eingang des Almbachtales der Ort Adnet mit den bedeutenden Rotmarmorbrüchen.

VIGAUN auf der rechten Seite der Salzach besitzt ein bereits 790 urkundlich erwähntes Gotteshaus. Die derzeitige PFARRKIRCHE zu den Hll. Dionys und Blasius wurde allerdings erst 1488–1516 als dreischiffige Hallenkirche auf Rundpfeilern neugebaut. Im Westen steht isoliert der massive Turm mit seinem Pyramidenhelm neben dem Kirchenbau mit seinem breit ausladenden Dach. Auch das Langhaus, auf fast quadratischem Grund errichtet, betont die Breite. Sehenswert ist der Altar im nördlichen Seitenschiff, 1597 errichtet, mit der *Taufe Christi* des Münchner Malers Georg Beham aus dem gleichen Jahr.

Eine christliche Gemeinde und Kirche seit 470 ist in KUCHL am Hohen Göll durch die Erwähnung des römischen ›Cucullae‹ in der ›Vita Severini‹ des Eugippius quellenmäßig gesichert. Cucullae ist bereits auf der Weltkarte des Castorius verzeichnet. Ungeklärt ist freilich, ob diese frühe Kirche im Ort Kuchl oder auf dem schon in vorgeschichtlicher Zeit besiedelten Georgenberg stand. Die heutige PFARRKIRCHE zu ›Unserer Lieben Frau Himmelfahrt und zum hl. Pankraz‹ ist eine spätgotische dreischiffige Staffelkirche mit Netzrippengewölbe und einer Westempore von 1492 mit schönen Ornamenten. Zwei gute Marmorgrabsteine von 1507 werden Hans Valkenauer zugeschrieben, die Marmorkanzel mit ihren Reliefs wurde 1520 geliefert. Drei Altäre und Skulpturen stammen aus dem Barock. Die farbigen Glasfenster von Josef Widmoser wurden 1955 eingesetzt. – Die FILIALKIRCHE in GEORGENBERG ist ebenfalls in der Spätgotik mit Netzrippengewölbe und reicher Maßwerkverzierung der Westempore gebaut worden, besitzt aber eine marmorne Außenkanzel von 1682 für Predigten an Wallfahrer und beim Georgiritt.

Den Weg von Kuchl nach GOLLING legen wir am linken Salzachufer zurück, um das spätgotische Filialkirchlein zum hl. Nikolaus mit seinem Turm von 1723, malerisch auf einem Konglomeratsfelsen am Eingang zum Weißenbachtal gelegen, zu besehen. Bemerkenswert ist die eigenwillige Form der Empore, das spätgotische Triumphkreuz und der barocke Hochaltar mit Figuren von Johann Georg Mohr von 1715. – Am Eingang zu den Gollinger Wasserfällen steht ein Marmorobelisk von 1805 zur Erinnerung an Fürst Ernst von Schwarzenberg, den Entdecker der Fälle.

In Golling ist ein Abstecher anzuraten, das Lammertal aufwärts nach ABTENAU, das vom verkehrsreichen Salzachtal durch 18 km getrennt ist, daher ruhig und idyllisch blieb. Unterwegs kann man die 60 m tiefe Klamm der Lammeröfen besichtigen, muß sich aber dazu eine gute Stunde Zeit nehmen. Abtenau kam mit dem Wald des Lammertales 977 an die Salzburger Kirche und bildete mit weiteren Schenkungen Kaiser Ottos II. eine Basis für die Landeshoheit der Salzburger Erzbischöfe zu Beginn des 13. Jh. Erzbischof Konrad I. übertrug Abtenau 1124 dem Stift St. Peter in Salzburg, dem 1536 die Pfarre inkorporiert wurde, was bis heute Bestand hat. Die PFARRKIRCHE ZUM HL. BLASIUS, weithin angekündigt durch die Spitzpyramide des Turms, ist ein spätgotischer Bau, dessen Weihedaten 1501 und 1511 überliefert sind. Ein mächtiges Steildach schützt den Hauptturm und den langen schmalen Chor mit seinem Netzgewölbe. Im Frühbarock, um 1660, wurde die Kirche um ein nördliches Seitenschiff bereichert. Nur wenig jünger ist der festliche *Hochaltar* von 1675, den Erzbischof Max Gandolf von Kuenburg gestiftet hat. Die Seitenaltäre erhielten 1702–05 ausgezeichnete Holzfiguren des Salzburgers Simeon Fries. Der hl. Florian und der hl. Georg auf Konsolen im Langhaus sind Reste des hervorragenden, 1518 von Andreas Lackner geschnitzten, von Ulrich Bocksberger gemalten ehem. Hochaltars, dessen Schreinfiguren (hl. Blasius zwischen hl. Rupert und hl. Virgil) Schmuckstücke des ›Museums mittelalterlicher österreichischer Kunst‹ in Wien (Unteres Belvedere) sind; Flügelteile besitzt das Stift St. Peter und das Museum Carolino Augusteum in Salzburg. – Der Kern des Marktes Abtenau (seit 1500) liegt um den dreieckigen MARKTPLATZ. Von den sechs großen Häusern an der längsten Seite, die ihre alte Gestalt behalten haben, bergen fünf Hotels und Gasthäuser mit modernem Komfort, ein Zeichen, daß man alte Orte nicht gleich mit Betonsilos zertrümmern muß, um am Touristengeschäft teilzuhaben. Das Gegenteil ist in Abtenau ebenfalls zu besichtigen: der alte Ledererhof, dessen Dach noch (wie manches andere auch) mit schweren Steinen belegt ist, damit Windböen es nicht abdecken, steht altersgebeugt vor einem Hotelneubau. – Für Wanderer ist Abtenau als ›Basislager‹ ideal, ist es doch Ausgangspunkt für über 100 km Güterwege. Der längste zweigt nordwestlich der Stadt beim Gasthof Vogelau ins Aubachtal ab und führt (maut-[gebühren-]pflichtig) auf die 1282 m hoch gelegene Post-Alm; von dort strebt eine serpentinenreiche Straße nach Strobl am Wolfgangsee.

Entlang der Ostflanke des Tennengebirges gelangen wir auf der ›Salzburger Dolomitenstraße‹ zum Bahnhof Niedernfritz und von dort auf der B 99 nach ALTENMARKT im Pongau, an der jungen Enns gelegen. Vermutlich entstand der Markt anstelle der römischen Straßenstation Ani. Schon 1074 wird der Ort als Sitz eines Pfarrers genannt. In der heutigen DEKANATSPFARRKIRCHE zu ›Unserer Lieben Frau Geburt‹ steckt noch romanisches Mauerwerk; ein romanisches Rundbogenportal wurde beim Kriegerdenkmal verwendet, dem die Kopie einer Pietà von 1394 aus Steinguß einverleibt wurde (Original im Pfarrhof). Von einer Verlängerung der Seitenschiffe im 19. Jh. abgesehen, stammt die dreischiffige Basilika mit ihrem Kreuzrippengewölbe aus der Zeit von 1390–1418. Ein Gang mit Sternrippengewölbe verbindet die Kirche mit der Annakapelle, die 1395 als Karner (Beinhaus) erbaut wurde. Berückend ist die aus feinem Kalkstein hervorragend gearbeitete *Schöne Madonna von Altenmarkt* mit den feinen Zügen des ›Weichen Stils‹, durch eine Urkunde für 1393 belegt, auf dem linken Seitenaltar postiert (Abb. 55).

Nur 3 km östlich liegt RADSTADT, eine im letzten Viertel des 13. Jh. auf einer Uferterrasse des Enns planmäßig angelegte Siedlung, die 1289 zur Stadt erhoben wurde. Die Mitte nimmt der langgestreckte, quer zur Stadtrichtung angelegte MARKTPLATZ ein, auf den alle Längsgassen münden. Wichtig war die Befestigung, die mit drei Rundtürmen fast erhalten blieb, zum Schutze des salzburgischen Ennstales gegen die öster-

RADSTADT · ST. MICHAEL/LUNGAU · MAUTERNDORF

reichische Steiermark und zur Sperre des Passes über die Radstädter Tauern. Die
Bewährungsprobe war 1526, als aufrührerische Bauern die Stadt vergebens belagerten,
die deshalb die ›allzeit getreue Stadt‹ genannt und mit Privilegien beschenkt wurde.
Brände verschonten zwar die beiden Kirchen, jedoch kaum ein altes Haus; ein seltenes
gotisches Haus steht Hoheneckgasse 6. Das Salzburger Tor im Westen wurde im 19. Jh.
eingerissen, das Steyrer Tor im Osten zum Teil in ein Haus verbaut. – Der hohe Turm
im Norden der STADTPFARRKIRCHE MARIÄ HIMMELFAHRT beherrscht das Stadtbild. An
die spätromanisch-frühgotische Basilika wurde 1417 ein langer gotischer Chor ange-
hängt. Das Innere der stattlichen Kirche hat man im 19. Jh. durch eine schlechte
Restaurierung gemindert, die 1959–62 nur zum Teil beseitigt werden konnte. Damals
wurde auch eine klangvolle Paul-Hofhaymer-Gedächtnisorgel eingebaut, die an den
bekanntesten Radstädter erinnern soll, den 1537 verstorbenen Hoforganisten Kaiser
Maximilians I. – Auf dem Friedhof steht die ›Schustersäule‹, eine spätgotische Licht-
säule von 1513. – Das KAPUZINERKLOSTER, 1629 als gegenreformatorische Bastion auf
den Ruinen der alten Burg begonnen, birgt eine Figur der Muttergottes aus Steinguß,
um 1430.

Für den Abstecher in den LUNGAU können wir zwei Wege benutzen. Entweder fahren
wir von Radstadt auf der alten Straße durchs Taurachtal und über die Tauernpaßhöhe
(1739 m) nach Mauterndorf oder von Altenmarkt aus auf der Autobahn durch den
Tauerntunnel und das Zederhaustal nach St. Michael im Lungau. Wer noch etwas
Zeit hat, kann in FLACHAU (neben der Autobahn) in der kleinen Kirche, die sichtlich
von Johann Lukas von Hildebrandt beeinflußt ist, ein 1722 von Johann Michael Rottmayr gemaltes Hochaltarbild besehen. Wer Glück hat, kann im Bauernhaus des Lederer
ein Stück der Weltliteratur über die Bretter gehen sehen, dessen auf wenige Charaktere
reduzierten Rollen allesamt der Hausherr spielt, nachdem er zuvor als Regisseur und
Kassier gewirkt hat.

Mit ST. MICHAEL haben wir das Hochplateau des Lungaus erreicht, über dessen Bräuche
auf S. 291 f. berichtet wird. Wegen eines tondoförmigen römischen Grabsteins mit drei
Bildnisbüsten in der nördlichen Vorhalle der PFARRKIRCHE ST. MICHAEL hat man, wohl
irrig, auf eine römische Siedlung schließen wollen. Die römische Straße von Kärnten
zog nicht (wie im Mittelalter) über den Katschberg, sondern über die Lausnitzhöhe
und St. Margarethen nach Mauterndorf. Die Kirche, 1147 urkundlich genannt, wird als
Pfarrei 1225 von Papst Innozenz III. dem Salzburger Domkapitel bestätigt. Der Bau
vereinigt einen romanischen Hauptchor mit frühgotischem Abschluß und ein Langhaus
mit gotischem Hauptschiff (Netzrippengewölbe) und spätgotischem Seitenschiff (Sternrippengewölbe). In der 1513 geweihten Kirche haben sich wertvolle Reste von *Fresken*
aus der 1. Hälfte des 13. Jh. erhalten. An der Südwand des Chores sind in drei Zonen
zu sehen: ein Höllensturz (der zur Michaelslegende gehört), das Paar Heinrich II. und
Kunigunde und, nur durch die Inschrift zu ermitteln, Karl der Große. Vor dem Chor-
schluß wird eine Szene aus der Legende der hl. Dorothea sichtbar, gemalt ausgangs des

14. Jh.; an der Langhaussüdwand begleiten (1430 f. gemalt) die hl. Dorothea und die hl. Agnes das Christuskind; die Darstellung der sieben Todsünden stammt aus dem 17. Jh. Josef Andrä Eisl entwarf die beiden Seitenaltäre, deren Figuren Paul Mödlhammer 1731 schnitzte. Seine Statuen wurden dem ehem. Hochaltar entnommen und über den Triumphbogen gesetzt.

1179 erstmals erwähnt wurde die FILIALKIRCHE ST. MARTIN nahe St. Michael, ein gotischer Bau des 15. Jh. Josef A. Eisl schuf 1738 die barocke Einrichtung. Wertvoll sind zwei Freskenbänder an der äußeren nördlichen Langhauswand mit Heiligen und einer Kreuzigung aus der Erbauungszeit (Abb. 56).

SCHLOSS MOOSHAM bei Mauterndorf steht seit dem 13. Jh. in beherrschender Lage über dem Murtal, wurde aus dem Verfall gerissen, als Hans Graf Wilczek das Anwesen 1886 kaufte und im historisierenden Stil ausbaute. Sein Lungauer Museum unterscheidet sich total vom chronologischen oder thematischen Aufbau anderer Heimatmuseen, denn er trug Kunst- und Gebrauchsgegenstände aus der Gotik und Renaissance zusammen, wo immer er sie bekommen konnte. So gab er seinem Schloß eine Einrichtung, wie sie gewesen sein könnte, aber niemals war, auch dem ›Fürstenzimmer‹, in dem der Salzburger Erzbischof Wolf Dietrich 1611 seine letzte Nacht vor seiner Gefangensetzung verbrachte. (Bei Führungen zugänglich.)

Die an einer Straßengabel gewachsene Siedlung MAUTERNDORF wurde 1217 durch Kaiser Friedrich II. zum Markt erhoben und Mittelpunkt des ›praedium in Lungowe‹, das Kaiser Heinrich II. schon 1002 dem Salzburger Erzbischof mit der Auflage geschenkt hatte, es nach seinem Tode dem Domkapitel zu vermachen, das es bis zur Säkularisation 1803 behielt. Schon 1143 hatte Mauterndorf das Mautrecht erhalten, jedoch mit der Bedingung, dafür die Tauernstraße instand zu halten. Eine Blütezeit erlebte es im 16. Jh., als ein Schmelzofen und ein Drahthammer tätig waren. – Als 1253 Papst Innozenz IV. den Bau von Burgen zum Schutz eigenen Territoriums genehmigt hatte, baute das Domkapitel eine BURG, die 1339 eine KAPELLE erhielt, die dem hl. Heinrich (II.) gewidmet ist. Fresken an der Triumphbogenwand aus der Mitte des 14. Jh. zeigen eine Marienkrönung mit dem Thron Salomonis, die Tugenden und Heilige in Medaillons. Der Flügelaltar von 1452, von Dompropst Burkart von Weißpriach gestiftet, besitzt ausgezeichnete Figuren, vermutlich von Gabriel Häring geschnitzt, und ein Triptychon in der Art des Otto van Veen. Den Kapellentrakt und den Wohnturm ließ um 1500 Erzbischof Leonhard von Keutschach errichten, dessen Wohnräume mit Rankenornamenten und Wappen 1513 bemalt wurden. Die eindrucksvolle Anlage mit ihren kräftigen Türmen und den klaren Baukörpern, eine Burg wie im Bilderbuch, war im 19. Jh. stark heruntergekommen, bis sie der preußische Stabsarzt Dr. Hermann Ritter von Epenstein 1894 durchgreifend renovieren ließ. Seine Witwe vermachte die Burg testamentarisch dem Reichsmarschall Hermann Göring, der hier im Mai 1945 zusammen mit 72000 Soldaten in Gefangenschaft geriet. – Die FILIALKIRCHE ST. GERTRAUD, ein schöngelegener Bau, besitzt ein romanisches Tympanonfresko über dem ehem. Kircheneingang, eine gotische Flachholzdecke und die ältesten Renais-

MARIAPFARR · TAMSWEG · BURG HOHENWERFEN

sance-Altäre (1601–07) des Salzburger Landes. Das ›Beinbrecher‹ genannte Gitter am Boden des Friedhofseinganges soll Vierbeinern den Zutritt zum geweihten Ort verwehren. Noch heute ist durch eine Mauer der ›Friedhof der unschuldigen Kinder‹ scharf abgetrennt, was sonst vor rund 200 Jahren aufgegeben worden ist; dort liegen die vor der Taufe verstorbenen Kinder begraben.

MARIAPFARR, die schon 923 genannte Mutterpfarrei des Lungaus, war 1153–1807 dem Salzburger Domkapitel inkorporiert. Der bedeutendste Pfarrer war 1419–47 der kunstsinnige Petrus Grillinger, dessen Grillinger-Bibel heute die Staatsbibliothek München besitzt. – Der mächtige romanische Turm der Kirche, der 1854 nach einem Brand einen Spitzhelm bekam, steht über dem ursprünglichen romanischen Chor, in dem ein *Freskenzyklus* um 1200 das Leben Jesu schildert. Im Chor aus dem 14. Jh. sind Szenen aus der Kindheit Jesu freskiert, darunter eine seltene Darstellung der Schutzmantelmadonna, die den Schmerzensmann in Kindesgröße im Arm hält. In der Georgskapelle ist die Legende dieses Heiligen festgehalten und ein mystisches Bild zur Verehrung des Leibes und Blutes Christi zu sehen, um 1430 von den Brüdern Friedrich und Johann von Villach gemalt (Abb. 58). Der neugotische Hochaltar besitzt eine gut nachempfundene Madonna aus der gleichen Zeit, aber auch vier Tafelbilder aus der Spätgotik um 1500 auf den starren Flügeln. – Eindrucksvoll ist die Kriegergedächtniskapelle in der Krypta mit einem Schmerzenskruzifix aus dem 17. Jh., die würdigste weitum, mit den Namen der 202 Opfer des 2. Weltkrieges auf vier Marmortafeln.

TAMSWEG, 1160 erstmals als Gutshof bezeugt, wird manchmal als die Statio Tamasicis der Tabula Peutingeriana angesehen. Eindrucksvoll ist der Mitte des 13. Jh. planmäßig angelegte MARKTPLATZ, dessen zahlreiche Gasthöfe mit den breiten, abgewalmten Dächern alle erst nach 1480 gebaut wurden, nachdem kaiserliche Truppen den Marktort im Ungarischen Krieg gebrandschatzt hatten. Besonders stattlich ist das Rathaus aus dem 16. Jh., auch das ehem. kuenburgische Schloß, 1742–49 von Fidelis Hainzl für die ortsansässige Adelsfamilie gebaut, von Johann Kajetan d'Androy aus Graz stuckiert. Das Lungauer Heimatmuseum wurde 1965 im ehem. Barbaraspital untergebracht. – Die DEKANATSPFARRKIRCHE zum hl. Jakobus d. Ä. ist ein Neubau des Fidelis Hainzl von 1738–41, ein durch Kapellen erweiterter Saal, den Johann K. d'Androy zart stuckiert hat. Aus der Vorgängerkirche wurde der mächtige Hochaltar übernommen, der, wie die Seitenaltäre im Rokokogeschmack, Figuren von Johann Pult und J. G. Mohr und Altarblätter von Gregor (IV.) Lederwasch erhielt. – Tamswegs Juwel ist jedoch die WALLFAHRTSKIRCHE ST. LEONHARD, auf einem Vorberg des Schwarzenberges gelegen (Abb. 57), am zünftigsten auf dem alten Stationsweg zu erreichen. Die Wallfahrt entstand 1421 nach der ortsüblichen Legende, weil dreimal ein Leonhards-Bild aus der Pfarrkirche verschwand und stets auf einem Baum aufgefunden wurde, dort, wo jetzt die 1430–33 gebaute Kirche steht, deren Wallfahrt im späten Mittelalter neben der nach St. Wolfgang und nach Mariazell zur größten Österreichs gehörte. Gebaut hat das einzige Schiff mit dem Netzrippengewölbe und den Seitenkapellen der Salzburger Peter Harperger, der mit dem Weihbischof (dem Chiemseer Bischof) 1433 im Fresko an der nördlichen Chorwand abgebildet wurde. Aus der gleichen Zeit stammt die nur noch teilweise erhaltene Reihe von Medaillons mit Aposteln an den Chorwänden. Wesentlich bedeutender aber ist die Abfolge der großen, erstaunlich gut erhaltenen farbigen *Glasfenster,* deren kostbarstes Erzbischof Johann II. (1431–1442) aus eigener Tasche bezahlte. Dieses ›Goldfenster‹ (am hellsten leuchtet es am späten Vormittag), so nach den vielen goldgelben, goldbraunen Scheiben benannt, die nur wenige blaue und rote Scheiben aus heraldischen Gründen zuließen, können mit den Glasmalereien jener Zeit in Frankreich und am Rhein wetteifern. In den Baldachingehäusen des Fensters figurieren Wappen, Stifter, Landespatrone, der Gnadenstuhl, Heilige und Apostel, Engel und die Verkündigungsszene. Vom Thema her interessant ist das 1434 bezeugte Fenster mit der ›Apostelmühle‹, an der symbolisch dargestellt werden sollte, wie das Wort Gottes von den Evangelisten und Aposteln an die Kirche weitergegeben wird. – Daneben verblaßt die übrige Ausstattung der Kirche, die erst nach der Plünderung 1480 in eine Kirchenburg verwandelt wurde. Vom gotischen Hochaltar, der Hans Baldauf zugeschrieben wird, haben sich vier Flügel mit Reliefs und Bildern, eine Gottesmutter mit Kind und das Gesprenge erhalten. Den jetzigen Hochaltar schuf um 1660 Georg Haim, die Skulpturen Jakob Gerold; die Bilder für die großen Seitenältäre von 1667 malten Georg Haim und Gregor (I.) Lederwasch.

Um wieder ins Salzachtal zu kommen, müssen wir den ganzen Weg zurückfahren, beim Bahnhof Niedernfritz jedoch auf der B 99 bleiben, bis nördlich Bischofshofen das Tal erreicht ist. Wer in Golling nicht nach Abtenau abgebogen ist, fuhr über den Paß Lueg bis Tenneck. Hier zweigt nach Westen das BLÜHNBACHTAL ab, auf mautpflichtigem Weg zu begehen, zur Seite 14 000 ha Wald, den das Haus Habsburg im 1. Weltkrieg dem Fabrikanten Gustav Krupp von Bohlen und Halbach schenkte; 1973 verkaufte der Enkel Arndt das Areal an den österreichischen Staat, behielt nur das Schloß Blühnbach, das, 1603 von Erzbischof Wolf Dietrich erbaut, 1910–14 von Erzherzog Franz Ferdinand erweitert wurde. Jenseits des Tales liegt in 1700 m Höhe der Zugang zur ›Eisriesenwelt‹, der ausgedehntesten Eishöhle, deren Besuch fünf Stunden beansprucht.

Hoch über Werfen sitzt auf steilem Bergkegel die BURG HOHENWERFEN, zu Beginn des Investiturstreites um 1077 auf Geheiß des Erzbischofs Gebhard zur Sicherung des Passes Lueg gebaut, unter Erzbischof Konrad I. (1106–47) verstärkt, 1529–40 und 1563–80 schließlich zur Festung ausgebaut. Die Vorwerke und der untere Bering mit Pfauenschweifturm (1585) und fünf anderen Türmen gehören zur letzten Befestigung. Der Palas und der Glockenturm von 1568 bilden die innere Burg. Die große Glocke für den aus dem Bergfried umgeschaffenen Glockenturm goß Christoph Löffler 1565 in Innsbruck. Die Kapelle im Süden des Palas wurde 1565 umgebaut, in ihr stehen drei schlichte Barockaltäre von 1648. Hohenwerfen bietet heute Platz für eine Jugendherberge und eine Gendarmerieschule. – Der im Schutz der Burg entstandene Straßenmarkt besitzt nur im ehem. Pfleggericht und im 1561–65 gebauten Brennhof bemer-

PFARRWERFEN · BURG GOLDEGG · GASTEINER TAL

kenswerte Gebäude. Die Pfarrkirche zum hl. Jakobus d. Ä., 1652–62 von Hofbaumeister J. B. von Driesche erbaut, ist das nüchternste Bauwerk, das der Salzburger Barock geduldet hat. Die Kapuzinerkirche, erst 1736 als Missionsstation gegen verborgene Anhänger der lutherischen Konfession gebaut, besitzt Altarblätter des Jakob Zanusi von 1737/38.

Pfarrhof und Pfarrkirche zum hl. Cyriak im nahen PFARRWERFEN, durch einen Schwibbogen miteinander verbunden, sind eine wehrhafte Anlage. In der Nothelferkapelle von 1510 interessiert ein Altar, den Gordian Gugg aus Laufen 1520 geschaffen hat. – BISCHOFSHOFEN (früher Pongau gen.) liegt neben einer Siedlung auf dem Götschenberg, die von der Jungsteinzeit bis ins frühe Mittelalter nachzuweisen ist. Um 700 gründete der hl. Rupert eine dem hl. Maximilian geweihte Zelle, die zum Kern des Ortes wurde, der 1215–1807 mit der Pfarre dem Bistum Chiemsee gehörte. Einem dieser Chiemseer Bischöfe, dem Sylvester Phlieger, wurde 1453 eine marmorne Tumba (sargartiges Grabmal) mit Reliefs von Hans Baldauf gesetzt, das einzige erhaltene gotische Hochgrab im Salzburger Land. Die PFARRKIRCHE ZUM HL. MAXIMILIAN besitzt außerdem ein romanisches Querhaus, einen Chor aus dem 14. Jh. und eine dreischiffige Halle aus dem 15. Jh.; gut gearbeitet sind die gotischen Figuren (um 1470) auf den Seitenaltären. In einer Kapelle wird eine einzigartige Kostbarkeit verwahrt, das *Rupertuskreuz* (Abb. 61), eine irische Metallarbeit, die auf die Zeit um 800 angesetzt wird. Das Motiv dieses Kreuzes ist in moderner Ausführung auf der Kirchentüre zu sehen. – Vom Bischofshof (Kastenhof) blieb nur ein vierstöckiger Wohnturm übrig. (Von Bischofshofen führt eine landschaftlich bezaubernde Straße nach Mühlbach am Hochkönig, Dienten am Hochkönig [Farbtafel 23] und Saalfelden.)

Über St. Johann gelangen wir nach Schwarzach im Pongau, wo die Straße nach Goldegg abzweigt; bis ins 16. Jh. ging die einzige Straße vom Pongau über die Goldegger Terrasse in den Pinzgau. Dort, nahe den Fundamenten eines römischen Gutshofes der Kaiserzeit, bauten die Herren von Pongau, das bedeutendste Ministerialengeschlecht des inneren Salzachtales, BURG GOLDEGG. Nach ihrem Aussterben wurde der Burgsitz 1527 an Christoph Graf (Familienname, nicht Titel) von Schernberg verliehen. Die 1322 abgebrochene, 1323 neugebaute Burg mit Zwingern im Süden und Osten ist nur bei Führungen zugänglich. Sie birgt im zweiten Stock mit dem RITTERSAAL eine Kostbarkeit. Christoph Graf ließ ihn mit Fresken und mit Temperamalereien auf Holz und Leinwand ausstatten (Abb. 62), die teils christliche Themen bringen, angefangen von einer ›klassischen‹ Darstellung des Sündenfalls, teils nach Holzschnitten des Hans Burgkmair geschichtliche Szenen zur Verherrlichung der Reichsidee vorführen, so recht den Gesichtskreis eines Humanisten um 1536 zeigen. – Beim Rundgang kann man das »Pongauer Heimatmuseum« besichtigen.

Ins Salzachtal zurückgekehrt, erreichen wir bei Ober-Lend den Eingang zum Gasteiner Tal. Die Gasteiner Klamm kann man entweder durch den Tunnel der Klammhöhe überwinden oder auf der alten engen Straße erleben. Sie führt uns an der Ruine

Klammstein vorbei und durch Dorfgastein nach BAD HOFGASTEIN (Abb. 64). Zunächst im Besitz der Grafen Peilstein, kam der ›Hof in Gastein‹ an die baierischen Herzöge, von denen ihn die Grafen von Pongau und schließlich Erzbischof Konrad IV. von Salzburg kaufte, zum Glück des Hochstiftes, denn nördlich des Marktes konnte, vor allem im frühen 16. Jahrhundert, Gold ergraben werden. Nach dem Versiegen der Goldadern erlebte der Ort seine zweite, bis heute dauernde Blüte als Kurort, eingeleitet 1828 durch die Thermalwasserleitung aus Badgastein – wofür Kaiser Franz I. 1847 ein Denkmal gesetzt wurde –, verstärkt durch den Bau der Tauernbahn 1905–08. Die führenden Gewerkenfamilien der Straßer und Weitmoser errichteten ihre marmornen Gedenksteine an den beiden Seiten des Turms der PFARRKIRCHE ZU U. L. FRAU HIMMEL-FAHRT. Die dreischiffige Hallenkirche mit dem Turm von 1602 ist ein Neubau von 1498–1507. Unter dem Stern- und Netzrippengewölbe stehen die üblichen barocken Seitenaltäre, aber auch ein großartig beschwingter Hauptaltar, der vom Hochaltar der Salzburger Franziskanerkirche beeinflußt wurde, für den 1738 Paul Mödlbauer die Skulpturen, J. A. Eisl das Gemälde lieferte. In die Mitte wurde die ausgezeichnet geschnitzte Sitzfigur der *Muttergottes* (um 1500) eingelassen. – In der Ortsmitte erinnern Wappen an den ansehnlichen Gewerkenhäusern an die Familien, die sich dem Adel gleich hielten. Die Weitmoser ließen sich gar südwestlich des Marktes und der Ache Mitte des 16. Jh. ein ›Schlößl‹ bauen, einen fürs Salzburger Land typischen Landsitz mit zwei schlanken runden Ecktürmen.

Im enger werdenden Tal, zwischen Graukogel (2492 m) im Osten und Stubnerkogel (2246 m) im Westen eingeklemmt, zieht BADGASTEIN mit Hotelpalästen beide Hänge hinauf, ein großstädtisch aussehendes Dorf (verwaltungstechnisch gesehen), in dem der Wasserfall der Ache zwischen den Hochhäusern herabstürzt (Abb. 59). Vielleicht nutzten schon die Römer die Thermalquellen, sicher ist ein Badebetrieb erst im Mittelalter nachzuweisen, als Wittelsbacher und Habsburger den Ort besuchten. Nach langer Agonie wurde Mitte des 19. Jh. Badgastein erneut Fürstenbad und Verhandlungsort (Gasteiner Konvention zwischen Preußen und Österreich 1865; Verhandlungen Preußens mit dem Vatikan zur Beilegung des Kulturkampfes 1879). Unbedeutend ist die PFARRKIRCHE, die 1866/76 im neugotischen Stil von Friedrich von Schmidt erbaut wurde, sehenswert jedoch die gotische *Madonna mit Kind*, um 1450 geschaffen, die aus Maria Bühel bei Oberndorf stammt (Abb. 60). – In BÖCKSTEIN im innersten Tal steht kurz vor der Einfahrt des Eisenbahn- und Straßentunnels auf einem Hügel die PFARR- UND WALLFAHRTSKIRCHE U. L. FRAU VOM GUTEN RAT, in Bau und Ausstattung eine geschlossene klassizistische Anlage der Brüder Wolfgang und Johann B. Hagenauer, auf Geheiß des Erzbischofs Sigismund Graf Schrattenbach 1764–67 für die Gewerken des Goldbergbaus im Naßfelder Tal errichtet. Der klare, kühle Bau mit seinen weißen Wänden und Altären wird durch das farbige *Fresko* kontrastiert, in dem Johann Weiß 1765 die Überführung des wundertätigen Gnadenbildes ›Maria vom guten Rat‹ von Skutari/Albanien nach Genazzano bei Rom schilderte. Ungewöhnlich ist, daß die Ehefrau Rosa, geb. Barduzzi, des J. B. Hagenauer das Hochaltarbild lieferte, da man

ST. GEORGEN · GROSSGLOCKNERSTRASSE · ZELL AM SEE · MARIA ALM

Badgastein   Kupferstich aus der ›Metzgerchronik‹ von 1692

Frauen bestenfalls für Porträt- und Ornamentmalerei geeignet hielt. – Nach Badgastein zurückgekehrt, werfen wir noch einen Blick auf die um 1480 aufgetragenen *Chorfresken* der FILIALKIRCHE ST. NIKOLAUS. An der Südwand ist die Legende des Kirchenpatrons, an der Nordwand der Mannaregen und eine Schutzmantelmadonna abgebildet, die dem Meister von Schöder zugeschrieben werden. Die auf 1517 datierten Langhausfresken zeigen Christus und die Frauen, Kreuzigung, Vorhölle, Auferstehung und Himmelfahrt Christi, die Südwand das Weltgericht, die Wurzel Jesse und die Stifter.

Ins Salzachtal zurückgelangt, erreichen wir ST. GEORGEN im Pinzgau und seine talbeherrschende Kirche mit dem um 1416 gotisch überformten Langhaus und Treppengiebelturm. Sehenswert ist der Hochaltar von 1518 aus Marmor, eine spätgotische Anlage, in die bereits Formen der Renaissance eingedrungen sind. Das Fußfeld (Predella) mit dem hl. Georg und der Stifterfamilie trägt das geteilte Hauptfeld mit der Krönung Mariens, im Aufsatz ein gotisch-wilder Rahmen um die Engel mit den Leidenswerkzeugen.

Beim Bahnhof Bruck beginnt die GROSSGLOCKNER-HOCHALPENSTRASSE das Tal der
Fuscher Ache zu nutzen, nach dem Schleier-Wasserfall in Serpentinen die Höhe beim
Fuscher Törl und beim Dr.-Franz-Rehrl-Haus zu gewinnen – benannt nach dem Salzburger Landeshauptmann, der sich vehement für den Bau der Straße eingesetzt hat –,
die straßenbautechnisch kühn bis zum Hochtor (2505 m) und hinab nach Heiligenblut
im Mölltal führt, auf ihren 48 km Länge herrliche Nah- und Fernsichten gewährt. –
Nur wenige Kilometer westlich Bruck führt eine waldflankierte Straße vor Kaprun
entlang der Kapruner Ache zum Kesselfall-Alpenhaus, von dort ein Fußweg zum
Stausee Wasserfallboden und zum Stausee Mooserboden (Farbtafel 18), umstanden
vom Hohen Tenn und Großen Wiesbachhorn im Osten, der Klockerin im Süden,
Hocheiser und Kitzsteinhorn im Westen, durch eine Kabinenbahn vom Kapruner-
törl aus erreichbar, mit bester Fernsicht lockend.

Bei Bruck zweigen wir nach Norden ab, nach ZELL AM SEE, dem Mittelpunkt der
›Europasportregion Kaprun–Zell–Saalbach‹, in der allwinterlich mehr als drei Millio-
nen Übernachtungen gezählt werden, davon über die Hälfte in Saalbach, das allein mit
41 baumfreien Skibergen und über 50 Sessel- und Schleppliften wirbt, mit 140 km
Abfahrten und der Seilbahn auf den Schattberg (2002 m), die 100-Personen-Panorama-
Kabinen besitzt. Die aufregendste Sommerwanderung führt vom Schattberg über elf
Gipfel zur Schmittenhöhe (1965 m), die per Seilbahn mit Zell verbunden ist. Der 743
als ›Bisontio‹ genannte Ort hat bei der Modernisierung der letzten Jahrzehnte viel verloren, den massig-bedrohlichen Vogtturm aber hinübergerettet. Nach der Aufhebung
eines kurzlebigen Augustiner-Chorherrenstiftes wurde St. Hippolyt 1217 zur PFARR-
KIRCHE, die 1975 vorbildlich restauriert wurde. Sehenswert sind der trutzige Wehrturm
aus der Mitte des 15. Jh., die Westempore mit ihren zarten Maßwerkbrüstungen von
1514/15 und die zahlreichen Freskenreste, von denen eine thronende Madonna in der
Apsis des nördlichen Seitenschiffes aus dem 13. Jh. und die Marter der hl. Katharina in
der Vorhalle vom Ende des 14. Jh. zu sehen sind. Vorzüglich: die um 1520 geschaffenen
Figuren des hl. Georg und des hl. Florian in der Westemporenwand.

Durch Maishofen, in dessen Nähe SCHLOSS KAMMER (heute Gasthof) und SCHLOSS
SAALHOF liegen, fahren wir nach Saalfelden, wo das Saalachtal das Urslautal aufnimmt, das zum Hochkönig führt. Verfolgt man die Straße weiter, so gelangt man
nach Dienten (Farbtafel 23) und Mühlbach, schließlich nach Bischofshofen an der
Salzach. Am Eingang des Urslautales reckt die Dorfkirche von MARIA ALM einen
grazilen Spitzturm 84 m hoch, einen Meter höher als der Salzburger Dom. – Von
Saalfelden führt die Straße nach Norden (und zur Grenze am Steinpaß), eingeklemmt
zwischen die Leoganger Steinberge (Farbtafel 20) und das Steinerne Meer, an Schloß
Lichtenberg vorbei und an der Saalach entlang nach ST. MARTIN bei Lofer (Farbtafel 19),
dessen Pfarre bis 1803 dem Augustiner-Chorherrenstift St. Zeno in Reichenhall gehörte.
Die ländliche, barockisierte Kirche birgt gute Altarbilder von Wilhelm Faistenberger
(1670), Johann Friedrich Pereth (1689) und Jakob Zanusi (1721). – Verborgen steht
in einem hochgelegenen Talschluß westlich St. Martin die WALLFAHRTSKIRCHE MARIA

133

MARIA KIRCHENTHAL · MITTERSILL · FELBEN

KIRCHENTHAL, 1694–1701 nach Plänen von Johann Bernhard Fischer von Erlach in kräftigen Formen erbaut (Abb. 66). Das Innere ist zum Unterschied zu allen anderen Barockkirchen des Landes ohne Stuck und ohne Gemälde. Äußerst wertvoll und grandios sind die beiden Seitenaltäre aus Marmor um 1700, während der Hochaltar 1857 durch eine neue Anlage verdrängt wurde. Die Kanzel hingegen gehört wieder zur Erstausstattung von 1707–09. Eine thronende Muttergottes aus dem Anfang des 15. Jh. wird als Gnadenbild verehrt, das besonders von 1700 bis in die Mitte des 19. Jh. besucht wurde. Die zahlreichen Votivgaben für erfüllte Bitten aus dieser Zeit werden in der ›Ex-Voto-Kapelle‹ der rechten Sakristei verwahrt (Abb. 65).

Ins Salzachtal zurückgekehrt, fahren wir am Fluß hoch bis MITTERSILL, wo nach Süden die Felbertauern-Straße abzweigt, die seit 1967 durch den Tunnel winterfest geworden ist, einst, vom 14.–16. Jh. ein stark frequentierter Pfad, auf dem Saumpferde, mit 250 Pfund Samt und Seide, Südfrüchten, Wein oder Honig beladen vom Süden, mit Salz, Kupfer, Leder oder Eisen befrachtet vom Norden über die Paßhöhe strebten. Der Ort war im 12. Jh. als bairisches Lehen an die Grafen von Matrei-Lechsgemünd ausgegeben worden, deren Zweig sich ab 1180 Grafen von Mittersill nannten. Burg und Ort, die 1228 an das Erzstift Salzburg gekommen waren, wurden im Bauernkrieg 1525–26 stark zerstört. Das heutige SCHLOSS besitzt die wiederaufgebauten kräftigen, aber niedrigen Ecktürme mit den Wehrgängen. Die dreijochige gotische Kapelle, 1533 neugebaut, enthält einen guten Flügelaltar aus der Mitte des 15. Jh., dessen Tafelbilder dem Meister des Ausseer Altars zugeschrieben werden. – Die DEKANATSKIRCHE ZUM HL. LEONHARD ist ein Neubau von 1747–49 des Johann Kleber mit gleichzeitiger dekorativer Einrichtung. Interessant sind die Glasfenster von Hans Hauer und Franz Sträußenberger (1840) als frühe Beispiele der Wiederbelebung der Glasmalerei im 19. Jh. – Die 1751 von Jakob Singer aus Schwaz in Tirol erbaute ANNAKIRCHE, seit 1959 dem evangelischen Gottesdienst dienend, sticht mit ihrer geschwungenen Giebelfassade und ihrem Turm deutlich von den starren Bauten des Salzburger Barocks ab. Den tirolisch-schwäbischen Einschlag verraten auch die Fresken des ebenfalls aus Schwaz stammenden Christoph Anton Mayr von 1753. – In der kleinen gotischen FILIALKIRCHE ST. NIKOLAUS in FELBEN (Abb. 67) bewahrt der Hochaltar von 1631 lebhafte spätgotische Figuren der 14 Nothelfer.

Den Abschluß der Pinzgau-Fahrt erleben Sie am besten beim Anblick der drei Krimmler Wasserfälle (Abb. 68), einer schöner als der andere.

III Von Salzburg durchs Salzkammergut nach Hallstatt

Eilige Reisende benutzen von Salzburg die Autobahn zum Mondsee, wer Zeit hat fährt die B 158 ostwärts. Bereits in GNIGL fesselt uns die PFARRKIRCHE ZUM HL. MICHAEL, 1732–38 von Tobias Kendler erbaut. Nach Norden gerichtet, steht der Längsbau mit teilweise eingebautem Fassadenturm über kreuzförmigem Grundriß. Die Wände des vierjochigen Langhauses sind durch ionische Pilaster gegliedert. Die Stukkaturen von Johann Kleber drängen sich im Gewölbe des Chors, dessen Wand ein Marmoraltar ausfüllt, während die Seitenaltäre nur aus marmoriertem Holz sind. Die festliche Stimmung des Raumes wird unterstützt durch die Altarbilder von Jakob Zanusi und die Figuren von Josef Anton Pfaffinger. – Jenseits der Stadtgrenze zweigt nach Süden die Straße auf den GAISBERG (1288 m) ab, von dem man einen herrlichen Fernblick hat; auf der Zistelalm auf halbem Wege zum Gipfel begegnet man in der Mittagszeit sonnenhungrigen Salzburgern.

Nach 14 Kilometer Fahrt liegt der FUSCHLSEE (Farbtafel 17) als erster der Seen des Kammergutes unter uns, von Wäldern gerahmt, dunkel und kühl. Nahe der Straße der JAGDHOF FUSCHL mit seinem Jagdmuseum, das seltene Trophäen zu bieten hat. Weiter zum See liegt auf einer Halbinsel das Schloßhotel Fuschl, im Kern ein kräftiger Wohnturm, der 1450 als erzbischöfliches Jagdschloß errichtet wurde. Noch heute gehören zum Anwesen ein Jagdrevier, Strand und Angelplätze, neuerdings auch ein Hallenbad, Tenniscourt und Golfplatz. Nach dem Zwangsanschluß Österreichs war Fuschl Wohnsitz des damaligen Reichsaußenministers von Ribbentrop. Nach dem Krieg bauten C. A. Vogel und seine Gattin Winnie Markus Fuschl zu einem Luxushotel aus, das während der letzten Jahre Präsidenten (Nixon, Ford, Scheel), Parteisekretäre (Chruschtschow), Königliche Hoheiten, Schauspieler und Filmmagnaten beherbergte. Seit Juni 1977 betreibt die Max-Grundig-Stiftung Nürnberg den Komplex.

Nach wenigen Kilometern erreichen wir den WOLFGANGSEE (früher Abersee gen.), der samt seinem Umland in der 1. Hälfte des 8. Jh. von den Agilolfingern, einem bairischen Herzogsgeschlecht, dem Bistum Salzburg geschenkt wurde. Ob bereits damals in ST. GILGEN (Abb. 69) eine Mönchszelle bestand, ist zweifelhaft, wird der Ort doch erst 1376 urkundlich genannt. Um sich gegen die Übergriffe des Klosters Mondsee zu schützen, baute man die Feste Alt-Hüttenstein und in deren Schutz ein Pfleggericht

DER WOLFGANGSEE · KLOSTER MONDSEE

(heute Bezirksgericht). Dessen Neubau 1719/20 erfolgte unter der Ägide des Pfleggerichtskommissärs Pertl, seine Tochter Anna Maria, 1720 im Neubau geboren, wurde die Mutter W. A. Mozarts. Wolfgangs Schwester Nannerl wohnte 1784–1801 hier als Ehefrau des Pflegers Johann B. Berchtold von Sonnenburg. – Die PFARRKIRCHE ST. ÄGYD besitzt noch einen romanisierenden Turm aus dem 14. Jh., der 1727 mit einem Doppelzwiebelhelm gekrönt wurde, und eine spätgotische Vorhalle. Bestimmend ist jedoch der Barockausbau von 1767, dessen drei Altäre schon den Übergang zum Klassizismus zeigen, mit Bildern des Peter A. Lorenzoni von 1768 bedacht. Die im Chor thronende Madonna (Anfang 18. Jh.) stammt aus der Werkstatt des M. Guggenbichler.

Die Straße nach Nordosten führt nicht nach St. Wolfgang, sondern über einen Sattel zum nahen MONDSEE, den seentrennenden Schafberg (1783 m) zur Rechten. Über St. Lorenz gelangen wir in den Markt Mondsee und auf uralten Siedlungsboden, denn wegen der zahlreichen Pfahlbaufunde aus dem jüngsten Abschnitt des Neolithikums, der Jungsteinzeit ca. 2500–1800 v. Chr., gab man der ostalpinen Pfahlbaukultur die Bezeichnung ›Mondsee-Kultur‹. Der ergiebigste Fundplatz (3000 m² mit 5000 Pfählen) wurde 1871 beim Gasthaus See nahe am Ausfluß der Seeache zum Attersee erschlossen. Charakteristisch ist die weißinkrustierte Keramik mit Spiralornamentik; geringe Kupferfunde deuten den Übergang zu den Anfängen der Bronzezeit an. – Daß die Umgebung in der Römerzeit besiedelt war, beweisen vier in der Kirchenvorhalle eingemauerte römische Grabsteine, darunter der für L. Cotinius Martialis (einen Bürgermeister von Salzburg) und seine Gattin Peccia Latina. – Zwischen 739 und 748 gründete der bairische Herzog Odilo II. das KLOSTER MONDSEE (Abb. 71), dessen Mönche 804 die Benediktinerregel annahmen. Nach dem Sturz Tassilos III. 788 wurde es als Königsgut eingezogen, 829 von Ludwig dem Frommen mit dem St. Wolfgangsland beschenkt. Der gleiche Herrscher raubte ihm 831 die Selbständigkeit, indem er es mit dem Hochstift Regensburg gegen Obermünster tauschte. Erst Heinrich IV. zwang 1104 Regensburg zur Herausgabe entfremdeter Güter, 1142 gab Papst Innozenz II. dem Kloster die freie Abtwahl zurück. Der energische Abt Konrad II. hatte sich dabei so viele Feinde gemacht, daß er 1145 auf Anstiften der Herren von Pfullingen bei Oberwang erschlagen wurde. Bedeutende Äbte wirkten im 15. Jh. als Beschützer von Kunst und Wissenschaft. Die von ihnen geförderte Bibliothek existiert heute nur noch als Raum, Einrichtung und Bestände wurden nach der Aufhebung des Klosters 1791 nach Wien und Linz gebracht, darunter der um 800 geschriebene ›Mondseer Matthäus‹ oder die ›Fragmenta Theodisca‹ (die älteste auszugsweise Bibelübersetzung ins Deutsche), das ›Liutold-Evangeliar‹ aus dem 12. Jh. u. a. Kostbarkeiten. Zwar war Mondsee schon 1786 dem Religionsfonds zugewiesen worden, die Ordensgeistlichen (bis heute) als Seelsorger eingesetzt, doch beanspruchte Josef Anton Gall, Bischof zu Linz, 1791 das Klostergut und behielt es bis zu seinem Tode 1807. Napoleon I. schenkte den Klosterbesitz 1810 Karl Philipp von Wrede anläßlich seiner Erhebung in den französischen Grafenstand; die Kirche ausgenommen. Heute besitzen die portugiesischen Grafen Almeida die ehem. Klosteranlage.

136

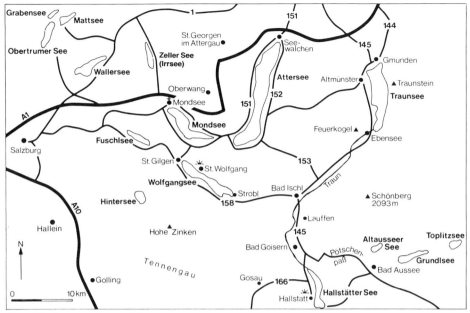

Übersichtskarte zu Route III
✝ = Kirchen u. Klöster   ⚑ = Burgen   ☀ = hervorragendes Einzelkunstwerk

Die ehem. STIFTSKIRCHE, hellgelb verputzt, wendet ihre barocke Fassade (nach 1730) mit zwei Türmen dem Kirchplatz zu, wobei der leicht einschwingende Mittelteil die seltene Zweigliederung besitzt. Die Fassade ist so nach Norden geschoben, daß das rechte Tor in der Achse des Mittelschiffes liegt. Vom lichten Vorplatz taucht der Besucher unvermittelt in das Halbdunkel der spätgotischen, 1470 geweihten Staffelkirche von 70 m Länge, 33 m Breite und 29 m Höhe, nur von wenigen Fenstern des südlichen Seitenschiffes und aus dem Chor erhellt. Beherrschend sind die Altäre unter dem sternförmigen Rippengewölbe, mit ihrem Elfenbeinschwarz und Goldschimmer dem Halbdunkel adäquat. Alle sind sie im Barock entstanden, dessen Entwicklung man vom Hauptaltar zum Eingang auf dem Rückweg verfolgen kann. Vor dem Chor, spätestens 1497 von Hans Lengdörfer vollendet, steigt schlank und goldgefaßt der 1626 von Hans Waldburger geschaffene Hochaltar auf, der in manchen Zügen noch in die Renaissance weist. Allein *fünf Altäre* im Hochbarock schuf Meinrad Guggenbichler (1649–1723), der aus Einsiedeln/Schweiz stammend, nach Arbeiten in Straßwalchen und Irrsdorf (s. S. 163) 1679 nach Mondsee verpflichtet wurde. Seine besondere

137

ST. WOLFGANG

Leistung ist der *Corpus-Christi-Altar* in nördlichen Seitenschiff (1682–84), dessen ›Kindl‹ (puttenartige Engel) als Säulenträger zum Magnet für Fotografen wurden (Abb. 72). Das Altarbild stammt entweder von C. P. List oder F. I. Torriani. Das Gegenstück von 1682–84 ist der Allerseelenaltar im südlichen Seitenschiff mit einem Blatt des C. P. List oder des Frans de Neve; daneben steht als Guggenbichlers letztes Werk (1714) der Sebastian- (oder Florian-)Altar, wie alle anderen mit kräftigen, pathetischen Figuren. Aus seiner Werkstatt stammt der Altar der Marienkapelle, dem barockisierten Schluß dieses Seitenschiffes, und der in der Petruskapelle am Ende des nördlichen Seitenschiffes. Auf diese Wucht folgt die Eleganz der Rokokoaltäre von Franz Anton Koch, so im Mittelschiff der Annen- und der Antonius-Altar von 1742 mit Bildern von Jakob Zanusi, dann, unterbrochen von Guggenbichlers Hl.-Geist- und Wolfgang-Altar (1679–81), der Johann.-d.-T.- und der Josef-Altar (1742), wieder mit Zanusis Blättern. Der Kreuzaltar im nördl. Seitenschiff hingegen weist, 1776 errichtet, bereits auf das Ende dieses Stils. Die beiden Bischöfe und der Gekreuzigte wurden noch von F. A. Koch, die Figuren im Aufsatz schon von Leopold Schindlauer, Christus an der Geißelsäule vom Meister im Kandlbach geschnitzt. Martin Exendorfer malte das Altarbild, während der vielbeschäftigte Zanusi 1740–45 einen qualitätvollen Kreuzweg malte, den die ›Sensenschmied-Resl‹ gestiftet hatte. – Ein Meisterwerk ist Guggenbichlers Kanzel; aus seiner Werkstatt kamen auch die Schnitzereien der Oratorien und der Beichtstühle. Die reiche Architektur für die Orgel auf der Westempore wurde 1673 geschaffen. – Zahlreiche *Grabsteine,* vor allem der Äbte, sind in der Petrus- und der Marien-Kapelle versammelt, darunter auch der für Benedikt Eck, den Erbauer der Kirche und Auftraggeber für den Hochaltar in St. Wolfgang. – Der Eingangsraum zum Heimatmuseum (ehem. Benedictuskapelle) über der Sakristei besitzt Reste eines Freskos ›Maria Verkündigung‹ aus der 2. Hälfte des 13. Jh. (Weitere Altäre Guggenbichlers enthält die nahe Filialkirche Maria Hilf, einen Hochaltar mit dramatischer Darstellung des Martyriums des hl. Kilian die Pfarrkirche zu Oberwang an der Straße nach St. Georgen im Attergau.) – Auf dem Steilhang hinter St. Michael steht das MONDSEER RAUCHHAUS, ein flachgedeckter Holzblockbau, der beim Autobahnbau 1959 abgetragen und als Freilichtmuseum hier aufgerichtet wurde. Der Name kommt von der offenen Feuerstelle, deren Rauch abzugslos die darüber aufgestellten Getreidegarben (einer regenreichen Gegend) trocknete. Dieser ›Einhof‹ verfügt auch über einen Getreidekasten, ein ›Dörrhäusl‹ für das Obst, eine Mühle und altes Bauerngerät.

Wir umrunden den Mondsee und fahren wieder nach St. Gilgen, da ST. WOLFGANG nicht direkt zu erreichen ist, Motorboote ausgenommen. Unser Weg dorthin führt über Strobl, rund 20 km Strecke mit herrlichen Blicken auf den See (Abb. 70). – Wolfgang – so die Überlieferung –, von 972–994 Bischof von Regensburg, hatte sich vor dem bairischen Herzog Heinrich dem Zänker nach Mondsee zurückgezogen und dort eine Kirche Johannes d. T. gewidmet, die nach seiner Heiligsprechung (1052) seinen Namen erhalten habe. Der Kult des hl. Wolfgang verbreitete sich ins Altreich und nach Ungarn, erreichte seinen Höhepunkt im 15. Jh. und frühen 16. Jh.; damals war St. Wolfgang

Wolfgangsee (früher Abersee gen.). Aus der ›Topographia Austriae‹. 1649. Kupferstich von M. Merian

am Abersee nach Rom, Aachen und Einsiedeln der am meisten besuchteste Wallfahrtsort. – Nach dem Brand von Kirche und Markt 1429 wurde das Langhaus neu gebaut, nach der Entsendung eines von Mondsee abhängigen Konventes kam es zur Erweiterung des Chores, der 1477 geweiht wurde. Ein kräftiger Turm mit Glockenhaube macht die Kirche unverwechselbar, die in ihrem Innern große Schätze bewahrt. Die einzige Beleuchtung von der Südseite her und die farbige Ausmalung von 1625 lassen die Altäre zur Geltung kommen, deren wertvollster im Chor steht. Der Mondseer Abt B. Eck schloß 1471 mit Michael Pacher, dem großen Maler und Bildschnitzer aus Neustift/Südtirol, einen Vertrag über einen *Wolfgang-Altar*, der nach zehn Jahren erfüllt war. Neben dem Krakauer Altar des Veit Stoß und dem Blaubeurer Altar des Gregor Erhart ist dieser ein Höhepunkt spätgotischer Altarkomposition, dank der Ausgewogenheit bei allen Gegensätzen in Holzarchitektur, Plastik und Malerei. Der Wandelaltar war an den Werktagen geschlossen und zeigte den Andächtigen nur vier Bilder aus dem Leben des Patrons (darunter den Teufel, der dem Heiligen das Meßbuch halten muß). An Sonntagen sah man auf acht Bildern die Wunder Jesu, nur an den hohen Feiertagen waren auch die Innenflügel geöffnet und gaben den Blick auf die vier Gestalten frei, die aus drei Baldachinräumen hervortreten: Wolfgang und Benedikt flankieren den thronenden Gottessohn, der seine kniende Mutter in den Himmel aufnimmt (Abb. 74). Der goldene Schimmer des Schreins fließt auch hinüber auf die vier

ST. WOLFGANG · BAD ISCHL · LAUFFEN

Bilder Pachers aus dem Leben Mariens (Geburt Jesu, Beschneidung, Darbringung, Tod Mariens). Die Tafeln Mariä Heimsuchung und Flucht nach Ägypten rahmen die Figuren der Hl. Drei Könige. Pachers Bruder Friedrich wird das emporschießende, aus der Rahmenleiste wachsende Gesprenge mit den Heiligenfiguren, der Kreuzigung und Gottvater im Baldachin zugeschrieben, der mit Hilfe der Werkstatt auch die Sonn- und Werktagsseite, die vier Evangelisten und neun Heiligen der Rückseite nach Entwürfen Michaels ausgeführt hat. Bei geschlossenem Altar werden die vier Kirchenlehrer und auf den Seiten die Heiligen der Ritterschaft – St. Georg und St. Florian – als Schreinwächter sichtbar. (Außer zur Fastenzeit ist der Schrein derzeit stets geöffnet; in der Vor- und Nachsaison kann man ihn mit mehr Muße betrachten.)

200 Jahre später verstand man die gotischen Auffassungen Pachers nicht mehr und gab 1675 Thomas Schwanthaler den Auftrag zu einem prunkenden *Doppelaltar* im damals ›modernen Barock‹ anstelle des Pacher-Altars. Der Bildhauer konnte jedoch den Abt von Mondsee überreden, Pachers Werk stehen zu lassen und mit seinem Hauptwerk in Schwarz und Gold den alten Johannisaltar ersetzen zu dürfen. Mit einem schönen Gitter von 1599 abgesperrt, präsentiert der linke Altar das Relief der Hl. Familie, der rechte die Heiligen Wolfgang, Benedikt und Scholastika unter der Krönung Mariens (Abb. 73). – Damit nicht genug, wurde auch Meinrad Guggenbichler beauftragt, drei Altäre an die Nordseite zu stellen und die Kanzel zu schaffen. Sein feinfühliger spätbarocker Gestaltenreichtum zeigt sich am besten beim Rosenkranzaltar, seine Ergriffenheit im ›Schmerzensmann‹. In keiner Kirche unseres Bereiches sind noch einmal drei Meister dieses Formats mit ihren Werken versammelt. – Nördlich des Chores steht in einem barocken Gehäuse ein spätgotischer Wallfahrtsbrunnen, den Lienhart Rännacher und Peter Mülich 1515 aus Glockenmetall gegossen haben.

In BAD ISCHL erwarten uns (nach St. Wolfgang) weniger künstlerische Genüsse, als ein Abglanz von Biedermeier und kaiserlicher Sommerfrische. Ischl steht auf römischem Boden, was auch ein Grabstein mit Doppelbildnis am Turm der Pfarrkirche nachweist; eine Weiheschrift an Mithras bekundet den Ort als Zollstation. Obwohl erst 1263 ein Salzmeister König Ottokars erwähnt wird, dürfte die Salzgewinnung viel älter sein, doch blühte das Geschäft erst auf, als Kaiser Maximilian I. 1514 den Bewohnern den Salzhandel gestattete. 1571 wurde erstmals Sole versotten; als sich der Ischler Salzberg als wenig ergiebig erwies, leitete man Sole aus Hallstatt ins 1595 errichtete Sudhaus. Die Ischler, die 1601–03 unter dem Stadtrichter Joachim Schwärzl gegen die Rekatholisierung aufstanden, wurden blutig niedergeschlagen, verloren auf 25 Jahre die Marktfreiheiten. Ischl erlebte seinen zweiten Aufstieg, als der Wiener Arzt Franz Wirer die Solebehandlungen seines Ischler Kollegen Josef Götz kennengelernt hatte und 1823 ein Solebad für 80 Gäste eröffnete. Erfolgreich kurten dort der Kardinal von Olmütz, Erzherzog Rudolf, der ab 1828 auch seine Verwandtschaft zahlreich nach Ischl zog. 1853 wurde hier die Verlobung Kaiser Franz Josephs mit der bayer. Prinzessin Elisabeth (›Sissi‹) gefeiert. 1854 bezog das junge Ehepaar die KAISERVILLA (Farbtafel 22) am Fuß des Jainzen, ein stattliches Biedermeier-Landhaus,

Hallstatt. Aus der ›Topographia Austriae‹. 1649. Kupferstich von M. Merian

das spätklassizistisch überformt und mit zahlreichen Jagd- und Landschaftsbildern ausgestattet wurde. In diesem Haus, umgeben von 50 000 Jagdtrophäen, die er sich in 70 Jagdjahren erschossen hatte, unterzeichnete Franz Joseph nach dem Attentat von Sarajewo jenes Ultimatum an Serbien, das den ersten Weltkrieg auslöste. Bis dahin zog der alljährliche Aufenthalt des Kaisers (und Königs von Ungarn) Minister und Diplomaten, Maler und Dichter, Schauspieler und Komponisten in das Badestädtchen, die sich im Theater oder in der Trinkhalle trafen, oder wie Franz Lehár und Richard Tauber stattliche Villen erwarben. Reinste Fin de siècle-Architektur bietet das Post- und Telegraphenamt.

Nach einem Spaziergang auf der Esplanade an der Traun, einst die k.u.k. Promenade, fahren wir nach LAUFFEN, das seinen Namen von den unpassierbaren Schnellen in der Traun hat, die erst Anfang des 16. Jh. durch eine Winde überwunden werden konnten. Damals hatte der Markt, der dem Salzamtmann in Gmunden unterstand, 56 Ratsbürger und 185 Handwerker und Salinenarbeiter. 1850 kam er zur Gemeinde Ischl. Unterhalb der Straße steht die PFARR- und WALLFAHRTSKIRCHE MARIÄ HIMMELFAHRT, eine spätgotische Kirche mit zwei Schiffen und einem aus der Achse geschobenen Chor. Die Ausstattung ist barock, doch trägt der 1686–1719 errichtete Hochaltar ein 1400 geschaffenes Andachtsbild, die ›Schöne Madonna‹. Die beiden Seitenaltäre wurden schon 1637 aufgerichtet, die Kanzel erst 1737 eingebaut. (Über die Lauffener Schützen s. S. 293) – Im nahen BAD GOISERN fand man beim Bau der Salzkammergut-Lokalbahn 1876 beim Abhang des Arikogels ein weibliches Skelettgrab mit reichem pontisch-sarmatischen Goldschmuck des 4. Jh. n. Chr.; der wichtigste Fund dieser Art in Mitteleuropa wird heute im Kunsthistorischen Museum in Wien verwahrt. Vom Ort liest man erstmals im 13. Jh., von der gotischen PFARRKIRCHE ZUM HL. MARTIN erst 1487. Sie wurde 1835–37 zur kreuzförmigen Saalkirche erweitert und mit einem Hochaltargemälde

GOSAUTAL · HALLSTATT

von Leopold Kupelwieser von 1845 bedacht. Erhalten blieben von der früheren Einrichtung spätgotische Figuren aus dem Kreis des Lienhard Astl und im Chor gleichaltrige Tafelbilder aus der Werkstatt des Rueland Frueauf d. Ä. – Die ursprüngliche Salzarbeitersiedlung war rückläufig, bis man 1876 die Jodschwefelquellen entdeckte, die bis heute stark genutzt werden. Von hier führt ein Wanderweg zum Predigtstuhl (1278 m) und ein Sessellift zur Höhenpromenade und zum Wurmstein.

Vorschlagen möchte ich einen Abstecher durch die Gosauklamm ins wiesenbedeckte, heitere und breite GOSAUTAL, aus dem man über den Paß Gschütt nach Abtenau gelangt. Am Eingang erblickt man ein technisches Kunstwerk, den ›Gosauzwang‹, die Soleleitung von Hallstadt nach Ebensee, die 1757 Johann Spielbichler aus Hallstatt hoch über das Tal setzte. Am Talschluß liegt der spiegelglatte Vordere Gosausee (Farbtafel 21) zu Füßen des Gosaukammes mit dem Großen Donnerkogel (2055 m) und der Großwand (2415 m), den nordwestlichen Vorposten des Dachsteinmassives. Ein Spazierweg führt an der Lacke vorbei zum verwunschenen Hinteren Gosausee.

An den Hallstattsee zurückgekehrt, führt uns eine erst 1890 zum Teil in den Fels gesprengte Straße nach HALLSTATT (Abb. 75), das man bis dahin nur auf einem für Esel und Pferde bestimmten Saumpfad erreichen konnte. Der Platz zwischen Bergwand und Seeufer ist so schmal, daß, wo die Häuser am Ufer mit Pfählen einige Meter eroberten, nur ein idyllischer Miniaturmarktplatz entstehen konnte und daß die PFARRKIRCHE MARIÄ HIMMELFAHRT mit ihrem Neubau von 1505 direkt in den Berg gestemmt werden mußte. Überragt vom Turm mit der Haube von 1750 schiebt sie den zwei Schiffe breiten Chor zum See hin. Dem Mittelpfeiler im quadratischen Langhaus entsprießt das Sternrippengewölbe. Die rechteckige spätgotische Kapelle an der Nordwand, heute Werktagskirche, birgt die eindrucksvolle Kreuzigungsgruppe des Lienhard Astl (ca. 1510–20) und einen gemalten Flügelaltar von 1460. Übertrumpft wird er vom Doppelflügelaltar an der Südwand des Chores, den man mit dem in Kefermarkt oder St. Wolfgang vergleicht. Dank einer freigelegten Inschrift auf dem Schultertuch des Priesters im Beschneidungsrelief konnte der unbekannte Meister als Lienhard Astl identifiziert werden, der um 1515 in Hallstatt gewirkt hat. Während die Außenflügel von einem Meister aus dem Umkreis des Marx Reichlich bemalt wurden, sind die Innen- und Außenseiten des inneren Flügelpaares mit Reliefs von Astl bedeckt. Alle 16 Tafeln bringen Szenen aus dem Leben der Gottesmutter, die als Figur in der Schreinmitte steht, flankiert von der hl. Barbara, Schutzpatronin der Bergleute, und der hl. Katharina, Vorbild des Reinen (des Salzes). Das Gesprenge schießt mit weiteren Figuren verjüngt zur Höhe des Gewölbes. – In der FRIEDHOFSKAPELLE, einem zweigeschossigen gotischen Bau, findet sich u. a. ein Glasbild von ca. 1440–50 mit dem hl. Michael als Seelenwäger. Unten ins BEINHAUS kamen bis vor kurzem auf Wunsch der Angehörigen Schädel und Knochen früher Verstorbener, um den kleinen Friedhof neu belegen zu können (Abb. 78). Da der letzte Schädelmaler, der Salinenpensionist Heinrich Kirchschlager, vor kurzem verstarb, wird der Brauch, die Totenschädel mit dem Namen und Blumenkränzel zu bemalen, vorläufig unterbrochen.

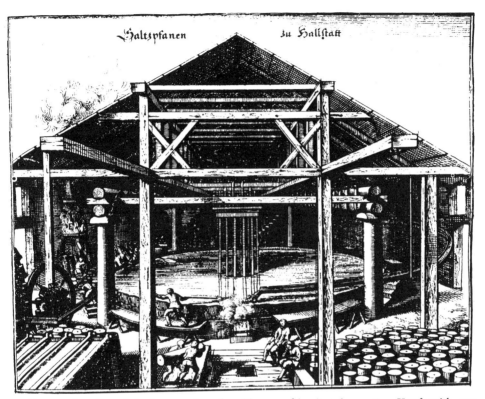

Hallstatt mit seinen Salzpfannen. Aus der ›Topographia Austriae.‹ 1649 Kupferstich von Matthäus Merian

Das MUSEUM Hallstatt, teils im ehem. Stockerhaus, teils in der ehem. Schule untergebracht, ist die reichhaltigste Quelle für die frühe Eisenzeit (ca. 800 bis ca. 450 v. Chr.). Wegen der vielen Leitformen, die man in den 980 Gräbern mit Beigaben fand, nennt man sie die Hallstattzeit. Der Entdecker des Gräberfeldes am alten Salzbergwerk 500 m oberhalb Hallstatts (heute durch eine Seilbahn schnell erreichbar) war der k. k. Salinenrat Johann Georg Ramsauer (1797–1876), der in 17 Jahren 19 497 Objekte ergrub, finanziell und fachlich unterstützt von dem Wiener Kustus Freiherrn von Sacken. In diesen siedlungs-, ja menschenfeindlichen Seewinkel wurden die Illyrer wie Kelten durch das Salz gelockt, den Reichtum, den Hallstatt ca. 2600 Jahre zu bieten hatte. Seine wertvollsten Funde gab Ramsauer dem Naturhistorischen Museum in Wien, das heute die hervorragendste Sammlung der Hallstattzeit besitzt, doch blieb für seinen Geburtsort so viel übrig, daß es lohnt, einen halben Tag für die exzellente

DIE DACHSTEINHÖHLEN

Keramik (Abb. 76), für die stilisierten Tierfiguren, die Fibeln (Abb. 77) und Schwerter, die Ringe und frühen Salzkufen (aus Fellen zumeist) zu opfern.

Nach 5 km auf der erst 1910 gebauten Straße nach Obertraun erreichen wir die Talstation der Bahn zu den DACHSTEIN-HÖHLEN, jenen phantastischen Grotten und Gängen, einst ausgehöhlt von unterirdischen Wasserläufen, Dome und Säulen mit glitzernden Tropfsteinen und Kristallen (Abb. 79). Dahinter erhebt sich die Dachsteingruppe bis auf 2995 m, mit allen hochalpinen Formen, auch einem weithin ins Land schimmernden Gletscher. Der ›Dachsteinführer‹, ein Bestseller unter Bergsteigern, zeigt über 2000 Routen aller Schwierigkeitsgrade an diesem 45 km langen Gebirgsstock zwischen Traun und Enns auf.

69 St. Gilgen am Wolfgangsee
70 St. Wolfgang am Wolfgangsee

71 Kloster Mondsee

72 MONDSEE Stiftskirche. Detail vom Corpus-Christi-Altar (1682–84) von M. Guggenbichler ▷

74 ST. WOLFGANG Mittelschrein des Pacher-Altars (1471–81)

◁ 73 ST. WOLFGANG Schwanthaler-Altar, 1675

75 HALLSTATT Rechts: Pfarrkirche Mariä Himmelfahrt

HALLSTATT

76 Museum   Krüge aus der Hallstattzeit (um 800 – um 450 v. Chr.)

77 Museum   Bronzefibeln und -nadeln aus der Hallstattzeit
78 Beinhaus der Friedhofskapelle

79 Eishöhle im Dachsteinmassiv

80 GAMPERN Pfarrkirche. Flügelaltar von L. Astl, 1490–1500
81 GAMPERN Pfarrkirche. Detail des Predellagemäldes von L. Astl
82 MATTSEE Stiftskirche. Blick in das Langhaus
83 VÖCKLABRUCK Oberer Stadtturm

BENEDIKTINERSTIFT LAMBACH

84 Stiftskirche Sakristeikapelle. Spätgotische Madonna, um 1470

85 St. Kilian Detail vom Barockportal von 1693

88 Läuthaus Detail aus den romanischen Fresken, um 1080 ▷

86 Sonnenuhr an der Nordwand des Stiftshofes, 1669

87 Torturm mit Barockportal, 1693

BENEDIKTINERSTIFT LAMBACH

WELS

89 Arkaden des Alten Hofes, Stadtplatz 34

90 ›Haus der Salome Alt‹, Stadtplatz 24

91 Stadtplatz

92 Schloß Puchheim bei Attnang

LINZ

93 Laubenhof im Landhaus, 1568–74   94 Häuser am Hofberg
95 Wallfahrtskirche Pöstlingberg

AUGUSTINER-CHORHERRENSTIFT ST. FLORIAN

96 Blick in den Stiftshof mit Adler-Brunnen von J. J. Sattler (1757)
98 Treppenhaus 1706–14 von J. Prandtauer nach Plänen von C. A. Carlone erbaut

97 Oberer Abschluß des Treppenhauses Vasen und Puttengruppen von L. Sattler
99 Pavillon des Südflügels mit Marmorsaal, 1718 bis 1724

AUGUSTINER-CHORHERRENSTIFT ST. FLORIAN

100 Stiftssammlungen Weihwasserbecken, Hl. Dreifaltigkeit. Höhe ca. 45 cm

101 Stiftssammlungen Tafel vom ehem. Sebastians-Altar von A. Altdorfer, 1518

102 Marmorsaal ›Verherrlichung des Siegs über die Türken‹, Deckenfresko, vor 1735

103 Westflügel Prinz-Eugen-Zimmer

IV Auf der Römerstraße von Salzburg über Wels nach Linz und Lorch/Enns

Auf der Römerstraße (B 1) treffen wir in SÖLLHEIM auf eine geschlossene Baugruppe, typisch für einen barocken Adelssitz: das Schloß (von 1699), den Wirtschaftshof, die Taverne (Gasthaus) und die Kapelle zum hl. Antonius von Padua. Mit hoher Wahrscheinlichkeit hat Johann Kaspar Zuccalli die Kapelle gebaut, als er mit dem Kirchenumbau im nahen Hallwang beschäftigt war. Auf ovalem Grundriß erhebt sich ein Zylinder, außen durch toskanische, innen durch ionische Pilaster gegliedert, der eine Kuppel mit Dachreiter trägt. Die Kuppelfresken erzählen die Legende des Kapellenpatrons, den auch das Altarblatt des marmornen Hochaltars zeigt. Ein kleiner Balkon hinter dem Hochaltar führt in die obere Sakristei, die wie die untere in der Längsachse angebaut wurde. In diese noble Patronatskirche fällt nur Licht vom Portal und aus vier Fenstern, so daß man an hellen Tagen das Licht wandern sehen kann.

Beim Weiler Eugendorf zweigen wir nach Nordwesten ab nach Seekirchen-Markt. Noch vor dem Ort liegt auf einem Bühel die FILIALKIRCHE MÜHLBERG, ein spätgotischer Raum mit Netzrippengewölbe, der die spätgotische Figurengruppe des hl. Rupert und seiner Gefährten Gislar und Chuniald birgt, die um 1460 für den Salzburger Dom geschaffen und von Hans Valkenauer für das Keutschach-Denkmal auf der Festung Hohensalzburg zum Vorbild genommen wurde. – Der dem hl. Petrus geweihte Bau wird mit der Ankunft des hl. Rupert vor 700 verbunden, doch stammt die heutige Kirche, von Teilen des gotischen Chors abgesehen, aus den Jahren 1669–79, als der Hofbaumeister Giovanni Antonio Dario den Neubau für das (Weltpriester-)Kollegiatstift errichtete, das 1679 hier begründet wurde. Da der Chor schwach eingezogen ist, wirkt der Raum unterm Stichkappengewölbe weit. Der Hochaltar verrät neuere Gestaltung, die Seitenaltäre wurden nach Entwürfen W. Hagenauers 1763–66 gearbeitet, vorzüglich ist die Kanzel von J. Hitzl 1739. Der Weg lohnt sich wegen der beiden Figuren der Immaculata aus dem Anfang des 18. Jh.; der romanische Kruzifixus wurde 1959 leider in die Bischofsgruft des Salzburger Domes überführt.

Einen See weiter treffen wir auf der Landenge das (heute noch existierende Weltpriester-)KOLLEGIATSTIFT MATTSEE, der Tradition nach 777 von Herzog Tassilo III. (s. S. 220f.) als Benediktinerkloster gegründet. Nach Tassilos Absetzung wurde Mattsee

◁ 104 ST. FLORIAN Stiftskirche. Abschlußgitter von H. Meßner, 1698

STIFT MATTSEE · KÖSTENDORF · STRASSWALCHEN · IRRSDORF

Reichsabtei und Altötting geschenkt, nach der verheerenden Niederlage des bairischen Heerbannes 907 bei Preßburg gegen die Ungarn aber dem Hochstift Passau zur Minderung der Schäden übergeben. Auch nach dem Kauf der Herrschaft Mattsee durch das Erzstift Salzburg 1398 blieb das Stift bis 1807 kirchlich Passau unterstellt. – Die STIFTSKIRCHE zum hl. Michael besitzt einen Turm, der 1766/67 nach Plänen von Wolfgang Hagenauer völlig neu gebaut wurde, mit seinem Pyramidenhelm über fünf unterschiedlich gegliederten Geschossen den Ort und das umliegende Mattseer Landl am Nordende des Flachgaues markierend. Das klare romanische Langhaus und der schlichte gotische Chor lassen nicht die reiche barocke Ausstattung der dreischiffigen Kirche mit dem wuchtigen Querhaus ahnen, die zwischen 1700 und 1720 entstand (Abb. 82). Augenpunkt ist der baldachingekrönte Hochaltar aus Marmor, den Johann Högler als Steinmetz, Paul Mödlhamer als Bildschnitzer und Jakob Zanusi als Maler des Altarbildes (Michael kniet vor der Hl. Dreifaltigkeit) nach dem Vorbild des Hochaltars der Schloßkapelle Mirabell in Salzburg schufen, zu dem Johann Lukas von Hildebrandt die Entwürfe geliefert hatte. (Bis tief ins 19. Jh. galt es weder als schändlich noch als schadenersatzpflichtig, gute Ideen und Pläne nacheifernd zu übernehmen.) Als Hauptfiguren werden, ein seltener Fall, alle vier Erzengel (Michael, Gabriel, Raphael, Uriel) gezeigt. Die Seitenaltäre an den Stirnseiten des Querschiffes erinnern an die der Salzburger Dreifaltigkeitskirche (s. S. 80). Ihre Figuren stammen aus der Werkstatt des Meinrad Guggenbichler, die Kanzel steuerte 1720 F. Oxner bei. Die beiden lebensgroßen Figuren an der Chorwand, die Pestheiligen Sebastian und Rochus (nach anderer Lesart Petrus), soll Michael Zürn d. J. um 1685 geschaffen haben. In der Kirche, vor allem aber im anschließenden gotischen Kreuzgang sind zahlreiche Grabsteine vom 14. mit 18. Jh. an den Wänden oder auf dem Boden bewahrt worden, deren Qualität im Halbdunkel kaum erkennbar ist. – Der schlichte Propsteibau begleitet im Hufeisen den Kreuzgang, beherbergt in feinstuckierten Zimmern ein kleines MUSEUM mit Kunstgewerbe des Umlandes und religiösen Bildern des J. M. Rottmayr von 1712. Hier versteckten ungarische Flüchtlinge 1945 vor der Roten Armee die Stephanskrone in einem Ölfaß und den Kronschatz im Keller, übergaben die Schätze aber dann der einrückenden US-Army. An Dreikönig 1978 wurden Krone und Schatz aus den USA nach Budapest zurückgebracht, wo sie jetzt als Symbole der staatlichen Kontinuität, nicht mehr der feudalen Unterdrückung des Volkes gelten.

Auf dem Weg zurück zur B 1, die wir bei Neumarkt am Wallersee wieder erreichen, schauen wir in KÖSTENDORF in die DEKANATSKIRCHE U. L. Frau Geburt, die 1710 zur festlichen barocken Kirche umgebaut wurde, in der reichlich Akanthusblätter in Stuck angetragen wurden. 1729–33 wurden die beiden Chorjoche nach Norden und Süden ausgewuchtet und mit Bandelwerkstuck geziert. Die durchwegs guten Figuren lieferte P. Mödlhamer, die geschnitzte Kanzel in üppigem Rokoko 1751 J. Hitzl, den Hochaltar mit marmornen Säulen und Pilastern 1769 die Brüder Hagenauer in der Salzburger Ausformung des Gnadenaltares. Aus der gotischen Kirche blieb ein vorzügliches Marmorrelief erhalten, das, um 1510 ausgehauen, die Gregoriusmesse darstellt. Nach der Legende hatte Papst Gregor d. Gr. bei einer Messe in S. Croce in Gerusalemme zu Rom die Vision, Christus beweise seine Gegenwart in Brot und Wein überaus deutlich, indem er als Schmerzensmann auf dem Altar erscheine.

In STRASSWALCHEN birgt die gotische dreischiffige Staffelkirche, im Barock erweitert, mit dem Hochaltar ein frühes Werk des Meinrad Guggenbichler von 1675, das Altarbild ist neueren Datums. Ein edles Beweinungsrelief von 1520 wird dem Meister von Irrsdorf zugeschrieben. – Nahebei an der Straße nach Mondsee steht im Friedhof von IRRSDORF die FILIALKIRCHE zu U. L. Frau Himmelfahrt, die bereits 980 urkundlich genannt, zu Beginn des 15. Jh. unter Verwendung alter Teile umgebaut, schließlich 1955–57 restauriert wurde. Der hohe gotische Turm mit den eingemauerten Konsolköpfen (darunter ein magisches Dreigesicht) hat im Erdgeschoß eine Halle, die man durch ein Marmorportal betritt, dessen Flügel aus Eichenholz mit einer innigen Schnitzerei von 1408 bedeckt sind (Abb. 151). Über einem anbetenden Stifter mit Wappen in der Fußzone begegnet Maria der Elisabeth, der Frau des Zacharias, auf deren schwangeren Leib Johannes der Täufer gezeichnet ist, während der ihre Christus zeigt. Ein bedeutendes Werk des sog. ›Weichen Stils‹, der wegen des harten Holzes hier etwas kantiger wirkt. – Drei Altäre in Ebenholzschwarz und Gold füllen den Chor und die ihm nahen Langhauswände bis an die Decke, reife Arbeiten des Meinrad Guggenbichler von 1684–89, dem mit den großen Figuren am Hochaltar (links: Georg und Martin; rechts: Wolfgang und Florian) Meisterwerke gelungen sind, die barockes Pathos und menschliche Würde besitzen. Spielerischer sind die Engel auf den Giebeln des Hochaltars mit den Attributen der Anrufungen aus der Lauretanischen Litanei (Arche des Bundes, Spiegel der Gerechtigkeit, Turm Davids, elfenbeinerner Turm, Pforte des Himmels). Das von gewundenen, weinlaubbedeckten Säulen gerahmte Altarblatt ›Mariä Himmelfahrt‹ und das Bild der Hl. Dreifaltigkeit im Giebelfeld malte Johann Friedrich Pereth aus Salzburg, die Tischlerarbeiten besorgte M. Mayr aus Mondsee, die farbige Fassung Mathias Wichlhamer aus Neumarkt. Guggenbichler schuf für die damalige Wallfahrtskirche (diese Eigenschaft erklärt die prächtige Ausstattung) noch eine Marienklage (an der rechten Chorwand), einen Schmerzensmann und eine Schmerzensmuttergottes für das Langhaus, die Kanzel (1690) und 1714 einen geschnitzten Altar für die Leonhardskapelle. – Vom gotischen Hochaltar des Irrsdorfer Meisters blieb als Rest die Figur der stehenden Madonna auf dem Hochaltar, von der gotischen Figurenfülle noch eine Muttergottes in Steinguß, Ende des 14. Jh., die, auf ein römisches Reiterrelief gestellt, für ein Kriegergedächtnismal verwendet wurde.

Durch Frankenmarkt, dem Kaiser Friedrich II. 1236 einen Wochenmarkt verlieh, der auf der breiten Hauptstraße gehalten wurde, kommen wir nach Mösendorf an eine Straßenkreuzung, die wir zur Abfahrt nach WALCHEN benutzen, um einen Blick auf das stattliche LANDSCHLOSS zu werfen, das Hans Christoph von Geumann 1590 als Renaissancebau errichten ließ, dessen Fassaden im 18. Jh. klassizistisch überformt wurden. Sein Sohn Ortolf, Parteigänger des Winterkönigs, wurde zugunsten seiner Neffen enteignet, die den Besitz mit Wildenhag und Frein 1632 an die Grafen Kheven-

163

DER ATTERSEE · GAMPERN · VÖCKLABRUCK

hüller verkauften. Seit 1979 ist das Kinderweltmuseum untergebracht, das von Mitte
Juni bis Mitte September geöffnet ist.

Durch St. Georgen gelangen wir nach ATTERSEE, einst Mittelpunkt des 788 den
Agilolfingern enteigneten königlichen Güterbesitzes, den Heinrich II. 1007 dem von ihm
gegründeten Bistum Bamberg schenkte, das ihn 1379 den österreichischen Herzögen
verkaufte. Mitte des 15. Jh. wurde der Herrschaftssitz auf den besser befestigten Berg
Kogl verlegt und 1581 an Hans von Khevenhüller verkauft. – Die Landschaft wird
von der PFARRKIRCHE MARIÄ HIMMELFAHRT mit ihrem Zwiebelturm (Farbtafel 16)
akzentuiert, ursprünglich die Schloßkapelle, die der Patronatsherr Franz Ferdinand
Graf Khevenhüller 1721–28 durch Jakob Pawanger aus Passau umbauen und erweitern
ließ. Ebenfalls aus Passau kam der Bildhauer Josef Math. Götz, der 1738/39 die
Kanzel und den chorfüllenden Hochaltar aus Stuckmarmor schuf. Gleichaltrig sind die
Oratorien im Chor, die Seitenaltäre und die Orgelempore mit ihrer feinen Brüstung.
Aus der spätgotischen Kapelle stammen noch die Figuren der Muttergottes, des Petrus
und Stephanus auf und neben dem Hochaltar, sowie drei kleine Figuren der Kirchen-
väter, die Meinrad Guggenbichler 1700 geschnitzt hat. (Ein vollständiger Guggen-
bichler-Altar steht in der nahen Pfarrkirche St. Laurentius in Abtsdorf.) Attersees alte
Pfarrkirche zum hl. Martin ist seit 1813 evangelische Kirche.

Schon wegen der vielen Eindrücke, die See und Höllengebirge bieten, ist eine Um-
rundung des Attersees über Nußdorf und Unterach zu empfehlen. An seinen Ufern
wurden im Bereich der Gemeinden Attersee, Seewalchen, Kammer und Weyeregg im
19. Jh. dreizehn unabhängige Pfahlbaustationen erschlossen. Die Funde – Lochbeile
aus Stein, Pfeilspitzen, Schaber, zahlreiche Gefäßbruchstücke der Mondseekeramik –
beweisen, zumal Kupfer- und Bronzeteile sichergestellt wurden, daß die Pfahlbauten
von der späten Steinzeit bis in die mittlere Bronzezeit bewohnt waren. Es fanden sich
Holzgeräte, sogar verschiedene Früchte, doch konnte das Aussehen der Hütten nicht
erschlossen werden, da die Fundstellen unsachgemäß behandelt worden waren (siehe
K. Willvonseder, Die jungsteinzeitlichen und bronzezeitlichen Pfahlbauten des Attersees, 2 Bde., Wien 1963/68).

In WEYEREGG dicht am Ufer des Sees wurden zwölf römische Villen mit reicher
Ausstattung und Fußbodenmosaiken teilweise freigelegt. – SCHLOSS KAMMER im Attersee
war spätestens seit dem 14. Jh. Besitz der Schaunberger, die es 1380 an Albrecht III.
abtreten mußten, da sie in einer Fehde unterlegen waren. Nach häufigem Pfand-
wechsel kaufte 1581 Hans von Khevenhüller, Botschafter in Spanien, seinem Kaiser
Rudolf II. das auf einer Insel gelegene Schloß ab. 1710 wurde der Hauptbau erweitert
und der halbkreisförmige Vorbau mit den Hofarkaden gebaut, der große Rittersaal
durch zwei Geschosse des alten Traktes hochgeführt, der bei Konzerten bis zu 500
Personen faßt. Später hat man die Insel durch eine Brücke mit dem runden Platz am
Ufer verbunden, um den die Wirtschaftsgebäude stehen. Die Lindenallee der Verbindung hat Gustav Klimt in einem berühmten Bild festgehalten. Ida, die Erbtochter
des letzten Grafen Khevenhüller, mußte Schloß Kammer 1904 verkaufen; es gehört

jetzt der Familie Jeszensky, die Besucher vor dem Tor so belehrt: »Schloß Kammer ist die Heimat unserer Familie, der berühmten Schloßkonzerte, einer Segelschule und in Badezeiten der Belegschaft der Chemiefaserwerke Lenzing. Es finden keine Führungen und Schaustellungen statt, aber in den im Sommer wöchentlich stattfindenden Konzerten sind auch alle Repräsentationsräume für das Publikum offen . . .«

Über Seewalchen, wo der Kopf eines römischen Grabsteins in die Kirchenmauer eingelassen wurde, fahren wir nach GAMPERN. Die ᴰFARRKIRCHE zum hl. Remigius, eine im ausgehenden 15. Jh. von Stephan Wultinger erbaute zweischiffige Halle, besitzt einen kostbaren *Flügelaltar*, ein Frühwerk des Lienhard Astl, um 1490–1500 (Abb. 80). In der Predella der Stifter, der Passauer Domherr Wilhelm von Nothafft. Bei geschlossenen Flügeln werden vier gemalte Szenen aus der Leidensgeschichte Christi sichtbar, die Standflügel zeigen sechs Heilige (links: Leonhard, Sebastian, Dionysius; rechts: Christophorus, Pantaleon, Ursula). Sind die Flügel geöffnet, so wird im Schrein Maria sichtbar, flankiert von den Heiligen Remigius und Pantaleon, eingefaßt von den Flügelreliefs mit Szenen aus dem Marienleben. Von den Malereien des Marienlebens auf der Predella (Abb. 81) fehlen die zwei mittleren Tafeln, die jetzt im Stift Seitenstetten/ Niederösterreich verwahrt werden. Das fünftürmige Gesprenge bietet weiteren Heiligenfiguren Platz, so unter dem Auferstandenen dem Kirchenpatron Remigius († 533), Bischof von Reims, einen typisch fränkischen Heiligen, der Chlodwig I. 498 zur Taufe bewegen konnte. Damit wurde der Begründer des Frankenreiches für den katholischen Bereich des Christentums gewonnen, während die ostgermanischen Völker der arianischen Form anhingen. Auf den bemalten Rückseiten der Standflügel begleitet rechts Remigius Wolfgang, während links Erasmus und Nikolaus stehen. – Spätgotisch sind auch die ›Piesdorfer Madonna‹ auf dem linken und ein ehem. Triumphkreuz auf dem rechten Seitenaltar.

Auf die B 1 zurückgekehrt, fahren wir nach VÖCKLABRUCK (Abb. 83), vor dessen Heimathaus ein römischer Meilenstein, unter Kaiser Septimius Severus 201 aufgestellt, an die alte Reichsstraße erinnert. Die Stadt ist eine regelmäßige Anlage, gegründet von den Babenbergern in der 1. Hälfte des 13. Jh. bei einem Spital, das Pilgrim von Puchheim 1134 für Reisende und Kranke gestiftet und dem Bistum Passau übergeben hatte. Mit der Pfarre Schöndorf fiel es 1159 ans Stift St. Florian, das es Mitte des 15. Jh. zum Pfarrhof umbaute. Der Bindung an St. Florian ist es zuzuschreiben, daß die ST.-ÄGIDIUS-KIRCHE 1688 von Carlo Antonio Carlone völlig neu als Flachkuppelbau über kreuzförmigem Grundriß erbaut, mit Stuck von Giovanni Battista Carlone und einem Deckenfresko von Carlo Antonio Bussi geziert wurde. – Eine Doppelallee führt zum benachbarten LANDSCHLOSS NEUWARTENBURG zu Füßen der 1647 umgebauten Burg Altwartenburg. Als ihm der Besuch Kaiser Karls VI. zur Jagdsaison angekündigt wurde, ließ Albert Graf St. Julien 1730–32 durch den Architekten Anton Erhard Martinelli diesen kostspieligen Landsitz erbauen, der von ferne an eine Zeltstadt erinnert, wie man sie bei Jagden aufschlug. Martinelli lehnte sich stark an das Althansche Gartenpalais in Wiens Ungargasse an, ein Werk J. M. Fischers von Erlach, übernahm

165

BENEDIKTINERSTIFT LAMBACH

aber auch Details aus Hellbrunn. Ein niedrig gehaltener Mitteltrakt mit den Repräsentationsräumen schiebt zwei Flügel um einen Ehrenhof vor, die geschwungene Mauern zu den beiden Torpavillons entsenden. Der achteckige Festsaal im Mitteltrakt besitzt Fresken der vier Jahreszeiten und vier Elemente von Bartolomeo Altomonte, die nach einem Brand 1940 glücklich wiederhergestellt wurden. Sehenswert sind das Rosenholzzimmer und das Kupferstichkabinett. Die durch solchen Aufwand verschuldete Familie mußte zwar Burg, Schloß und Park 1753 verkaufen, doch konnte 1869 – ein Jahrhundert später – der Rückkauf erfolgen. – In der Filialkirche St. Anna im nahen OBERTHALHEIM stehen unter der Westempore die ehem. Hochgräber aus Adneter Marmor für Wolfgang († 1512) und Seyfried von Polheim († 1576) und ihre Frauen. Das Relief des Wolfgang v. P., eines engen Vertrauten Kaiser Maximilian I., wird dem Salzburger Hans Valkenauer zugeschrieben.

Durch Schwanenstadt mit seinem schönen Stadtbild führt der Weg nach LAMBACH, dessen Ortskern auf der linken Schotterterrasse der Traun steht. Von einer frühen Besiedlung zeugen Funde aus der Stein- und Bronzezeit, sowie behauene Blöcke eines römischen Grabbaues im Mauerwerk der Stiftskirche. Hier, an der Mündung der Ager in die Traun, stand die Stammburg der Grafen von Lambach-Wels, deren letzter Sproß, der hl. Adalbero, Bischof von Würzburg, darin eine Benediktinerabtei gründete (1056) und mit Mönchen aus Münsterschwarzach am Main besetzte. Dorthin floh er, zum zweiten Male von Heinrich IV. aus der Reichsacht entlassen, die er sich wegen seiner Parteinahme für den Papst im Investiturstreit zugezogen hatte, von einem Gegenbischof verdrängt. 1089 konnte das Tochterkloster Melk mit Lambacher Mönchen gegründet werden, weihte Adalbero die Kirche, in der er ein Jahr später beigesetzt wurde. Die Heilungen, die er bewirkt haben soll, trugen ihm u. a. die Heiligsprechung 1883 ein, sie sind auf Tafeln im Kreuzgang festgehalten. Das KLOSTER, 1109 von Papst Paschalis II. unter seinen Schutz genommen, wurde 1233 im Feldzug des Wittelsbachers Otto II. von Bayern gegen den Babenberger Friedrich II. nahezu zerstört, so daß erst 1422–36 die Kirche als gotischer Bau wieder errichtet werden konnte. Nach den Einbußen durch Reformation und Bauernkriege setzte im Barock der Umbau von Kloster und Kirche ein, die unter Abt Maximilian Pagl (1705–25) vollendet wurden. Trotz mancher wirtschaftlicher Krisen, die zum Verkauf kostbarer Handschriften zwangen, trotz der Schließung 1941–45 ist Lambach bis heute ein blühender Konvent, der mit Hilfe der Denkmalpflege die Restaurierung des riesigen Komplexes glücklich durchführen konnte.

Bis auf das romanische Westwerk (spätestens 1089) wurde die gotische STIFTSKIRCHE MARIÄ HIMMELFAHRT 1652–56 völlig abgetragen und durch einen barocken Neubau ersetzt, dessen Pläne sehr wahrscheinlich Philiberto Lucchese geliefert hat. Von außen ist die Kirche an der 240 m langen Südfront nur an den bescheidenen Türmen zu erkennen, denen 1878 Zwiebelhauben aufgesetzt wurden. Das Langhaus, von einer Halbkreistonne überwölbt, besitzt flache Kapellennischen, die von Figurennischen getrennt werden. Die 16 Steinfiguren wurden 1655/56 von Christoph Abraham Walter aus

166

Regensburg gearbeitet und zeigen (vom Eingang zum Altar) die Heiligen Josef und Johannes d. T., die zwölf Apostel, schließlich Maria und Christus. Im Gewölbe darüber hat Melchior Steidl, ein ausgezeichneter Freskomaler, in streng gerahmten, relativ kleinen Rechteckfeldern, die Thomas Zeisel 1655 stuckiert hatte, 1698 einen Zyklus des Marienlebens eingezwängt, der durch Figuren aus dem Alten Testament und der Lauretanischen Litanei komplettiert wird. Großartig ist der *Hochaltar* mit seinem Säulenaufbau und einer Gruppe der Trinität im obersten Geschoß. Der Plan zu dem nach 1711 erstellten Altar stammt sehr wahrscheinlich von Antonio Beduzzi, der sich J. B. Fischer von Erlachs Hochaltar von Maria Zell zum Vorbild genommen hat. Die krönende Dreifaltigkeitsgruppe mit Engeln und Wolken aus Stuck schufen zusammen Diego Francesco Carlone und Paolo d'Allio, die vorzüglichen Statuen Lorenzo Mattielli, den Tabernakel Niclas Wendlinger aus Hallein nach einer Zeichnung d'Allios. Das Altarblatt (Mariä Himmelfahrt) malte 1652–55 Joachim von Sandrart, der 1656–61 auch die Seitenaltäre mit Bildern ausstattete, die zum Teil Werkstattarbeiten sind. Dabei wechseln Blätter mit Hell-Dunkel-Effekten niederländischer Art mit solchen kräftiger Farbgebung ab, wie sie damals in Italien beliebt waren. – Das Stiftergrab an der Südseite besitzt eine Deckplatte mit der ganzen Figur des hl. Adalbero von 1659. Hier wird am Sonntag nach dem 16. 9. das ›Adalberofest‹ mit einem Pontifikalamt und anschließender Prozession durch den Ort begangen. – Nördlich des Chores steht die 1682–90 erbaute Loretokapelle, die getreue Nachbildung des ›Heiligen Hauses‹ in Loreto (it. Provinz Ancona), das der Legende nach Engel aus Nazareth zunächst nach Dalmatien, dann 1294 nach Italien gebracht und in einem Lorbeerhain (Lauretum) aufgestellt haben sollen. Von dort betritt man die Sakristeikapelle mit Stuck aus dem 17. Jh. und einer Rundbogennische, die eine lebensgroße Holzstatue der *Muttergottes* von ca. 1470 birgt (Abb. 84). Reizvoll ist das marmorne Taufbecken, um 1690 in der Werkstatt des Jakob Auer geschaffen. Hinter dem Chor liegt die Sakristei mit Deckenstuck, um 1660, Rokoko-Schränken und zwei Alabasterreliefs des Salzburger Johann Georg Niebauer. Von dort gelangen wir in die SCHATZKAMMER mit Fresken und Stuck um 1680–1700 samt gleichzeitigen Schränken zur Aufbewahrung des spätgotischen Abtstabes und der kostbaren Paramente. Vom Adalberokelch reicht nur noch die Cuppa ins 11. Jh.; Fuß und Knauf mußten 1810 abgeliefert werden und wurden 1862 in Köln nachgebildet.

Bedeutender als die (z. T. übermalten) Fresken von 1659 im Betchor über der Sakristei sind die seit 1967 zugänglich gemachten romanischen *Fresken* im ›Läuthaus‹ des Westwerks, wozu wir nochmals in die Kirche gehen. In jahrelanger mühevoller Arbeit konnten die Türme mit Betonmänteln abgefangen, die Fresken von den früheren Futtermauern befreit werden. Sie zeigen in erstaunlicher Frische (um 1080 angetragen) drei Zyklen: die Epiphanie (Geschichte der Hl. Drei Könige), die Theophanie (die Erscheinung Gottes auf Erden) und das Testimonium Dei (Zeugnis Gottes durch seine Wunder). Diese eindringlichen Fresken – wer die großen gebannten Augen der Jünger bei der Heilung des Besessenen zu Kapernaum gesehen hat, vergißt sie nicht – sind die ältesten Österreichs und die wichtigsten aus der Zeit des Investiturstreites, als

PFARR- UND WALLFAHRTSKIRCHE STADL-PAURA

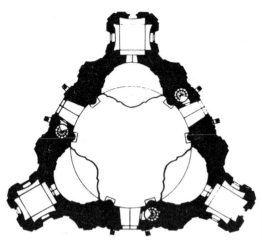

STADL-PAURA Grundriß der Wallfahrtskirche

Papsttum und Kaisertum um das Vorrecht der geistlichen oder weltlichen Gewalt stritten (Abb. 88).

Die Klostergebäude auf dem schmalen Rücken links der Traun liegen um drei Höfe jeweils als Vierflügelanlagen. Im Westen steht der frühbarocke STIFTSHOF, dessen Zugang vom Ort her durch einen schlanken Torturm bewacht wird, dem Jakob Auer aus Landeck 1693 ein glänzend komponiertes marmornes Portal einfügte, das, von Säulen flankiert, nach innen schwingt (Abb. 87). Gekrönt wird es von Statuen der Gottesmutter zwischen denen des hl. Kilian (Abb. 85, Patron des Bistums Würzburg) und Adalberos. Der SÜDFLÜGEL mit den ehem. Kaiserzimmern, deren Deckenfresken Melchior Steidl um 1700 schuf, ist seit 1946 für eine Landwirtschaftsschule bzw. seit 1948 für eine Aufbaumittelschule eingerichtet worden, die beide vom Stift mitgetragen werden. Die Äbte von Lambach hatten immer Sinn für zeitgenössische Forderungen; so gründete Abt Th. Hagn (1858–72) die Sparkasse, deren pompöses Gebäude dem Stiftsportal schräg gegenübersteht, bewirkte Abt Cölestin Baumgartner (1890–1935) den Bau der Bahnlinien nach Vorchdorf und nach Haag/Hausruck etc. – Von den Räumen des Mittelbaus ist das alte Stiftstheater mit seiner Bühnenwandbemalung von 1770 sehenswert. – Im NEUEN KONVENT jenseits des Kreuzganges liegt die Bibliothek mit Fresken des Melchior Steidl und seiner Werkstatt und das durch zwei Geschosse reichende Refektorium mit festlichem Stuck von D. F. Carlone und Fresken des Wolfgang Andreas Heindl. Das Ambulatorium (Raum zum Auf- und Abgehen bei schlechtem Wetter) im zweiten Stock verdankt seine Pracht wiederum den Stukkaturen Carlones von 1708/09.

Sehenswert ist noch die nahegelegene KALVARIENBERGKIRCHE, ein spätbarocker Zentralbau nach (veränderten) Plänen des J. M. Prunner. Die Fresken Heindls, Leiden und Auferstehung Christi darstellend, wurden nach Bombenschaden (1945) rekonstruiert. –

Ebenfalls von Prunner entworfen wurde die auf dem Puchberg gelegene MARIAHILF-
KAPELLE, ein Zentralbau auf siebeneckigem Grundriß, Hinweis auf die sieben Zuflucht-
ten Mariens, die auf Medaillons gemalt, samt einer Himmelfahrt Mariens, das Innere
schmücken.

Was Johann Michael Prunner wirklich zu leisten vermochte, zeigt die PFARR- UND
WALLFAHRTSKIRCHE zur Allerheiligsten Dreifaltigkeit im gegenüberliegenden STADL-
PAURA, die Abt Maximilian Pagl gelobt hatte, falls die Pest, die 1713 wütete, Lambach
verschone. Als dies tatsächlich geschah, ließ er 1714–17 das eigenartigste Werk des
österreichischen Kirchenbarock bauen, das konsequent die Dreizahl anwandte. Schon
der Grundriß ist ein gleichseitiges Dreieck, dem ein Kreis als Kirchenraum einbeschrie-
ben ist, von dem wiederum drei halbkreisförmige Konchen (Nischen) zu drei Türmen
streben. Drei Portale führen in den Kirchenraum mit seinen drei Altären in den Konchen, zu drei Orgelemporen, auch die reiche Innenausstattung folgt diesem Prinzip mit
der Darstellung der drei göttlichen Tugenden (Glaube, Hoffnung, Liebe), den Hl. Drei
Königen, den Geheimnissen der drei Rosenkränze bis hin zu den drei Zuständen der
Rose (Knospe, Blüte, Welken). Selbst das Marmorpflaster strahlt in Rot, Weiß und
Schwarz. So geschlossen sich die Dreiturmfassade von außen gibt (Farbtafel 27), so
sehr schwingen die Innenwände ein- und auswärts. Aus den Turmräumen fällt indi-
rektes Licht ein und läßt die Altarbilder wie Kulissen erscheinen, eine Technik, die der
Innenarchitekt Francesco Messenta 1719–20 von Andrea Pozzo übernommen hat. Sein
ureigener Beitrag sind die gedämpften Farben der Wände in Rot, Grau und Grün
über dem kräftigen Bodenpflaster, dann die in Ocker, Blau und Weiß leuchtenden
Fresken in der Kuppel, mit reicher Vergoldung die Trinität darstellend. Unter Medaillons mit den drei göttlichen Personen stehen jeweils die zugehörigen Altäre, wobei nach
Pagls Tod der Gott-Sohn- und der Gott-Hl.-Geist-Altar vertauscht wurden. Messentas
magisch aufschimmernde Altäre, nach Pozzos Ignatius-Altar in Il Gesù in Rom gestaltet, besitzen kostbare Tabernakelgruppen. Die Rosenkranzgeheimnisse beginnen jeweils
am Altartisch und führen bis in die Laibungen der Nischen. Die Altarbilder wurden
an drei verschiedene Künstler vergeben; so schuf Martino Altomonte die Hl. Dreifaltigkeit für den Gott-Vater-Altar, Carlo Carlone eine Kreuzabnahme für den Gott-Sohn-
Altar, Domenico Parodi aus Genua eine Geburt Christi für den Gott-Hl.-Geist-
Altar. Steinmetz war der Salzburger Georg Doppler, Bildhauer der Passauer Josef M.
Götz und Orgelbauer Johann Ignaz Egedacher aus Passau. – Als Gegenstück zur Kirche
ließ Abt Pagl (1705–25) etwas tiefer von Prunner 1724–26 ein Waisenhaus für die
Kinder verunglückter Schiffer auf der Traun bauen, in Außenfarben und Bewegung
der Kirche nachempfunden. Da er selbst der Sohn eines Zillenhüters (Bewachers der
schmalen Lastkähne) gewesen war, wußte er um die Not der Familien, deren Ernährer
bei Eisgang oder Hochwasser den Tod gefunden hatten.

In WELS treffen wir auf den landwirtschaftlichen Mittelpunkt Oberösterreichs, dessen
Messe mit der zu Ried wechselt. Die heutige Innenstadt steht so unverrückbar fest auf

169

WELS STADTPLATZ · STADTPFARRKIRCHE · BURGMUSEUM

dem römischen Ovilava, daß öffentliche Bauten wie Forum, Kapitol, Thermen und Theater nicht ausgegraben werden konnten. Die überaus zahlreichen Funde und Inschriften, die heute im Stadtmuseum an der Polheimerstraße 17 verwahrt werden, stammen zum größten Teil aus zwei Gräberfeldern östlich wie westlich der Stadt, die unter Kaiser Diokletian (284–305) Hauptstadt der neuen Provinz Ufernoricum wurde. Die älteste Inschrift christlichen Inhalts in Österreich, die für die ›gläubige Christin Ursa‹, wurde hier gefunden. Nach den Stürmen der Völkerwanderungszeit taucht 776 die Burg Wels in den Urkunden auf; zwischen 800 und 900 wird auf den Resten der römischen Stadtmauer ein großer Erdwall aufgeschüttet, den man erst im 20. Jh. einebnete. Bischof Embricho von Würzburg, einer der Nachfolger der Grafen von Lambach-Wels, verschaffte dem Ort die Privilegien zum Bau und Unterhalt der Brücke über die Traun, die den bedeutenden Salz- und Getreidehandel nach Wels zog. Unter Babenbergern und Habsburgern waren die Polheimer Vögte, die im Nordwesteck ein großes Schloß bauten, von dem Teile erhalten blieben. Wels, von den Bauernunruhen nicht berührt, aber der Reformation sehr zugetan, wurde 1622 von Maximilian von Bayern besetzt, ab 1624 gegenreformiert. Viele Handwerker, vor allem aus den 1626 nach der Niederlage der Bauern eingeäscherten Vorstädten, wanderten ab, vornehmlich in die Freie Reichsstadt Regensburg. Trotz weiterer Besetzungen und Konstributionen, zuletzt 1809/10, blieben zahlreiche schöne Gebäude erhalten, vor allem am langen STADTPLATZ zwischen Ledererturm im Westen und Stadtpfarrkirche im Osten (Abb. 91). Herausgegriffen seien das 1738/39 von J. M. Prunner gestaltete Rathaus, die Einhornapotheke mit Säulenhof, der Kremsmünsterer Hof (Nr. 63), an Nr. 18 ein ›Römerstein‹, ein Medaillon mit Doppelporträt, das Weißsche Freihaus von 1589 mit facettierten Quadern, schöne Innenhöfe bei den Nummern 34 (Abb. 89), 40, 46 (mit Barockfassade um 1760), 52 und 66. Am jenseits der Ringstraße gelegenen Kaiser-Joseph-Platz überrascht Nr. 12, das ehem. Gräflich-Salburgsche Freihaus, und Nr. 56 mit einer Rokokofassade von 1767. Das Landhaus, um 1712 von J. M. Prunner entworfen, wurde jüngst abgebrochen; das Deckengemälde des Welser Malers W. A. Heindl ist im Museum der Stadt Wels zu besehen.

Die STADTPFARRKIRCHE (früher dem hl. Johannes d. T., später dem hl. Johannes dem Ev. gewidmet), als Kapelle 888 dem Kloster Kremsmünster geschenkt, ist eine stattliche dreischiffige Basilika, gebaut am Übergang des 13. zum 14. Jh. auf den Mauern des romanischen Vorgängers, von dem nur noch das Stufenportal aus dem 12. Jh. sichtbar geblieben ist. Der Turm aus dem 14. Jh. wurde – vermutlich nach Plänen J. M. Prunners – 1731/32 erhöht und mit einem Zwiebelhelm gekrönt. In der Halle des Turmes sind die Marmorgrabsteine der Familie Polheim und die der Welser Wartenburger Linie aufgestellt, die ursprünglich in der ehem. Barbarakapelle am Minoritenkloster ihr Erbbegräbnis hatten, sie wurde 1955–63 in eine Kriegergedächtnisstätte umgewandelt. Im kreuzrippengewölbten gotischen Chor blieben bedeutende *Glasfenster* aus der 2. Hälfte des 14. Jh. erhalten. Propheten, die Tugenden und die Laster, Christi Geburt und die Anbetung der Könige schmücken das nördliche Fenster, während die Legenden der beiden Kirchenpatrone, das Abendmahl und die Evangelisten ins Mittelfenster eingelassen sind, das südöstliche Fenster schließlich einen Lebensbaum, die Passion und Kreuzigung Christi enthält.

Von der Stadtpfarrkirche führt am ›Haus der Salome Alt‹ (Abb. 90) vorbei eine Gasse ins Südosteck der Befestigung, die von der ehem. kaiserlichen Burg eingenommen wird, in dem das BURGMUSEUM untergebracht wurde, das zahlreiche landwirtschaftliche Geräte enthält. Sehenswert ist das Sterbezimmer des Kaisers Maximilian I. (1493–1519), der hier, auf einer Reise von Innsbruck nach Wiener Neustadt begriffen, noch nicht 60 Jahre alt sein Leben beschloß. Johannes Faber berichtete in seiner Leichenrede: »Seine Leiche wurde zwei Tage lang allen Menschen jedes Standes, auch des niedrigsten, öffentlich zur Besichtigung freigegeben. Er wurde in einem fünffachen Sack aus verschiedenem Stoff und unter dem Zeichen des Kreuzes, das die Georgsritter tragen, dem Grabe übergeben.« Begraben wurde er wunschgemäß in der Georgskapelle der ehem. Burg (jetzigen Militärakademie) in Wiener Neustadt. – Nordwestlich der Stadt steht SCHLOSS PUCHHEIM (Abb. 92), 1618 von Christoph Puchner aus Hinterdobl als Vierflügelanlage mit runden Ecktürmen gebaut, als er in den Adelsstand erhoben wurde und deshalb eine Burg nachzuweisen hatte. Im 19. Jh. wurde es zu einer Hufeisenanlage verkürzt und mehrfach umgebaut. Mit einem Erweiterungsbau von Karl Odorizzi dient es heute als Volksbildungsheim. Sehenswert sind die Glasfenster von Rudolf Kolbitsch in der unteren und oberen Kapelle.

Nur 30 km liegen zwischen der kaiserlichen Burg zu Wels und der zu LINZ. Im römischen Staatshandbuch, den ›notitia dignitatum‹, kommt 410 n. Chr. erstmals der Name Lentia vor, bald vom keltischen ›lenta‹ (Linden), bald von einem Grundbesitzer Lentos (Lentes) abgeleitet oder von ›lentos‹ (biegsam, gekrümmt) hergeholt, um den Ort an der Donaukrümme zu bezeichnen. Erst 799 fällt mit der Erwähnung der Martinskirche der deutsche Name ›Linze‹. Gerade unter dieser Kirche steckt eine römische ›Pfeiler-Bogenhalle‹, in der Hahnengasse stand vermutlich ein Tempel einheimisch-keltischer Bauart, am Tummelplatz ein Mithräum. Baureste von Häusern wurden zwischen Promenade und Steingasse aufgedeckt, eine Inschrift um 400 n. Chr. bezeugt als Besatzungstruppe »equites sagitarii« (berittene Bogenschützen) der legio II Italica und eine Weiheinschrift um 200 n. Chr. eine Reitertruppe aus Pannonien; um 50 n. Chr. wurde das älteste Kastell gebaut, von dem Reste auf dem Landestheatergelände festgestellt wurden. Bis zu tausend Jahre älter sind die 300 Gräber in der ehem. Gemeinde St. Peter aus der Frühbronze- bis zur Hallstattzeit, noch 500 Jahre älter die keltischen Abschnittswälle auf dem Gründberg. Den ältesten Fund aber holte 1952 ein Schotterbagger vom Grund des Pichlinger Sees, menschliche Knochen und einen Mammut-Stoßzahn aus der Altsteinzeit, ca. 20000 v. Chr., wobei typische Bruchstellen am Schädel auswiesen, daß er aus rituellen Gründen geöffnet worden war.

Der Untergang der römischen Provinz Ufernoricum minderte nicht die geographische Bedeutung des Platzes Linz an einer Furt, die der Handel vom Alpenraum nach

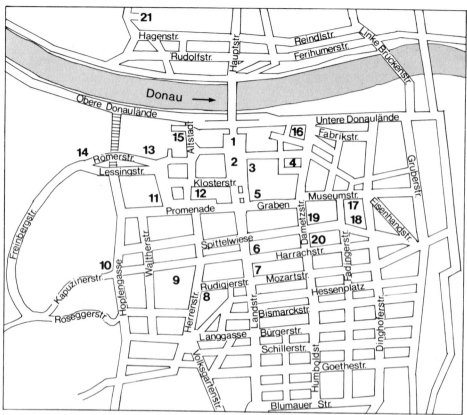

Stadtplan von Linz a. d. Donau 1 Hauptplatz 2 Dreifaltigkeitssäule 3 Rathaus 4 Stadtpfarrkirche Mariä Himmelfahrt 5 Jesuitenkirche 6 Ursulinenkirche 7 Karmelitenkirche 8 Kirche der Barmherzigen Brüder 9 Mariendom 10 Kapuzinerkirche 11 Landhaus 12 Minoritenkirche 13 Schloß 14 Martinskirche 15 Altstadt 10, Kremsmünstererhaus (Sterbeort Kaiser Friedrichs III.) 16 Untere Donaulände 6 (Wohnhaus A. Stifters) 17 Landesmuseum 18 Elisabethinenkirche 19 Stadtmuseum ›Nordico‹ 20 Seminarkirche 21 Pöstlingberg

Böhmen auch nach der baierischen Landnahme in der Mitte des 6. Jh. nutzte. Als Lorch um 700 von den Awaren erobert worden war, wurde Linz östlichster Stützpunkt der Baiern. Erst nach Karls d. Gr. Sieg über die Awaren geriet Linz ins sichere Hinterland, übergab 799 der Passauer Bischof Ort, Burg und Martinskirche dem Grafen Gerold, einem Schwager Karls, zu Lehen. Nach der Niederlage bei Preßburg 907 hört man

300 Jahre lang nichts von Linz und seiner Kaufmannssiedlung am (heutigen) Alten Markt, bis 1207 Gotschalk von Haunsperg Linz dem Babenberger Herzog Leopold VI. verkaufte. Zwischen 1236 und 1242 erhält es Stadtrechte: Stadtrichter, Selbstverwaltung und Wappen. 1260 wird der Hauptplatz angelegt, die Stadt mit Graben und Mauer umgeben, die erst nach dem Brand 1800 eingeebnet wurden und heute noch im Straßenlauf Promenade-Graben-Pfarrplatz-Zollamtsstraße abzulesen sind. Kurze Zeit war Linz Residenzstadt, als Kaiser Friedrich III. 1485–93 während des Ungarischen Krieges hierher flüchtete und starb; Herz und Eingeweide wurden in der Stadtpfarrkirche bestattet, der Leichnam ruht im Wiener Stephansdom. Obwohl hier (im Unterschied zu Graz oder Innsbruck) nie eine Seitenlinie der Habsburger residierte oder ein baufreudiger Bischof, wurde Linz eine Barockstadt, vor allem durch die Höfe und Palais der Landstände (der Vertreter des Herren-, Prälaten- und Ritterstandes sowie der landesfürstlichen Städte), deren Verwaltungssitz das Landhaus war.

Linz zählt zu den ersten Industriestädten Österreichs. Bereits 1672 wurde die ›Wollzeugfabrik‹ gegründet, die, im 18. Jh. verstaatlicht, zeitweise mehr als 50000 Heimarbeiter beschäftigte und deren barocken Hauptbau kein Geringerer als der Linzer J. M. Prunner gebaut hatte. Österreichs erste Eisenbahn, noch mit Pferden betrieben, zog 1832 von hier nach Budweis. Bereits 1837/38 war der Dampfschiffsverkehr nach Wien und Passau aufgenommen worden; in der 1842 gegründeten Schiffswerft baute man die ersten Eisenschiffe des Kontinents. Mit dem Stickstoffwerk und den staatlichen Eisen- und Stahlwerken VÖEST, beide 1938 auf dem riesigen Areal zwischen Donauknie und Traunmündung angesiedelt und nach 1945 kontinuierlich erweitert, gelang Linz der Sprung in die vorderste Reihe der Industriestädte des Landes.

Mittelpunkt der Stadt ist ihr HAUPTPLATZ (220 m lang, 60 m breit), nahe dem Schnittpunkt der Handelsstraßen Donau und Salzstraße nach Böhmen. Als die 280 m lange Nibelungenbrücke 1938–40 neugebaut wurde, riß man die ehedem den Brückenkopf bildenden Gebäude ab und ersetzte sie durch zwei gleiche Flügelbauten, die den Hauptplatz zur Brückenauffahrt einengen, von Roderich Fick 1940–43 in neoklassizistischen Formen errichtet. Im westlichen Bau war die Neue Galerie der Stadt Linz, das Wolfgang-Gurlitt-Museum, untergebracht; sie wurde jüngst ins ›Lentia 2000‹ im Stadtteil Urfar (links der Donau) überführt. Daneben existieren acht weitere private Galerien – Inmitten des Hauptplatzes steht, als Monument wie in den Details vorzüglich gearbeitet, die DREIFALTIGKEITSSÄULE (Farbtafel 28), von den Landständen, dem Rat und den Einwohnern aus Dankbarkeit dafür aufgestellt, daß drei Plagen an der Stadt mit nur geringem Schaden vorübergegangen waren: 1704 der Krieg, 1712 ein Brand, 1713 die Pest. Der Entwurf stammt mit hoher Wahrscheinlichkeit vom kaiserlichen Theateringenieur Antonio Beduzzi, der sich Fischers von Erlach Säule auf dem Graben zu Wien angesehen hatte. Das Modell der Dreifaltigkeitsgruppe lieferte Leopold Mähl, drei Linzer Meister führten sie aus. Sie krönt, überstrahlt vom Glanz des Hl. Geistes, die Wolkensäule, die auf einem geteilten dreiseitigen Sockel ruht. Während mit dem

173

LINZ RATHAUS · STADTPFARRKIRCHE · JESUITENKIRCHE

Salzburger Sebastian Stumpfegger der Steinmetz bekannt ist, blieb der Bildhauer der Marmorfiguren bislang unbekannt. 1723 wurde die Säule geweiht.

In der Ostseite des Hauptplatzes, die hier dreimal durch einmündende Straßen unterbrochen wird, steht das gotische RATHAUS, keineswegs wie sonst selbstbewußt isoliert. Sein Erkerturm hat sich im linken Eck unter der frühbarocken Umformung von 1658–59 noch erhalten; damals wurde nach dem Kauf eines Nachbarhauses die ganze Front zu einer dreigeschossigen Pilasterfassade zusammengefaßt. Beim Innenausbau wurde, um der wachsenden Verwaltung Platz zu schaffen, leider 1905 der Arkadenhof zerstört. Im Festsaal hängt eine Stadtansicht von 1742, als im Österreichischen Erbfolgekrieg bayerische und französische Truppen Linz besetzt hielten. – Die Häuser am Hauptplatz (Abb. 94) sind im Kern zumeist spätgotisch, besitzen jedoch Fassaden aus dem Barock oder Empire, die durch moderne Einbauten oft verändert wurden. Am besten wirkt noch das Feichtingerhaus (Nr. 18) mit den fünf Achsen einer strengen Pilasterfront aus der Mitte des 17. Jh., der ehem. Gasthof ›Zum Elefanten‹ aus der Mitte des 18. Jh. mit dem stuckierten Namensgeber zwischen zwei wilden Männern (Nr. 21), aber auch das ehem. Stadtpalais der Weißenwolff (Nr. 27) mit seiner imponierenden Fassade aus riesigen Pilastern um 1660.

Gehen wir beim Rathaus nur einen Häuserblock nach Osten vom Stadtplatz weg, so treffen wir auf die STADTPFARRKIRCHE MARIÄ HIMMELFAHRT, deren Turm mit Galerie und Helm ein wichtiges Merkmal der Stadtsilhouette ist. Gewachsen ist er in drei Etappen: in der Gotik 1453 bis zur Galerie, dann darüber bis 1581, 1818 krönte man ihn mit dem Helm. Große Voluten verbinden den Turm mit den Fronten der Seitenschiffe, die zur Fassade an den Turm herangezogen wurden. Die schlichte dreischiffige Anlage wurde gleich nach dem Dreißigjährigen Krieg (1648–56) aus der Basilika entwickelt, der kurze Chor aus dem spätgotischen Neubau Friedrichs III. geschaffen, an den eine prächtige marmorne Wappentafel erinnert. Das Fresko im Chorgewölbe schuf Bartolomeo Altomonte 1772, während die Statuen des Hochaltars ein Jahr zuvor von Matthias Ludwig Krinner und Johann Baptist Modler nach einem Entwurf von Ignaz Hiebel gearbeitet wurden. Das Altarbild mit der Himmelfahrt malte Karl von Reslfeld bereits 1695. Die nahen Kapellenaltäre, Ende des 17. und Ende des 18. Jh. aufgestellt, besitzen Blätter von Joachim von Sandrart von 1652 und Bartolomeo Altomonte von 1777. – Der bedeutende Johann Michael Prunner († 1739), Landbaumeister von Oberösterreich, hat 1736 das westliche Joch des südlichen Seitenschiffes zu einer JOHANN-VON-NEPOMUK-KAPELLE umgebaut und zu seiner Grablege bestimmt. Der Blick fällt ungehindert auf den im Barock vielverehrten Heiligen aus Böhmen, der ursprünglich im Gegenlicht stehen sollte. Die weiß gefaßten Figuren von Petrus und Paulus in den Rundnischen heben sich vom Rötlichgrün der Wand ab, überhöht vom Deckenfresko des B. Altomonte, der Szenen aus dem Leben des Heiligen angetragen hat. Während die Gräber seiner Zeit- und Kunstgenossen Hildebrandt, Fischer von Erlach und Prandtauer verschollen sind, ruht Prunner mitten unter seinen Linzern. – Dem gleichen ›Brückenheiligen‹ Nepomuk ist eine Kapelle an der Außenseite

174

Linz a. d. Donau   Das Feichtingerhaus am
Hauptplatz Nr. 18

des Chors gewidmet, eine ursprünglich für die Deutschordenskirche bestimmte, von Lukas von Hildebrandt entworfene Flachnische, die Georg Raphael Donner mit einer Figur des Heiligen 1727 geschmückt hat.

Zum Hauptplatz zurückgekehrt, besuchen wir die JESUITENKIRCHE, in Linz als ›alter Dom‹ bekannt. In der Zeit zwischen 1785, Gründung der Diözese Linz durch Kaiser Joseph II., und dem 1. Mai 1909 fungierte die seit der Aufhebung des Jesuitenordens 1773 ›verwaiste‹ Kirche als Kathedrale. Gebaut wurde die Ordenskirche der Jesuiten, die 1600 nach Linz gekommen waren, 1669–74 nach Plänen des Pietro Francesco Carlone. Der mächtige Bau kommt allerdings, eingezwängt ins Südosteck des Platzes und an die schmale Domgasse gesetzt, nicht so zur Geltung wie der ›neue‹ Dom. Die kräftige Fassade trägt über dem Hauptportal die Marmorstatue der Immaculata und im Mittelgiebel die Figuren dreier Jesuitenheiliger: Ignatius von Loyola – der 1534 auf dem Montmartre zu Paris die Keimzelle des Ordens gründete, Franz Xaver, des Missionars in Indien und Japan, und Franz Borgia, des Gründers der Universität Gandia. Die Wandpfeilerkirche mit Musikempore besitzt drei Seitenkapellen mit Emporen und einen gerade schließenden Chor, eine für Jesuitenkirchen typische Anlage mit kräftig stuckiertem Gewölbe. Der *Hochaltar*, eine Stiftung der Landstände, wurde nach einem Plan von Giovanni Battista Colombo mit theatralischer Drapierung 1681–83 von Giovanni Battista Barberini aufgebaut. Nachdem das erste Altargemälde mit dem hl. Ignatius 1773 abgenommen worden war, wurde 1785 aus Wien eine ›Mariä Himmelfahrt‹ von Antonio Belucci zugewiesen. Zur Festlichkeit tragen die Säulenportalanlagen der Seitenaltäre aus Marmor in verschiedener Farbe und die kost-

LINZ URSULINENKIRCHE · MARIENDOM · KAPUZINERKIRCHE

bare Kanzel in Gold und Schwarz mit dem hl. Johannes d. T. auf dem Schalldeckel bei. Das vorzügliche Chorgestühl, von Michael Obermüller 1633 geschnitzt, kam allerdings erst 1856 aus dem Sommerchor der ehem. Stiftskirche Garsten hierher. Auch die hervorragende Orgel des Franz Xaver Krismann, die der Domorganist Anton Bruckner 1856–68 gespielt hat, gelangte erst 1789 aus dem aufgelösten Zisterzienserstift Engelhartszell in den ›Dom‹. Obwohl die Ausstattung für verschiedene Kirchen bestimmt war, wirkt sie einheitlich und steht mit Bau und Stuck für die italienische Periode des österreichischen Barock.

Wir verlassen den Hauptplatz durch den südlichen Auslaß mit dem schlichten Namen Landstraße, die alte Salzhandelsstraße, deren innerer Teil zahlreiche ansehnliche Barockhäuser für Prälaten und Adel, Patriziat und neureiche Kaufleute besitzt, häufig von dem Linzer Stadt- und Landbaumeister Johann M. Prunner neu- oder umgebaut. Linker Hand steht in der Straßenflucht die KIRCHE ST. MICHAEL DER URSULINEN mit der erst 1770–72 ausgebauten Doppelturmfassade. Gegen den Widerstand der Stadträte hatte sich 1679 der Ursulinenorden, dessen Aufgabe die Mädchenerziehung ist, in Linz niedergelassen, Wohn- und Schulgebäude errichtet und schließlich 1736 von Johann Haslinger († 1737) ihre Kirche beginnen lassen, die Johann Matthias Krinner 1740 vollendete. Er hat auch den Hochaltar entworfen, der 1741 aufgestellt wurde und ein Bild von Bartolomeo Altomonte trägt, der auch die meisten Seitenaltarblätter gemalt hat. Die tonnengewölbte Saalkirche mit Kapellen hat ihren Glanz ganz nach außen gewendet, prunkt mit ihrer Fassade und den vielgestaltigen Turmhelmen. – In derselben Flucht steht auch die KARMELITERKIRCHE zum hl. Josef, in zwei Etappen 1674–1726 gebaut und eingerichtet. Die Pläne hat J. M. Prunner zumindest beeinflußt, nahm dabei die Karmelitinnenkirche des Jean Baptiste Mathey auf der Prager Kleinseite ins Visier, ließ eine turmlose Fassade aufsteigen, die Pilasterbündel des Hauptgeschosses zur Mitte hin sich staffeln. Beidseits des Portals stehen die hl. Theresia und der hl. Johann vom Kreuz, im Giebel der hl. Josef. Bemerkenswert sind die *Altargemälde* (Rundgang von Nordwest über Chor nach Südwest): Carlo Carlone 1712 für den Annenaltar, Martin Altomonte 1725 für den Albertaltar, J. A. Wolf 1716 für den Theresienaltar, M. Altomonte 1724 für den Hauptaltar, Hans Degler 1711 für den Johann-vom-Kreuz-Altar, Karl von Reslfeld 1733 für den Liborius- und 1713 für den Marienaltar.

Von hier gehen wir nach Westen hinüber zur Herrenstraße, in der ebenfalls Barockhäuser erhalten blieben. An der Ecke steht der BISCHOFSHOF, den das Stift Kremsmünster 1721–26 nach Plänen Jakob Prandtauers erbauen ließ, und der 1785 von Kaiser Joseph II. zur Residenz des Bischofs von Linz bestimmt wurde. Die Fassadengliederung der vier Flügel ist in allen drei Geschossen reich. Um die Vertikale zu betonen, hat Prandtauer das zweite und dritte Geschoß über dem kräftigen Sockel durch Doppelpilaster zu Achsen zusammengefaßt. Das Treppenhaus besitzt ein ausgezeichnetes Gitter von 1727, einige Räume Stuck von Domenico Antonio Carlone, Skulpturen von Simon Heißler und Marmorarbeiten von Johann Baptist Spaz. – Ebenfalls in der

176

Herrenstraße steht die BARMHERZIGE-BRÜDER-KIRCHE zur Unbefleckten Empfängnis Mariens, ein kleiner Zentralbau mit vier halbrunden Kapellennischen, 1713–16 von J. M. Prunner für die Karmelitinnen errichtet, deren Kloster 1782 aufgehoben und sieben Jahre später von den Barmherzigen Brüdern übernommen wurde. Interessant ist, daß die Figur des Ordensgründers, des hl. Johann von Gott sowohl im Fassadengiebel wie im Stuckrelief der Kuppel aus einer hl. Theresia, der Gründerin der Karmelitinnen, abgewandelt wurde. Das Hochaltarbild von 1773 malte Martin Johann Schmidt, gen. der Kremser-Schmidt.

Unübersehbar ist jetzt der (›neue‹) DOM zur Unbefleckten Empfängnis Mariens, den Bischof Franz Josef Rudigier (1853–84) anläßlich der Verkündigung des Dogmas von der Unbefleckten Empfängnis am 8. 12. 1854 als ›gotische Kathedrale‹ ab 1862 bauen ließ. Baumeister war Vinzenz Statz, einer der Meister der Kölner Dombauhütte. Als 1869 die Votivkapelle im Chor geweiht wurde, konnte Anton Bruckners Messe in e-Moll für achtstimmigen gemischten Chor und Bläser uraufgeführt werden. Der Chor mit seinem Kapellenkranz war erst 1885 vollendet, der Turm 1906. Mit 134,80 m Höhe mußte er um 2,20 m unter der Höhe des ›Steffel‹, des Turms des Stephansdomes in Wien, bleiben, doch bedeckt der Linzer Dom eine größere Fläche als der zu Wien, Vergleiche, die nur dann verständlich werden, wenn man an das erdrückende Übergewicht Wiens vor dem Untergang der Donaumonarchie gegenüber den ›Provinz‹-Städten denkt. Statz hat sich bei seiner dreischiffigen Basilika an die frühen französischen Kathedralen erinnert, sich in Details aber auch an die niederrheinische Gotik angelehnt. Die recht realistisch gemalten Glasfenster bringen im Chor das Leben Mariens und ihre typologischen Vorbilder (1884) und im Quer- und Langhaus, 1913–16 ausgeführt, das Motiv ›Maria als Schutzfrau Oberösterreichs‹. Bemerkenswert ist das Bronzekruzifix auf dem Hochaltar von Josef Gasser, der auch die Bronzefigur des Bischofs Rudigier für dessen Hochgrab in der Krypta unter dem Chor geschaffen hat.

Noch weiter im Westen liegt die KAPUZINERKIRCHE ZUM HL. MATTHIAS, wie das Kloster 1606–12 für den Kapuzinerorden errichtet, den Erzherzog Matthias zur Festigung der Gegenreformation nach Linz geholt hatte. Der schlichte Bau mit dem Zwiebelhelm hat drei sehenswerte Kunstwerke: eine ›Kreuzigung‹ des Joachim von Sandrart auf dem linken, eine sitzende Muttergottes mit Kind, um 1480, auf dem rechten Seitenaltar, sowie das Hochaltarbild des Cosmas a Castrofranco von 1612. – Donauwärts gehend, erreichen wir das Landestheater, das 1802/03 als ›Landschaftliches Theater‹, d. h. von den Landständen (Adel, hohe Geistlichkeit, Städte) unterhaltenes Theater, mit einer dreigeschossigen klassizistischen Fassade erbaut wurde. Der Bühnenhausneubau stammt von 1939, die Innengestaltung nach Plänen von Clemens Holzmeister von 1957–58, nachdem dieser bereits 1955–56 die Kammerspiele dazugebaut hatte.

Gegenüber, etwas in die Klosterstraße gerückt, steht das LANDHAUS, ständiger Tagungsort der 1503 zugelassenen Ständevertretung (der Herren, Prälaten, Ritter und landesfürstlichen Städte). 1564 wurde der Bau auf dem Areal des teildemolierten Minoritenklosters begonnen, das während der Reformation verödet war. Das Land-

177

LINZ LANDHAUS · SCHLOSS · MARTINSKIRCHE · LANDESMUSEUM

haus ist um drei Binnenhöfe angelegt und wurde im Unterschied zum Schloß nach dem
verheerenden Brand von 1800 wieder völlig aufgebaut, aber mit klassizistischen Fassaden versehen. Aufgebaut wurde auch der schlanke, für das Stadtbild so wichtige
Turm, der dem der Stadtpfarrkirche ähnelt. Ansehen sollte man sich das dem Schloß
und der ›Altstadt‹ zugekehrte Nordportal, aus geschliffenem rötlichen, teilweise be-
maltem Marmor im manieristischen Stil und den westlich der Durchfahrt gelegenen
LAUBENHOF mit den beliebten, übereinander angeordneten Laubengängen von hoher
Grazie (Abb. 93). Das achtseitige Marmorbecken des Planetenbrunnen, 1582 von Peter
Guet gemeißelt, trägt auf seiner Mittelsäule ein 1581 genanntes Bronzewerk, dessen
Statuetten die damals bekannten sechs Planeten verkörpern. – Im Steinernen Saal
des Landhauses war sinnigerweise 1971 die Kepler-Ausstellung zur Feier seines 400.
Geburtstages untergebracht, waren doch sechs der sieben Kinder Johann Keplers aus
seiner Ehe mit Susanna Reuttinger im Steinernen Saal der Landhauskirche getauft
worden. Kepler, der 1600 Graz im Zug der Gegenreformation hatte verlassen müssen
und 1601 Mathematiker bei Kaiser Rudolf II. in Prag geworden war, übersiedelte
nach dem Tod seines Gönners, seiner Frau und seines Lieblingssohnes 1612 nach Linz
als ›Mathematicus des Kaisers Matthias und der obderennsischen Stände‹. 1619 ver-
öffentlichte er in Linz sein Werk ›Harmonices Mundi‹ (›Weltharmonik‹, übers. v. M.
Caspar, Darmstadt 1967), keineswegs das Werk eines stillen Gelehrten, mußte er doch
allein dreimal in seine württembergische Heimat reisen, um in den Hexenprozeß gegen
seine Mutter einzugreifen. Als die Rekatholisierung der Stadt begann, als bei der
Belagerung durch die Bauern unter Stephan Fadinger die Druckerei Plank aus-
brannte, da zog er im November 1626 »mit Weib, Kindern, Büchern und allem Haus-
rat« nach Ulm, um dort sein Lebenswerk, die ›Tabulae Rudolphinae‹, herauszugeben,
nachdem Tycho Brahe und er 30 Jahre Arbeit in diese Meisterleistung der Daten-
verarbeitung gesteckt hatten. – Die Landhauskirche, die EHEM. MINORITENKIRCHE,
1751–58 von dem Linzer Johann Matthias Krinner unter Verwendung der Mauern
des gotischen Baus neu errichtet, zeigt ihre Schauseite mit ovalen Luken im Untergeschoß und toskanischen Pilastern zur Klosterstraße. Im Innern sind Gewölbe
und Wände von feinem Rokokostuck überrieselt, stehen elegante Altäre in den
halbrunden Nischen, füllt der bewegte Hochaltar den Chor. Das Altarblatt ›Mariä
Verkündigung‹ malte Bartolomeo Altomonte, die Gruppe des Aufsatzes schuf Johann
Paul Sattler. Die Entwürfe zu den Seitenaltären lieferte der Stuckierer Johann Kaspar
Modler, vier der sechs Gemälde für sie malte Martin Johann Schmidt 1768/69. – Das
1785 aufgehobene Kloster und heutige Regierungsgebäude geht auf einen Bau J. M.
Prunners von 1716 zurück, der stark adaptiert wurde.

Donauwärts liegt am Tummelplatz das SCHLOSS, genauer das, was nach dem Brand
von 1800 übrig blieb und dann als Depot, Zuchthaus, Kaserne und Flüchtlingslager
heruntergewirtschaftet wurde. Von der Burg Kaiser Friedrichs III. blieb im Westen
ein Tor mit Wappen von 1481, vom Ausbau Rudolfs II. das Haupttor von 1609. In
den sanierten Räumen residiert seit 1966 das SCHLOSSMUSEUM mit reichen Beständen

zur Kunst- und Sozialgeschichte Oberösterreichs. Im Untergeschoß wird die Ur- und Frühgeschichte samt der Römerzeit demonstriert, ist die Fahrzeugsammlung und, einige Treppen tiefer, ein Mostmuseum untergebracht. Das erste Stockwerk birgt die Münzen- und Waffensammlung, Kunst und Kultur des Mittelalters und der Neuzeit, Musikinstrumente und Gemälde des 16.–18. Jh., während der zweite Stock die volkskundliche Sammlung, ein ›Museum Physikum‹, Gemälde des 19. Jh. und eine reiche Kollektion Kubinscher Werke enthält. Außerdem werden hier in Wechselausstellungen Werke zeitgenössischer Künstler gezeigt. Nicht versäumen sollte man den Besuch der Geistlichen Schatzkammer mit Kostbarkeiten aufgehobener Klöster und Kirchen und der Silberkammer mit zahlreichen Arbeiten aus Nürnberg und Augsburg.

Westlich des Schlosses, an der Römerstraße steht die schlichte kleine MARTINSKIRCHE, deren karolingischer Kern von 799 bei einer Restaurierung 1947–48 unter einem gotischen und barocken Umbau freigelegt wurde. Die einschiffige Saalkirche mit dem 1448 angestückten gotischen Chor steht auf den Fundamenten eines römischen Baus, dessen offene Arkadenhalle Ende des 8. Jh. durch Ausmauern der Bogen in eine Nischenkirche der Karolingerzeit umgewandelt wurde. In unserer Zeit hat man einen neuen Ziegelfußboden gelegt, eine Balkendecke eingezogen und 1948 im Chor Glasfenster von Josef Raukamp eingesetzt. Die Figuren sind Leihgaben, die öfter wechseln.

Nun ist es Zeit, auf der Oberen und an der Unteren Donaulände entlangzugehen, die Anlegestelle der Donau-Dampfschiffahrts-Gesellschaft zu inspizieren oder das Haus Untere Donaulände Nr. 6, das Wohn- und Sterbehaus Adalbert Stifters, der Mühl- und Traunviertel in die Weltliteratur eingebracht hat. Untergebracht ist dort jetzt das Adalbert-Stifter-Institut des Landes Oberösterreich mit Archiv und Bibliothek, das auch die Nachlässe von Enrica von Handel-Mazzetti, Richard Billinger, Franz Stelzhamer u. a. verwahrt. – Gehen wir einige Straßenzüge weit nach Süden, so treffen wir an der Museumsstraße auf den Prunkbau des LANDESMUSEUMS, 1886–92 im Auftrag des Linzer Musealvereins von Bruno Schmitz in Neorenaissance gebaut. Der mächtige Marmorfries mit geschichtlichen Darstellungen an der Mauer lenkt den Blick auf das spätbarocke Tor, das ursprünglich an der Südseite des Landhauses stand. Nach dem Umzug der kunst- und kulturgeschichtlichen Abteilungen ins Schloß blieben im Haus Bibliothek und Graphiksammlung sowie die naturgeschichtlichen und technischen Abteilungen zurück.

Einen Häuserblock weiter nach Süden treffen wir auf die ELISABETHINENKIRCHE zum hl. Franz Seraphikus an der Bethlehemstraße. Der Wiener Paul Ulrich Trientl errichtete 1762–68 die Kirche mit der Einturmfassade und der Kuppel mit Laterne, nachdem seine Auftraggeber eine Abformung der Wiener Karlskirche wünschten. Der Innenraum besitzt Altäre aus dem 19. Jh., aber auch ein helles Fresko, dessen Figuren Bartolomeo Altomonte, dessen Architekturteile Matthias Dollicher gemalt hat. – In der gleichen Straße steht als Nr. 7 das weniger bekannte STADTMUSEUM ›NORDICO‹, so seltsam benannt nach dem Vorgänger, dem ›Collegium Nordicum‹, in dem im 17. Jh. Jünglinge im katholischen Glauben unterrichtet wurden, sofern das in ihrer Heimat, in Däne-

WALLFAHRTSKIRCHE PÖSTLINGBERG · ST. FLORIAN

mark, Schweden und Norwegen, nicht mehr möglich war. Hier ist die Linzer Geschichte von frühen Ausgrabungen bis in die Gegenwart ausgezeichnet dokumentiert. Als Besonderheit wird die Barockbibliothek der Kapuziner gezeigt. Unbedingt sehen sollten Sie das ›Bürgermeister-Pruner-Zimmer‹, benannt nach einem Großkaufmann und Teilhaber der 1719–31 existierenden ›Österreichischen Ostindischen Kompanie‹. Auf die Nachricht, daß ein seit 27 Tagen überfälliges, mit wertvoller Fracht beladenes Schiff doch noch angekommen sei, spendete er sein Vermögen für eine caritative Stiftung, deren Gebäude jetzt die Musikschule beherbergt. Herrliche Gold- und Silbergefäße des 17. und 18. Jh. stehen zur Schau.

Über die Nibelungenbrücke, die 1945–55 eine wichtige Verbindung zwischen der amerikanischen und der russischen Besatzungszone war, gelangen wir nach URFAHR, WO seit 1966 die Hochschule für Sozial- und Wirtschaftswissenschaften, die ›Alma Mater Kepleriana‹ steht. Europas älteste (1898) und steilste ›elektrische Adhäsionsbahn‹, eine Straßenbahn, fährt von Urfahr auf den PÖSTLINGBERG (537 m), von dem Linz am besten zu überblicken ist. Schon im Jahr zuvor hatte die Bahngesellschaft im Kastell nahe der Bergstation für Kinder eine Grottenbahn mit originellen Märchenfiguren eingerichtet. Das Kastell gehörte zur ›Festung Linz‹, die Erzherzog Maximilian von Österreich-Este mit 32 Türmen 1827–37 nach Plänen von Franz Zola, dem Vater des französischen Romanciers Emile Zola, bauen ließ, um eine Armee von 80 000 Gegnern vier Monate lang aufhalten zu können. Es kam aber zu keiner Belagerung. – Auf der Terrasse, die einen 300 km weiten Blick nach Osten und Süden erlaubt, steht die WALLFAHRTSKIRCHE zu den Sieben Schmerzen Mariens. Anlaß der Wallfahrt war ein von Ignaz Jobst geschnitztes Bild der Schmerzhaften Muttergottes, das 1716 auf dem Pöstlingsberg aufgestellt wurde. Nachdem auch der Grundherr, Fürst Gundomer von Starhemberg, auf wunderbare Weise genesen war, ließ er 1738 durch Johann Matthias Krinner einen Zentralbau mit Kreuzarmen beginnen, der unter seinem Sohne Heinrich 1747 vollendet wurde. Das ›Wahrzeichen Oberösterreichs‹ mit seinen zwei Türmen und der Kuppel gibt sich außen bescheiden, da alle Pracht auf den Hochaltar im Ostarm konzentriert ist, dessen goldenes Gewölk das vielbesuchte Gnadenbild umfängt (Abb. 95). Der feine Stuck des Gewölbes verrät die Hand des Johann Kaspar Modler um 1770; die Fresken wurden erst 1900 angetragen.

Auf dem Weg von Linz nach Enns biegen wir durchs Ipftal ab nach MARKT und STIFT ST. FLORIAN. Ob hier 304 der wegen seines Christentums gemarterte hl. Florian bestattet wurde, bleibt Legende, römische Bauten konnten jedoch in der Kirchengruft und an einer Mauer zwischen den Kolumbarien (Urnengräbern) nachgewiesen werden. Am Haus Nr. 52 ist gar ein ›keltischer Mars‹ aus dem Beginn des 3. Jh. n. Chr. eingemauert. Das Kloster wird erstmals in einer Urkunde König Arnulfs 888 genannt, erhielt seine erste große Schenkung 1002 von Kaiser Heinrich II., der viele weitere folgten, so daß das Augustiner-Chorherrenstift (seit 1059) nicht nur südlich des Klosters das ›Florianerlandl‹ beherrschte, sondern auch umfangreichen Besitz um Vöckla-

180

Markt St. Florian. Aus der ›Topographia Austriae‹. 1649. Kupferstich von M. Merian

bruck, in der Wachau und auf Rodungen im Mühlviertel bis zur böhmischen Grenze besaß. Diese zweite Funktion als Grundherr (bis 1848) und die dritte als Wirtschaftszentrale erklären die große Anlage, die in dieser Ausdehnung für einen dem Gebet verpflichteten Konvent unnötig war. Noch heute versorgt das Stift 33 Pfarreien mit Seelsorgern und bewirtschaftet einen umfangreichen Besitz. Dessen Erträge werden u. a. zur Erhaltung der riesigen Baumasse, der Stiftsbibliothek und Kunstsammlung verwendet. Daß die Bauten eher schloßartigen als klösterlichen Charakter annahmen, leitet sich aus der Stellung des Propstes (Titel: ›Seine Herrlichkeit‹) als Vorsteher des 1. Standes, des Prälatenstandes, im Linzer Landtag ab, aber auch aus der Verpflichtung, dem Landesherrn, der gleichzeitig römisch-deutscher Kaiser war, stets ein standesgemäßes Quartier bereitzuhalten, vor allem, wenn dieser von Wien zur Krönung nach Frankfurt a. M. zog.

Die Farbtafel 24 zeigt als Luftaufnahme deutlich die Konzeption des Klosterkomplexes, dessen Grundschema der Vierkanthof des Traunviertels ist, den auch der links abgetrennte Wirtschaftshof ausweist. Das wichtigste Gebäude, die Stiftskirche Mariä Himmelfahrt, ist zugleich das größte und höchste. Daran liegt um einen Hof das Kloster, das nur mit den Gastzimmern und der Taverne, die um einen eigenen Hof an der Westseite gruppiert sind, Kontakt zur Außenwelt hält. Südlich davon dann der große Stiftshof mit den Prälatenzimmern im West-, mit Kaisersaal und Landeshauptmannzimmer im Süd-, mit Bibliothek und Kunstsammlungen im Ostflügel, die drei Aufgaben der Verwaltung, Repräsentation und Bildung also auch baulich demonstrierend. Dem Fußgänger, der sich der 214 m langen einheitlichen Westfassade nähert, bleibt dieses Konzept zunächst verborgen, das Carlo Antonio Carlone († 1708) für den barocken Neubau auf altem Grundriß entworfen hatte, das Jakob Prandtauer († 1726) nahezu vollendete; der Bibliothekstrakt wurde erst 1751, 65 Jahre nach Baubeginn, fertiggestellt.

AUGUSTINER-CHORHERRENSTIFT · ST. FLORIAN

Nahe dem Südwesteck der durch ionische Pilaster gegliederten Westfassade öffnet ein PORTAL mit Figuren von Leonhard Sattler den Durchgang zum Stiftshof, wobei das Kreuzgewölbe mit feinem Stuck des Giovanni Manfredo Materni zumeist übersehen wird, denn die Dimension des STIFTSHOFES (95 m zu 78 m) nimmt das Auge ebenso gefangen wie der Adler-Brunnen in der Mitte, eine Huldigung an das Haus Habsburg, 1757 von Johann Jakob Sattler geschaffen (Abb. 96). Dort stehend entdeckt man, daß der Durchgang zum großartigen siebenachsigen TREPPENHAUS Carlones von 1706–08 gehört, das als Haus mit eigenem Dach vor den Westflügel gestellt und von Prandtauer zu Ende geführt wurde (Abb. 98). Dahinter steigt der schlanke Bläserturm auf. Die zwei Stiegenläufe sind durch Gitter des einheimischen Nikolaus Peigine gesperrt, ihre Loggien mit Rankenwerk des Johann Bianco gefüllt, die Balustrade im zweiten Stock mit Vasen und Putti des L. Sattler besetzt (Abb. 97). Von hier betritt man die 16 Fürsten- oder Kaiserzimmer, deren Namen wie ›Papst‹- oder ›Prinz-Eugen-Zimmer‹ (Abb. 103) darüber hinwegtäuschen, daß sie nur einmal (Papst Pius VI. 1782) oder überhaupt nicht (Prinz Eugen) von ihren ›Paten‹ benutzt wurden. Die schönen Möbel sind von Stephan Jegg aus Markt Florian, die Schnitzarbeiten von L. Sattler, die meisten Deckengemälde von Michael Wenzel Halbax, der 1711 im Audienzsaal während der Arbeit an den vier Weltreichen starb. Alle Räume zeugen von hohem Geschmack und barocker Wohnkultur. Im Bruckner-Zimmer hat man Bett, Klavier, Schränke und Stühle des Meisters gesammelt, doch hat er nie hier, sondern 1845–55 als Lehrer im Markt Nr. 9 gewohnt. Durch eine Saletta mit den Figuren der Wachsamkeit und des Friedens von Diego Carlone gelangen wir in die Altdorfergalerie mit den 14 Bildern auf den Tafeln des ehem. *Sebastians-Altars* von 1518 für die gotische Vorgängerkirche, den der im Porträt festgehaltene Propst Maurer gestiftet hatte. Farbenpracht und Figurenreichtum machen diese Bilder zu Hauptwerken der ›Donauschule‹ (Abb. 101).

Der von Prandtauer 1718–24 errichtete SÜDFLÜGEL schiebt einen flachen Pavillon in den Stiftshof vor, dessen sieben Achsen durch drei verschiedenartige und verschiedenhohe Fensterreihen gegliedert sind (Abb. 99). Über der Sala terrena im Erdgeschoß liegt der MARMORSAAL (30 x 15 x 15 m), so nach den Kunstmarmorwänden in Rot-Weiß-Rot benannt, dessen Stirnwände Ölbilder des Prinzen Eugen (mit Schwert) und Kaiser Karls VI. von Bartolomeo Altomonte einnehmen (Farbtafel 26). Hervorragend in seiner pathetischen Art ist das *Deckenfresko*, von Martino Altomonte entworfen, von seinem Sohn Bartolomeo ausgeführt, das den Sieg über die Türken 1683 allegorisch feiert. Der Siegesgott setzt seinen Fuß auf einen Türken, Österreich und Ungarn huldigen mit Palmzweigen (Abb. 102). – Im Osten liegt der BIBLIOTHEKSFLÜGEL, 1744–50 von Gotthard Hayberger aus Steyr nach stark veränderten Plänen Prandtauers errichtet. Der Hauptsaal bringt in einem Deckenfresko von Antonio Tassi (Architektur) und Bartolomeo Altomonte (Figuren) den Bund von Tugend und Wissenschaft. Die Bibliothek besitzt über 800 Handschriften, über 800 Inkunabeln (Drucke vor 1500) und 130000 Bände, vor allem aus der Theologie und Geschichte. – Der Nordflügel, der

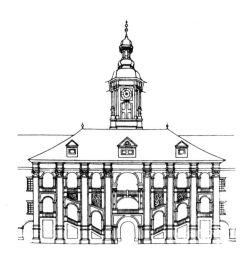

Augustiner-Chorherrenstift ST. FLORIAN
Fassade des Treppenhauses von Carlo Carlone

Leopoldinische Trakt, springt mit dem Sommerrefektorium über den Ostflügel hinaus, erhielt aber nach Prandtauers Tod nicht das Gegenstück jenseits einer Gartenanlage.

Aus dem Stiftsbau mit den drei Flügeln aus unterschiedlichen Epochen des Barock ins Freie zurückgekehrt, betreten wir die STIFTSKIRCHE, deren heutige Gestalt von C. A. Carlone 1686–1708 geschaffen wurde. Während die 80 m hohen Türme der schmalen Fassade für die Fernsicht bestimmt sind, bietet Carlone nur dem etwas, der durch die orgeltragende Vorhalle ins dreischiffige Langhaus eingetreten ist, beeindruckt von den mächtigen Halbsäulen auf hohen Sockeln, die das ausladende Gebälk und das Gewölbe tragen. Vorhalle und Langhaus trennt ein prachtvolles Abschlußgitter von Hans Meßner (Abb. 104). Wände und Gebälk wurden mit Stuck des Bartolomeo Carlone bedeckt, der ganze Raum, ausgenommen die Chorwand, in reinem Weiß gehalten, damit sich der Marmor der Altäre und Balustraden, das Schwarz des Gestühls und die Farbe der Deckenfresken um so deutlicher abhebe. Die für Österreich neuen und aufregenden *Fresken* trugen die Münchner Hofmaler Johann Anton Gumpp und Melchior Steidl 1690–95 an. Sie begannen in der Vorhalle mit Christus am Ölberg, bildeten über dem Orgelchor die hl. Cäcilie mit dem himmlischen Chor ab, erzählten im Langhaus von Marter und Verklärung des hl. Florian und füllten den Chor mit der Verherrlichung Mariens. Dort steht schwer und prunkend der Hochaltar, 1683–90 von Giovanni Battista Colombo aus Adneter Marmor gehauen, von Giuseppe Ghezzi 1687 mit einem Altarbild bedacht. Die Blätter der Seitenaltäre (nach Entwürfen von Dario und Bianco) stammen u. a. von M. Wenzel Halbax (Annenaltar), Johann Michael Rottmayr (Augustinusaltar) und Andrea Celesti (Maria-Magdalena-Altar). Das Chorgestühl und die Musiktribünen mit den Putten lieferte Adam Franz 1690/91, die Kanzel aus schwarzem Lilienfelder Marmor Michael Leithner und Josef Reßler 1755. Nachdem die beiden Chororgeln von Josef Remmers von 1691 nicht mehr genügten, baute

HOHENBRUNN · ENNS

Franz Xaver Krismann 1770–74 die berühmte Orgel, seit 1932 ›Bruckner-Orgel‹ genannt, die der Sängerknabe Anton Bruckner in seiner Jugend gehört, 1848/55 als provisorischer Stiftsorganist zu bedienen hatte. Mit 7343 Pfeifen in 103 klingenden Registern gehört sie zu den klangschönsten Werken der Orgelbaukunst (Farbtafel 25). – Eine Kirchenführung zeigt Ihnen Kapellen, Sakristeien und die Gruft unterm Langhaus. In der Gruft unter der Vorhalle der freistehende Sarkophag Anton Bruckners († 1896). In der Krypta unterm Hochaltar steht ein Steinsarg mit den Reliquien Valerias, die einst die Leiche des hl. Florian hierher gebracht und bestattet haben soll.

Wen nach so viel schwerem Barock heitere kleine Schlösser locken, der fahre nach HOHENBRUNN (1 km südwestlich), wo Probst J. B. Födermayr 1725–29 sein Vaterhaus nach Plänen Prandtauers von Jakob Steinhuber in ein Jagdschloß mit reizenden Lauben an Vorder- und Rückseite umbauen ließ; seit 1956 ist ein JAGDMUSEUM darin untergebracht. Oder er fährt 3 km nach Osten zur TILLYSBURG, die Graf von Tilly, ein Neffe des Feldmarschalls, 1633 als Vierflügelanlage mit Ecktürmen bauen ließ. Nach 1720 baute Johann Michael Prunner das Schloß um und fügte ein doppelläufiges Treppenhaus hinzu, dessen Vorbild in St. Florian steht.

ENNS prangt nicht mit Kunstwerken, sondern ist eher ein aufgeschlagenes Geschichtsbuch, auf dessen erster Seite vom kleinen Römerkastell um 50 n. Chr., auf dessen vorläufig letzter vom Abzug der russischen Armee vom rechten Ufer 1955 berichtet wird. 205 wurde die große Lagerfestung Lauriacum (Lorch) gebaut und 212 mit dem Stadtrecht ausgezeichnet, wie das Bruchstück einer Bronzetafel im Museum berichtet. Dorthin (Hauptplatz 19) wurden auch die zahlreichen Funde gebracht (Abb. 105), die bei der Ausgrabung des Standlagers (400 x 540 m) vor dem ersten Weltkrieg zutage gefördert wurden. Das regelmäßige Lagerviereck, das nur nördlich von der Bahnlinie geschnitten wird, ist heute noch zu erkennen, die Porta principalis dextra und die Porta decumana noch markiert. Die südlich des Bahnhofs gelegene römische Zivilstadt wird seit 1951 erschlossen. – Während die frühchristliche Maria-Anger-Kirche in der Stadt 1792 abgetragen wurde, blieb in der ST.-LAURENTIUS-KIRCHE am Friedhof eine Kultstätte erhalten, die seit dem 2. Jahrhundert kontinuierlich benutzt wurde, wie die Ausgrabungen von 1960–66 ergeben haben. Dem keltisch-römischen Tempel des 2. Jh. folgte im 4. Jh. ein frühchristlicher heizbarer Bau mit einem Märtyrergrab in der Apsis, das mit großer Wahrscheinlichkeit die Gebeine der Gefährten des hl. Florian barg. Dieser frühchristliche Bau wurde Bischofskirche, in der auch der hl. Severin († 482) wirkte. Nach dem Zusammenbruch Noricums wurde Lorch 530 von Baiern besetzt, das Gotteshaus bestand als Pfarrkirche weiter. Nach der Zerstörung durch die Awaren 700 wurde die Kirche um 790 teilweise neugebaut. An die Stelle des frühmittelalterlichen Baus trat im 1. Viertel des 14. Jh. eine dreischiffige gotische Pfeilerbasilika mit gerade geschlossenem Chor, die in den letzten Jahren restauriert wurde. Dabei hat man die freigelegten römischen und romanischen Mauerzüge in einer Krypta zugänglich gemacht.

Nahe der gegen 900 genannten ›Anesapurch‹ (Ennsburg) wurde vom 12. zum 13. Jh. eine planmäßige Siedlung um einen Platz angelegt, von dem heute noch rechtwinklig sieben Straßen wegführen. Der Ort erhielt 1212 durch Leopold VI. Stadtrecht, genau 1000 Jahre nachdem Caracalla Lauriacum das Stadtrecht verliehen hatte. Die mittelalterliche Stadtummauerung blieb mit verschiedenen Türmen erhalten; der Frauenturm besitzt Fresken von 1320. Im Stadtkern existieren noch gotische Häuser mit stillen Innenhöfen, die jedoch vielfach barockisierte Schauseiten erhalten haben; ein Musterbeispiel ist Wiener Straße 9. Das stolze Denkmal bürgerlichen Sinnes aber ist der 1564–68 gemauerte STADTTURM, ein Quaderbau mit vier mächtigen Geschossen auf quadratischem Grundriß, von einer geschnürten Haube bekrönt (Farbtafel 32). – Die 1270–1300 gebaute MINORITENKIRCHE ›MARIA SCHNEE‹ wurde 1553 anstelle von St.-Laurentius Pfarrkirche, besitzt in der KAPELLE DER WALLSEER, eines mit König Rudolf vom Bodensee eingewanderten Geschlechtes, einen zarten Bau um 1330, der sich in drei Spitzbogenarkaden zum Langhaus öffnet. – Gegengewicht zur Pfarrkirche ist im Stadtbild Schloß Ennsegg, ein trutziger Bau um zwei Höfe aus der Mitte des 16. Jh.

Enns. Aus dem Städtebuch von Braun und Hogenberg. 1617. Kupferstich von Jacob Hufnagel

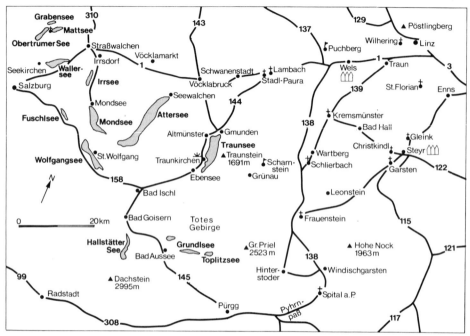

Übersichtskarte zu den Routen IV und V

✝ = Kirchen u. Klöster   ♣ = Burgen   ⚒ = hervorragendes Einzelkunstwerk   ⌂ = Stadtbild

V Kostbarkeiten an Enns, Steyr, Traun und Krems

Von Enns aus fahren wir am linken Ufer des gleichnamigen Flusses nach Steyr. Die
Strecke führt von Kronstorf bis GLEINK durch ein landschaftlich besonders reizvolles
Gebiet und gewährt immer wieder einen schönen Blick auf die Enns. In Gleink ist sehenswert das Innere und die Ausstattung der ehem. Kloster Benediktiner-Stiftskirche,
jetzt PFARRKIRCHE ZUM HL. ANDREAS. Das Kloster, um 1125 von den Ministerialen Arn-
halm und Poppo von Gleink gegründet, gehörte zu den ärmeren Klöstern Oberösterreichs. Das Mauerwerk der ersten, 1273 geweihten Kirche, steckt noch in der
heutigen, deren Chor und trapezförmiges Joch zum schmäleren Mittelschiff aus dem
gotischen Neubau stammt, der 1436 geweiht wurde. Nach Plünderungen im Bauernaufstand 1626 und Schädigung durch Reformation und Kriege hatte sich das Kloster
im 18. Jh. soweit erholt, daß die barocke Ausstattung geleistet werden konnte. Die
Pfeiler hat man mit korinthischen Pilasterordnungen kaschiert, die Wände über
den Mittelschiffarkaden und in den Fensterlaibungen mit schwerem Stuck überzogen,
Stuckhermen auf die Kapitellzone gesetzt. Alle Gewölbe wurden 1708/09 von Joh.
Georg Daller freskiert, leider im 19. Jh. übermalt, 1954 wieder freigelegt, ohne
überall den alten Glanz zu erzielen. Dargestellt sind im Chor die göttlichen Tugenden (Glaube, Hoffnung und Liebe) mit den gegensätzlichen Lastern, im Mittelschiff die Kardinaltugenden Klugheit, Tapferkeit (Stärke), Mäßigkeit, Gerechtigkeit,
in den Seitenschiffen die zwölf Apostel mit den Glaubensartikeln; ihre alttesta-
mentarischen Vorläufer wurden 1954 übertüncht. Über der Orgelempore ist David
mit dem himmlischen Chor, in der Vorhalle die Schlüsselübergabe an Petrus dargestellt. Die Gemälde an den Chorwänden, Maria mit Kind und hl. Josef, hat Martino
Altomonte 1725 bzw. 1727 gemalt und in üppig geschnitzte zeitgenössische Rahmen
gegeben. Von den acht Ölbildern im Langhaus, die Leidensgeschichte Christi darstellend, werden zwei dem Johann M. Feichtmayer zugeschrieben. Der schon 1664 von
Sebastian Gründler im schönsten Knorpelwerkstil geschaffene Hochaltar besitzt gute
Figuren. Ein Prachtwerk ist die 1732 aufgestellte *Orgel* des Salzburger Johann Christoph Egedacher. Die Marienkapelle, als Längsoval zwischen Sakristei und Kirche
gelegen, hat eine einheitliche Ausstattung um 1708 erhalten. – Das STIFTSGEBÄUDE,
Ende des 17. Jh. zu einem regelmäßigen Baukörper zusammengefügt, und die Kirche
wurden 1784 durch die Klosteraufhebung Josephs II. dem Stift entzogen und säkularisiert.

STEYR BURG LAMBERG · STADTPLATZ · STADTPFARRKIRCHE

STEYR, eine Stadt mit eigenem Statut, liegt an der Mündung der Steyr in die Enns, die, bevor Straßen- und Eisenbahnlinien ins Gebirge vordrangen, schnell und billig den steirischen Erzberg mit den Absatzgebieten an der Donau verband. Als Handels- und Verarbeitungsplatz für Eisen gewann Steyr im Mittelalter Bedeutung, war schließlich der reichste Ort Oberösterreichs, dessen Wohlhabenheit in repräsentativen Bauten und den Bürgerhäusern, vor allem am Stadtplatz, bis heute ablesbar geblieben ist. Eine förmliche Stadterhebung ist nicht bezeugt, doch bezeichnen die Garstener Traditions-bücher Steyr bereits 1170 als ›urbs‹ (Stadt) und 1252 als ›civitas‹ (Bürgerschaft). Der Reichtum nahm rapide ab, als die Gegenreformation einsetzte, hatte Steyr doch 1618 nurmehr 16 Katholiken. Da gerade die vermögenden Protestanten nicht konvertierten, sondern abwanderten, geriet Steyr in eine langanhaltende wirtschaftliche Krise. Erst das 19. Jh. brachte eine Wende, vor allem durch den Aufbau einer modernen Waffen-industrie durch Josef Werndl nach den verheerenden Niederlagen im Krieg von 1866, als Österreichs Infanterie noch mit Vorderladern schießen mußte. Aus seinem und anderen Unternehmen wurde 1934 die Steyr-Daimler-Puch AG, die heute Traktoren, Lastwagen, Motorräder und stationäre Motoren baut.

Oberhalb des Zusammenflusses von Steyr und Enns schiebt sich ein Fels keilförmig zum Ufer, wie geschaffen zur Anlage der BURG LAMBERG (Farbtafel 35), von deren ältestem Bestand nur wenig erhalten blieb: der Turm bis zur Höhe des Absatzes und der Graben. Die senkrechten Wände des breiten und tiefen Grabens haben Quader-mauerblenden und schwere Stützpfeiler. Statt der gemauerten Pfeilerbrücke mit dem überdachten Laubengang war ursprünglich nur eine hölzerne Zugbrücke, die, wie die Holzbauten der alten Burg, mehrfach durch Brände zerstört wurde. Diese Stirapurc (Steierburg) wird erstmals 985 als Sitz der Markgrafen von Steier(mark) genannt, die wegen ihres Leitnamens die Ottokare hießen. Später zu Herzögen aufgestiegen, sicherten sie 1186 den Babenbergern in einem Vertrag das steirische Erbe. Herzog Friedrich der Streitbare hatte ergebene Ministeriale als Burggrafen auf der Steierburg eingesetzt, unter denen sich ein Dietmar hervortat, der dem Usurpator Przemysl Otto-kar die Übergabe der Burg verweigerte. Er wurde der Stammvater der Starhem-berger und Losensteiner. Unter den Habsburgern waren Burg wie Stadt mehrfach verpfändet, am häufigsten unter Kaiser Friedrich III. Johann Maximilian Graf von Lamberg, der 1641 die Burggrafschaft pfandweise übernommen hatte, erhielt sie 1666 von Kaiser Leopold I. als Eigentum für die Tilgung der Pfandschuld. Der große Stadtbrand von 1727 hatte die Burg so in Mitleidenschaft gezogen, daß die Grafen von Lamberg nach Anhören des Passauer Architekten Domenico d'Angeli durch den Linzer Baumeister Johann Michael Prunner ein SCHLOSS bauen ließen, das seit 1938/39 der Bundesforstverwaltung gehört. Hinter dem inneren Torbau weitet sich ein dreiecki-ger Hof, von langgestreckten zwei- und dreigeschossigen Barockfassaden umzogen. Der linke Flügel wird vom schlanken Uhrturm akzentuiert, die Südostfront durch den vor-springenden Chor der ursprünglich gotischen Kapelle. Im Ostwinkel steht ein wuch-tiger, aus der Front vorspringender barocker Torbau, dessen Halle zum Treppenhaus geleitet, das ins Obergeschoß führt und zu Sälen, die noch ihren Deckenstuck bewahrt haben.

Mittelpunkt der Altstadt zwischen Burgberg und Enns ist nicht die Stadtpfarrkirche und nicht das Rathaus, sondern der STADTPLATZ aus der Mitte des 13. Jh., in den dieses eingebunden ist. Der oblonge Platz, dessen Länge zur Breite wie 7,5:1 ist, gehört zu den schönsten Österreichs in seiner Geschlossenheit bei individueller Fassadengestaltung. Die meisten Bürgerhäuser sind in ihrer Substanz und der Fassadeneinteilung noch der Spätgotik verhaftet, mitunter barock überformt, während in der Renaissance zumeist nur die tiefen Höfe ausgestaltet oder erweitert wurden. Das unstreitig edelste, zudem unberührt erhaltene Haus am Stadtplatz ist das BUMMERLHAUS (Nr. 32), dessen vorkragender erster Stock mit Maßwerkband und Blendarkaden, dem abgewalmten Giebeldach darüber und den drei Laubenhöfen dahinter um 1497 gestaltet wurde (Abb. 109).

Das seine Nachbarn am Stadtplatz überragende RATHAUS, das nach Plänen des einheimischen Johann Gotthard Hayberger 1765–68 errichtet wurde, ist ein vorzüglicher Bau des Rokoko mit Pilasterfassade und vorspringendem Fassadenturm (Abb. 108). Die Horizontale wird durch eine figurenbesetzte Balustrade auf dem obersten Geschoß betont.

Mächtig erhebt sich der Quaderbau der STADTPFARRKIRCHE ST. ÄGID UND ST. KOLOMAN mit seinem dreifachen Chorhaupt und dem sechsseitigen Nordturm über die Dachzeilen der Stadt. Da die 1275 erstmals erwähnte, nach einem Brand 1302 erneuerte Kirche sich als zu klein erwies, faßten 1443 Rat und Gemeinde den Entschluß zu einem Neubau. Daß Hans Puchspaum, der Meister der Wiener Dombauhütte, der Architekt war, verraten nicht nur typische Details wie das Sakramentshaus und der dreiteilige Baldachin, das beweisen gleichzeitig die wertvollen Risse in der Bibliothek der Akademie der bildenden Künste in Wien. Der nach seinem Tode um 1455 von anderen Meistern vollendete Bau wurde im Stadtbrand von 1522 stark zerstört. Erst mit der Gegenreformation hat man 1630–36 das Langhaus wieder aufgebaut. Die barocke Innenausstattung aus dem Ende des 17. und der Mitte des 18. Jh. wurde 1854–57 bei einer radikalen Regotisierungsaktion nahezu restlos beseitigt. Gerade Adalbert Stifter, der das Sakramentshäuschen wieder entdeckte und dessen Gitter von einem Schornstein zurückholte, ließ als Denkmalspfleger puristisch alles Barocke ausmerzen und durch Neugotik ersetzen. Die gereinigte Stadtpfarrkirche beschrieb er im ›Nachsommer‹. 1885–89 schließlich gab der Wiener Dombaumeister Friedrich von Schmidt dem Turm, der 1876 bei einem Brand seine goldene Kuppel eingebüßt hatte, seine heutige Gestalt. – In die Kirche gelangen wir von Westen durch die vorgelagerte Halle mit dem Doppelportal von 1554 in Vorhangbogenform oder durch die edel gehaltenen Portale im Norden und Süden. Dem nördlichen Doppelportal ist ein übereck gestellter Baldachin vorgebaut, dessen Nischenfiguren, um 1410 geschaffen, dem Meister von Großlobming zugeschrieben werden. Von den beiden, mit Vorhallen bestückten Portalen der Südwand führt das östliche in den Chor, das westliche ins Langhaus. – Der

189

STEYR · STIFT GARSTEN

INNENRAUM erinnert trotz kleinerer Dimensionen unverkennbar an St. Stephan in Wien. Er wirkt harmonisch trotz störender Änderungen von 1630 f., als das Langhaus als spitze Stichkappentonne eingewölbt wurde, die Seitenschiffe Kreuzgewölbe erhielten. Das Licht wurde so geführt, daß das Mittelschiff gemindertes, der Chor um so helleres Licht erhält. Hell strahlt daher das feine Filigran des *Sakramentshäuschens* an der Nordseite der Hauptapsis, das getreu nach Puchspaums Originalriß aufgerichtet wurde. Nicht minder prachtvoll ist der gegenüber stehende dreiteilige Chorbaldachin. Beide wurden mit mittelmäßigen Skulpturen des 19. Jh. bedacht. – Von der ursprünglichen AUSSTATTUNG sind eine Vesperbildgruppe aus dem Beginn des 15. Jh. auf dem nördlichen Seitenaltar und auf einem Altar im südlichen Seitenschiff das spätgotische Gemälde des Gekreuzigten erhalten. Von der Einrichtung des Barock blieben als Reste reicher Auskleidung die geschnitzten Kirchenstühle (1630–42) und das ehem. Hochaltarbild des Joh. Karl von Reslfeld (1688). – Unter dem ins Schiff vorstoßenden Turm liegt die TAUFKAPELLE mit einem originellen kelchförmigen Taufbecken, das 1569 mit Zinnreliefs geschmückt wurde.

Links vom Aufgang zum Kirchturm steht das MESNERHAUS mit der ›Brucknerstiege‹, so benannt, weil Anton Bruckner in den Sommern 1886–94 wiederholt im Pfarrhof wohnte, den Regens chori besuchte und auf der Krismann-Orgel präludierte (Abb. 107). – Der Dachreiter der südlich der Pfarrkirche stehenden MARGARETENKAPELLE ist getreu dem ursprünglichen sechsseitigen Türmchen nachgebildet, das Hans Puchspaum entworfen hat. Johann K. von Reslfeld malte die ›Vierzehn Nothelfer‹ des Altarblattes.

Gegenüber der Einmündung der Pfarrgasse in den Stadtplatz steht die 1642–47 erbaute EHEM. DOMINIKANERKIRCHE, seit 1865 dem Jesuitenorden übergeben; Joseph II. hatte 1785 das seit 1472 existierende Dominikanerkloster aufheben lassen. Die aus der Häuserfront zurückgesetzte Zweiturmfassade gibt einen kleinen Vorplatz mit zwei Kapellen frei, die gute Figuren aus der Passion Christi (um 1655) enthalten. Der Kirchenraum, ein Saal mit Emporen unter einem Tonnengewölbe mit Stichkappen, besitzt eine vorzügliche Ausstattung im Rokoko der Jahre 1774–78. Die Bilder der Seitenaltäre wurden Ende des 19. Jh. restauriert.

Bevor wir den Stadtplatz verlassen, sollten wir uns zwei Höfe ansehen. Das schönste Beispiel barocker Fassadengestaltung von 1768 bietet das im Kern spätgotische STERNHAUS (Nr. 12), während das Doppelgiebelhaus Nr. 39 einen stilreinen Renaissancehof präsentiert. Der stimmungsvollste der spätgotischen Höfe liegt jenseits der Steyr (Kirchengasse 16): zu Kammerkonzerten und Rezitationen, von der Hausherrin liebevoll arrangiert, besucht man den Dunklhof. Weitere gediegene Bürgerhäuser finden sich am Grünmarkt, in der Engen Gasse und der Gleinker Gasse, die zum massigen SCHNALLENTOR von 1613 führt (Abb. 106). Das sehenswerte STÄDTISCHE MUSEUM, das in vielen Zeugnissen die reiche Vergangenheit der Eisenstadt bewahrt, ist im Innerberger-Stadel am Grünmarkt 26 untergebracht. Dieser alte, breitgelagerte Getreidespeicher heißt nach der Innerberger Hauptgewerkschaft, die sich mit Privilegien Kaiser Maximilians I. gebildet hatte und Bergbau, Eisenverarbeitung und Eisenhandel betrieb.

Besuchen können wir noch die MICHAELSKIRCHE, 1635–77 als Jesuitenkirche erbaut, nach Aufhebung dieses Ordens seit 1785 als Pfarrkirche der Vorstadt genutzt. Durch ein monumentales Portal in der zweitürmigen Fassade gelangen wir in den Kirchenraum, der sich eng an die Jesuitenkirche St. Michael in München hält. Ein Langhaus mit Kapellen und Emporen zu vier Jochen ist mit einem gerade geschlossenen Chor zu zwei Jochen kombiniert. Kolossale ionische Pilaster gliedern die Wände. Die gute Ausstattung gehört dem Rokoko um 1760–70 an. Älter ist nur der Orgelprospekt von 1700, der 1787 aus dem aufgehobenen Kloster Garsten hierher kam. – Auch die Stadt Steyr profitierte an der Klosteraufhebung, kam doch die 1676–81 erbaute ehem. Cölestinerinnenkirche in der Berggasse für wenig Geld in ihren Besitz; sie wurde 1792 zum Stadttheater umgebaut.

Am südlichen Ausgang Steyrs liegt das STIFT GARSTEN, wo Otakar I. von Steyr 1082 ein Chorherrenstift gründete, das sein Sohn Otakar II. 1108 in ein Benediktinerstift umwandelte. Das Kloster, das die religiöse Durchdringung des Enns- und Steyrtales vorantreiben sollte, erlebte seine erste kulturelle und wirtschaftliche Blüte unter Abt Berthold (1110–42), der aus dem Kloster St. Blasien im Schwarzwald kam. In große Bedrängnis kam das Stift, als in Steyr die Reformation die Oberhand gewonnen hatte, doch erholte es sich in der Gegenreformation, so daß Abt Roman Rauscher (1642–83) Kirche und Kloster von Grund auf von Pietro Francesco Carlone und dessen Söhnen Carlo Antonio und Giovanni Battista neu bauen und prunkvoll ausstatten lassen konnte. C. A. Carlones Plan der großartigen Ausgestaltung des Stiftskomplexes, von J. Prandtauer mit dem Treppenhaus weitergeführt, blieb ein Torso. Die Gebäude, durch eine hohe Mauer von der Kirche getrennt, werden seit 1850 für eine Strafanstalt verwendet, sind also nicht zugänglich. – Die ehem. Stiftskirche, heutige PFARRKIRCHE MARIÄ HIMMELFAHRT, wurde 1677 von P. F. Carlone in Angriff genommen und nach seinem Tode von seinen Söhnen 1685 vollendet, wobei Carlo Antonio den Bau, Giovanni Battista die Stuckarbeiten leitete. Bündig mit den Ostflügeln steigt schmal die Kirchenfassade mit den beiden 72 m hohen Türmen auf, in der Achse des Stiftshofes gelegen. Durch das schlichte Portal gelangen wir ins überschwenglich dekorierte Innere. Italienische und steirische Stukkateure überzogen die vier Joche des Wandpfeilersaales und die zwei Joche des Chors mit reichem, schwerem Stuck, trugen Pflanzenornamente und Figuren meisterlich auf. In die schweren Stuckrahmen freskierten die drei Brüder Grabenberger mehrere Programme: in der Vorhalle Szenen aus dem Leben König Davids, im Gewölbescheitel des Langhauses die Vorbilder Mariens, in den Stichkappen die Apostel, in den Emporen Episoden aus dem Leben Mariae und am Triumphbogen des Chores Anrufungen aus der Lauretanischen Litanei. In den Seitenkapellen werden die Leiden Christi dargestellt, im erhöhten Hochaltarraum (Presbyterium) die Verherrlichung des Altarsakramentes nach einem Entwurf des Peter Paul Rubens für einen Teppich. Aktuell waren seinerzeit die Fresken von Joh. Karl von Reslfeld und die Stuckbüsten auf der Musikempore, die den Sieg über die Türken bei Wien 1683 feiern, der Garsten vor der Zerstörung, die Benediktiner vor ihrer Vertreibung rettete.

ZISTERZIENSERSTIFT SCHLIERBACH

Die AUSSTATTUNG fällt gegenüber Stuck und Fresken nicht ab; die Altäre im vorherrschenden Schwarz und Gold, die Kanzel in Weiß und Rosa, sie sind mit gedrehten
Säulen, schweren Akanthusrahmen und bewegten Figuren dem Stuck verschwistert. Die
großen farbigen Gobelins an den Wandpfeilern und Chorwänden geleiten den Besucher zum Hochaltar, der nach einem Entwurf C. A. Carlones 1685 von Martin Rittinger ausgeführt wurde, der auch die sechs Seitenaltäre schuf. Die Altarblätter sind von
sieben verschiedenen Meistern, so das mit 7,40 m enorm hohe Hochaltarbild von dem
Antwerpener Frans de Neve (1683). Gehen wir links von West nach Ost und dort rechts
von Ost nach West, so schmückte Peter Strudel 1688 den Kunigundisaltar, Innozenz
Turriani 1685 den Skapulieraltar, Joachim von Sandrart mit einem Alterswerk von
1685 den Benediktusaltar, Joh. Karl von Reslfeld 1686 den Bertholdialtar, Andreas
Wolff den Josefialtar und Johann Heiß den Gertrudisaltar (beide 1687). Neben dem
Bertholdialtar steht das Marmorhochgrab mit der Figur des seligen Berthold aus der
2. Hälfte des 14. Jh. Das Hochgrab des Stifterpaares Otakar und Elisabeth, wahrscheinlich aus der Zeit der Umbestattung 1347 stammend, steht in der Benediktus-
kapelle. (In der Gruft unterm Langhaus ist neben den Benediktinern auch der Maler
Joh. Karl von Reslfeld [† 1735] beigesetzt.) – Vom Presbyterium aus gelangen wir in
reich stuckierte, mit Fresken von Antonio Galliardi und den Brüdern Grabenberger
geschmückte Räume aus der Erbauungszeit der Kirche. In der Losensteinerkapelle
wurden die Herren von Losenstein (jetzt Burgruine an der Enns) vom 13. Jh. bis zu
ihrem Aussterben 1692 bestattet; beerbt wurden sie von den Auerspergs. Im Sommerchor nebenan stimmten sich Stukkateure und Freskenmaler 1682 auf ihre Arbeit in
der Kirche ein. Das 1633 von Michael Obermüller geschnitzte prächtige Gestühl dieses
Chores wurde 1856 in die Jesuitenkirche zu Linz geschafft.

Nun kann, wer landschaftliche Reize liebt, das Ennstal aufwärts fahren, vor allem
die Enge von Kastenreith bis zur Landesgrenze bei Altenmarkt. Wir wollen hinüber ins
Steyrtal auf dem Umweg über Steyr und Neuzeug oder, wenn auch auf holpriger
Straße, direkt von Garsten über Aschach nach Pichlern an der Steyr, dann 6 km fluß-
aufwärts, nun rechts (westlich) einbiegen nach Waldneukirchen und ADLWANG. Zur
Marienkapelle, die bereits 1330 urkundlich genannt wurde, zu ›Unserer lieben Frau
von Adlwang‹ wallfahrtete man schon im 15. Jh., wie ein Indulgenzbrief Papst Eugen
IV. ausweist. Das Gnadenbild, das irrtümlich dem seligen Thiemo von Salzburg zugeschrieben wurde, stammt ebenfalls aus dem 15. Jh. Die Wallfahrten, nur durch die
Reformationszeit unterbrochen, nahmen so zu, daß Adlwang vom späten 17. zum
späten 18. Jh. der meistbesuchte Gnadenort Oberösterreichs war; 1755 z. B. zählte man
fast 47 000 Kommunikanten.

Nach 12 km erreichen wir das ZISTERZIENSERSTIFT SCHLIERBACH auf einer Anhöhe
über dem hier breiten Kremstal (Abb. 111). In einer Schenkungsurkunde Kaiser Heinrich II. von 1005 für das Hochstift Salzburg wird das Gut Schlierbach erstmals genannt, das mit einer kleinen Burg nach manchen Wechselfällen an Eberhard V. von

105 ENNS Stadtmuseum. Römischer Torso aus Lauriacum, 3. Jh., Höhe 37 cm

STEYR

106 Schnallentor, 1613

107 ›Brucknerstiege‹ am Mesnerhaus der Stadtpfarrkirche

108 Stadtplatz mit Rathaus, 1765–78

109 ›Bummerlhaus‹ am Stadtplatz, um 1497

110 Zisterzienserstift SCHLIERBACH
›Schlierbacher Madonna‹, um 1330

111 Zisterzienserstift SCHLIERBACH   113 HINTERSTODER Blick auf Spitzmauer und Großen Priel ▷
112 Zisterzienserstift SCHLIERBACH   Bernardisaal, um 1700

114 PYHRNPASS Ältestes Straßenwärterhaus Österreichs

115 PÜRGG Pfarrkirche St. Georg

116 Landschaft beim ›Dietlgut‹ im Hinterstodertal

117 Bad Aussee im steirischen Salzkammergut ▷

119 GMUNDEN am Traunsee   Pfarrkirche. Dreikönigsaltar von Th. Schwanthaler, 1678
118 SPITAL am Pyhrn   Pfarrkirche. Chorfresken von B. Altomonte, 1737–40
120 ALTMÜNSTER   Pfarrkirche. Allerheiligenaltar (Ausschnitt), 1518

122 Benediktinerstift KREMSMÜNSTER Tassilokelch, um 769

◁ 121 TRAUNKIRCHEN Pfarrkirche. Fischerkanzel, 1753

123 Benediktinerstift KREMSMÜNSTER   Fischkalter, von Carlone und Prandtauer gebaut

BENEDIKTINERSTIFT KREMSMÜNSTER

124 Stiftskirche Langhaus

125 Kaisersaal von C. A. Carlone, 1694

126 Brückenturm mit Barockportal von C. P. Spaz

127 Stiftskirche Südl. Läuthaus. Hochgrab des Gunther, vor 1304

129 Schloß Schwertberg 130 Burg Clam
◁ 128 St. Nikola an der Donau
131 St. Thomas am Blasenstein Pfarrkirche

132 Landschaft im Mühlviertel. Auf dem Bergrücken St. Thomas am Blasenstein

Wallsee, Hauptmann des Landes ob der Enns, kam. Er übergab seinen Besitz 1355 dem Zisterzienserorden, der ›graue Nonnen‹ aus dem schwäbischen Kloster Baindt bei Ravensburg nach Schlierbach schickte. Die dürftige Ausstattung dieses relativ spät gegründeten Klosters ließ keinen großen Konvent zu, der sich in der Reformation so lichtete, daß das Kloster 1558 ausgestorben war. Nach der Verwaltung durch Administratoren, so 1609–20 durch die Äbte von Kremsmünster, befahl Ferdinand II. die Rückgabe an den Zisterzienserorden, 1620 wurde Wilhelm Sommer zum Abt von Schlierbach ernannt, der zwei Mönche aus Rein in der Steiermark mitbrachte. Sie und zahlreiche Nachfolger hatten sich kaiserlicher Instruktion gemäß der Rückgewinnung der zum großen Teil reformierten Bevölkerung zum katholischen Glauben zu widmen. Sie übernahmen daher die Pfarreien Kirchdorf und Wartberg, später auch weitere Pfarreien, die noch heute von Mönchen aus Schlierbach seelsorgerisch betreut werden. Der wirtschaftliche Aufstieg nach dem Dreißigjährigen Krieg erlaubte es den Äbten Nivard I. (1660–79) und Nivard II. (1696–1715) den stattlichen Neubau von Kirche und Kloster durch die Carlones durchführen zu lassen. Unter Kaiser Joseph II. wurde das Stift zwar nicht aufgehoben, aber so eingeschränkt, daß es 1815 unter Sequester gestellt werden mußte, nachdem schon 1809 das reguläre Chorgebet eingestellt worden war. Ende des 19. Jh. erholte sich das Stift wieder, doch schuf erst der 14. Abt Dr. Alois Wiesinger (1917–55) solide Existenzgrundlagen durch die Einrichtung einer modernen Käserei, des Gartenanbaus und einer Glasmalereiwerkstatt. Mit der Gründung einer landwirtschaftlichen Winterschule und eines Gymnasiums förderte er die Weiterbildung seiner Pfarrkinder im oberen Kremstal. Dorthin und in die Renovierungsarbeiten fließt der größte Teil der Überschüsse der Wirtschaftsbetriebe.

Die STIFTSKIRCHE Mariä Himmelfahrt und Jakobus d. Ä., 1680–83 von Pietro Francesco und Carlo Antonio Carlone als Quertrakt ins langgestreckte Klostergeviert gestellt, ist äußerlich von großer Schlichtheit, sieht man vom zwiebelhelmbekrönten Ostturm und den Statuen in den Nischen ab. Sie sollen an die Söhne des Babenberger Markgrafen Leopold III. des Heiligen erinnern, an Bischof Otto von Freising († 1158) und Erzbischof Konrad II. von Salzburg († 1168). Betreten wir aber den INNENRAUM, aus der kleinen, düsteren Vorhalle kommend, dann überfällt uns barocke Pracht in überreichem Maße (Farbtafel 30). Die Wandpfeiler der vier Joche, die Seitenkapellen, der gerade geschlossene Chor, das Gewölbe: es gibt kein Fleckchen Wand oder Gewölbe, das nicht bedeckt ist mit Ornament oder Figuren. Zum Leben erweckt wird diese äußerste Stuckierung und Malerei, wenn die Kerzen brennen und ihr Schein von Hunderten ovaler und kleinster Spiegel reflektiert wird, die den Raum weiten. Die Farben des Langhauses sind bewußt kräftig gehalten, schwelgen in Gold, Braun, Schwarz und Dunkelrot, die Decke darüber umfängt in gebrochenem Weiß des Stucks die farbigen *Fresken* des Bartolomeo und G. B. Carlone von 1684/85. Das Hochaltarbild, die Statuen und die Fresken haben die eine Aufgabe, die ›Verherrlichung Mariens‹ den Gläubigen einzuprägen. Das Programm beginnt mit der Verwandtschaft (›Freundschaft‹) Mariens, von G. B. Carlone als überlebensgroße Stuckfiguren vor die Pfeiler

209

SCHLIERBACH · BURG ALTPERNSTEIN · SPITAL AM PYHRN

gestellt: Zacharias und Elisabeth, Joachim und Anna im Langhaus, Judas Thaddäus, Johannes d. Ev., Johannes d. T. und Josef im Chor. Der Hochaltar ist nach einem Entwurf C. A. Carlones der Aufnahme Mariens in den Himmel gewidmet, bezeugt von den vier Evangelisten und vier Kirchenlehrern. Die Wölbung des Chors zeigt die Krönung Mariens, umgeben von Symbolen aus der Lauretanischen Litanei, die Wölbung des Langhauses Vorbilder Mariens, die der Emporen Maria als Königin der Patriarchen, Propheten und Apostel, jene der Kapellen Bilder Mariens aus dem Neuen Testament. Die über die Wölbungen verteilten Stuckschilder tragen das ›Salve Regina‹ und das ›Sub tuum praesidium‹, die feierlichen Chorgebete der Zisterzienser, die sie jeden Morgen und Abend anzustimmen haben. Dazu versammeln sie sich beim *Hochaltar*, der säulenreich nahezu die ganze Chorwand bedeckt, von dem Bildhauer Johann Christoph Jobst und dem Tischler M. Christoph Grießmayr geschaffen, die auch die Seitenaltäre und die Kanzel von 1695 mit einer Krone als Schalldeckel lieferten. Die Altarblätter malten (von links nach rechts): Johann Michael Rottmayr 1698 den hl. Bernhard, Gabriel Meittinger 1720 die hl. Familie, David Höß 1692 die Marter des hl. Jakobus d. Ä., Karl von Reslfeld 1703 die Enthauptung des hl. Julian, David Höß 1692 die Kreuzigung Christi, J. M. Rottmayr 1697 die hl. Katharina.

Die volle Wirkung erzielt die Kirche erst beim Spiel der *Orgel* auf der Westempore, deren klangreiches Werk Valentin Hochleitner 1764–70 geschaffen hat. Zur Verherrlichung Mariens hatten nach barocker Auffassung alle Künste beizutragen.

Das überwältigte Auge beruhigt sich wieder an den ruhigen Fronten des STIFTSHOFES, der durch die Kirche ungleich geteilt ist, dessen Nordflügel über dem Tor den Abteiturm trägt, der mit Zwiebelhelm und Laterne dem Kirchturm angeglichen ist. Der Ostflügel des unvollendeten äußeren Stiftshofes von 1699–1704 bietet mit dem prunkvollen BERNARDISAAL (Abb. 112) in seiner üppigen Stuckierung, farbsatten Fresken mit allegorischen Darstellungen der Künste, seinen großformatigen Bildern mit Darstellungen aus der Welt- und Kirchengeschichte ein kleines weltliches Gegenstück zur Kirche. Die Ausstattung, auch die Marmorrahmen um Türen und Kamine, entstammt der Zeit um 1700. – Südlich der Kirche ist das Geviert dem Konvent vorbehalten. Dort steht in der MARIENKAPELLE, die vom freskenreichen Kreuzgang zugänglich ist, die *Schlierbacher Madonna*, eine ausgezeichnete Figur, um 1330 geschnitzt (Abb. 110). – Der an drei Seiten freistehende BIBLIOTHEKSBAU von 1712 nordöstlich des Kirchturms war wohl erst kirchlichen Zwecken zugedacht, denn der Grundriß ist ein griechisches Kreuz mit kurzen Armen. Johann Michael Prunner, der sich wohl auf Pläne C. A. Carlones stützte, baute die den Raum umziehende Galerie ein, um den barocken Buchbestand und einen beträchtlichen Teil der berühmten Bibliothek des Johann Hartmann Enenkl unterzubringen (Farbtafel 31).

Auf dem Wege nach Kirchdorf sollte man ein- oder zweimal anhalten, um die langgestreckte Westfassade des Stiftsbaues zu betrachten, die mit 30 Fensterachsen zu drei Geschossen wie ein geistliches Schloß wirkt. – Zwischen Kirchdorf und Micheldorf liegt links die BURG ALTPERNSTEIN, die 1170 in der Hand eines Pillung von Pernstein

210

ist. Nach mehrfachem Besitzwechsel bekam Christoph Jörger von Kaiser Ferdinand I. die Burg als Geschenk und erweiterte sie 1578–82. Als Protestanten wurden die Jörgers 1626 enteignet und Pernstein 1628 an den Landeshauptmann Adam Graf Herberstorff (s. S. 216) verkauft, von dessen Witwe Salome das Stift Kremsmünster 1630 den Besitz erwarb und bis heute behalten hat. Seit 1948 ist ein Jugendheim in dem mächtigen viergeschossigen Wohnbau über der Felsklippe eingerichtet, den man über eine dreibogige steinerne Brücke erreicht. Dort kann man den Rittersaal, die 1626–29 stuckierte Kapelle mit einer spätgotischen Muttergottes und die Rüstkammer im dritten Stock besichtigen.

Durch Klaus gelangen wir zum Bahnhof Hinterstoder, wo das Stodertal bis zum Steyr-Ursprung am Hebenkas (2284 m) befahrbar ist (Abb. 113, 116), schließlich nach Windischgarsten, der einstigen römischen mansio (Rasthaus) Gabromago.

Am Nordfuß des Pyhrnpasses (Abb. 114), der hinüber ins Ennstal und die Steiermark führt, liegt im engen Tal der Teichl SPITAL am Pyhrn (keltisch pyr = Berg). Über den Paß waren Römer und Slawen, Avaren und Magyaren gezogen, ohne eine Siedlung zu hinterlassen. Erst als die Babenberger mit der Markgrafschaft Österreich belehnt worden waren und das Vorland am Pyhrnpaß dem Bistum Bamberg schenkten, errichtete 1190 Bischof Otto II. von Bamberg dort ein Hospital für die Pilger, die den beschwerlichen Paßweg, der winters eingeschneit war, nicht auf Anhieb bewältigen konnten. Zur Betreuung der Pilger und der Kreuzfahrer wurde eine Spitalsbruderschaft unter einem Spitalmeister errichtet, die 200 Jahre segensreich wirkte. Nach dem letzten Kreuzzug versiegten die Pilgerfahrten, das Spital wurde daher 1418 in ein Kollegiatstift weltlicher Chorherren umgewandelt, die unter einem Dechanten (seit 1605 einem Propst) zu Zehnt eine Art klösterlicher Gemeinschaft bildeten und die Seelsorge im oberen Teichl- und Steyrtal übernahmen. Der große Förderer des jungen Stiftes wurde der Bamberger Bischof Friedrich von Aufseß, der nach seinem Verzicht auf den Bischofsstuhl (1431) die letzten Jahre seines Lebens († 1440) in Spital a. P. zubrachte. Er ließ nicht nur die Kirche und das Stift spätgotisch ausbauen, sondern auch die Friedhofskirche St. Leonhard und die Kirchen zu Vorderstoder und St. Pankraz errichten. Nach Reformation und Gegenreformation, deren österreichischer Hauptschauplatz das Garstener Tal war, erholte sich das Stift erst zu Anfang des 18. Jh. wieder. Jetzt konnte die neue barocke STIFTSKIRCHE südlich der gotischen erbaut und geschmückt, die beiden Stiftshöfe geschaffen werden. Die Klosteraufhebung unter Josef II. hat Spital noch überlebt, wurde aber 1807 den aus St. Blasien vertriebenen Benediktinern zugesprochen. Des rauhen Klimas wegen zogen diese jedoch bereits zwei Jahre später nach St. Paul im Lavanttal, wobei sie Bibliothek und Kunstschätze mit nach Kärnten nahmen; das Archiv kam in die Nationalbibliothek Wien.

Die jetzige PFARRKIRCHE MARIÄ HIMMELFAHRT, 1841 durch einen schweren Brand heimgesucht, wurde 1975–78 durchgreifend renoviert. Entgegen den liturgischen Regeln ist sie nach Westen gerichtet, weist ihre kräftige Doppelturmfassade nach Osten. Die prächtige, zweigeschossige Schauwand zeigt in den Nischen oberhalb der Parterre-

PYHRNPASS · DAS AUSSEERLAND

fenster die Figuren von Petrus und Paulus, darüber Kaiser Heinrich II. (Gründer des Bistums Bamberg) und Bischof Otto, über dem Portal Maria und darüber Gottvater. Durch ein Säulentor betritt man die niedrige Vorhalle zwischen den Türmen, die durch ein vorzügliches Gitter, von Andreas Ferdinand Lindermayr 1728–34 geschmiedet, vom dreijochigen Langhaus getrennt wird, das sich in je drei Seitenkapellen öffnet. Die Altarbilder dieser Seitenkapellen sind von Bartholomeo Altomonte (links Karl Borromäus; rechts Nothelfer) oder von Kremser-Schmidt. Sie sind nur ein Auftakt zu Altomontes Hauptwerk, den *Fresken* in der Apsis (Altarchor), den größten in Österreich, deren vornehmer Akkord in den Haupttönen Blau und Rotbraun mit feinem Gold durchwirkt ist (Abb. 118). Das Thema, die Himmelfahrt Mariens, wird mit Allegorien der Kardinaltugenden (Gerechtigkeit, Tapferkeit, Weisheit und Mäßigung) und Engeln mit Symbolen aus der Lauretanischen Litanei (›Spiegel der Gerechtigkeit‹, ›Sitz der Weisheit‹) vorbereitet. Das Mittelstück zeigt die Lade des Alten Bundes, wiederum mit Symbolen der Lauretanischen Litanei umgeben (›Morgenstern‹, ›Turm Davids‹ etc.). Im Mittelteil und in der Kuppel werden Szenen der Himmelfahrt Mariens geschildert: Die Apostel finden das leere Grab und Rosen anstelle des Leichnams; von Engeln getragen schwebt Maria himmelwärts; die Trinität krönt sie zur Himmelskönigin.

Nachdem Altomonte 1737–40 für 3100 Gulden die herrlichen Fresken aufgetragen hatte, setzte 1743–48 Karl Johann Gstöttenbauer aus St. Florian die vergoldeten Brüstungen und Gitter vor die vier Oratorien der Chorseitenwände. Der *Hochaltar* mit seinen zwölf Marmorsäulen errichtete erst 1769 der Grazer Veit Königer, gleichzeitig mit dem prächtig intarsierten *Chorgestühl* des Joachim Ertl aus Lambach, das bereits die Formensprache des Rokoko spricht. Dieser Stil war schon mit der *Kanzel* des Johann Ignaz Thenny aus Aussee 1748 eingeführt worden. Sein ›Guter Hirte‹ auf dem engelumlagerten Schalldeckel findet sein Gegenstück im ›Hl. Nepomuk in der Glorie‹ des Veit Königer von 1769. Das überwölbende Langhaus wurde bereits 1724 von Domenico Antonio Carlone mit Stuckrahmenverzierungen bereichert, trug jedoch nie ein Fresko, sondern nach alter Baurechnung nur die Hauptfarben des Hochaltars.

Zwar fehlt ein Nachweis für den Baumeister der Stiftskirche, doch deuten viele Indizien auf Johann Michael Prunner, den Schöpfer der Dreifaltigkeitskirche in Stadl-Paura (s. S. 169), der zwischen 1717 und 1738 mehrfach in Spital a. P. tätig gewesen ist. Die Bildung von Portal und Giebel, die Vierpaßfenster und die Pflasterung des Chores mit schwarzen, weißen und roten Marmorplatten gelten einwandfrei als Prunners Handschrift.

Um den Chor gelagert sind die SAKRISTEI mit Deckenfresken von Wolfgang Andreas Heindl von 1734 und Sakristeischränken mit sehenswerten Intarsien (17./18. Jh.), die SCHUTZENGELKAPELLE mit weiteren Deckenfresken von Heindl (Tempelweihe Salomonis; Opferung Isaaks) und einem bäuerlichen Kruzifixus aus der Ochsenwaldkapelle am Wallfahrtsweg nach Frauenberg bei Admont, schließlich die ALTE BIBLIOTHEK mit alten Bücherkästen und einem Taufstein von Veit Königer.

Von Königer stammen auch die Figuren der DREIFALTIGKEITSSÄULE VON 1771 auf dem Kirchplatz, den wir in Richtung Pyhrnpaß verlassen. Vor dem Anstieg (10%) besuchen wir noch die FRIEDHOFSKIRCHE ST. LEONHARD, die auf einen großen, mitten im Tal liegenden Felsblock gebaut wurde, der einst eine heidnische Kultstätte getragen haben soll. Gegründet wurde die damalige Filialkirche vom Bamberger Bischof Albrecht von Wertheim 1418, besonders gefördert durch seinen Nachfolger Friedrich von Aufseß, der 1439 die Altäre weihte. Die starke Friedhofsmauer ließ erst der protestantische Dechant Prugger 1564 hochmauern, als in der Kirche reformatorische Gottesdienste gehalten wurden. Heute dient die Unterkirche zur Aufbahrung und Totenwacht der Pfarre, die Oberkirche zu gelegentlichen Gottesdiensten. Beiden gemeinsam ist die ornamentale Fülle der *Fresken* (kein Feld gleicht dem anderen), die alle die Unendlichkeit Gottes darzustellen haben. Die Kalvarienberggruppe der Unterkirche schuf 1774 der Lambacher Ertl. Erhalten haben sich etliche eiserne Votivgaben und Figurenteile aus dem 14. Jh., ausgestellt in einer Vitrine neben dem Altar. Die Oberkirche, über Wendeltreppen in eigenen Türmchen erreichbar, überrascht mit einem herrlichen Netzrippengewölbe, Seitenaltarblättern von Kremser-Schmidt und einem prächtigen Gitter an der Tabernakeltüre vom einheimischen Hufschmied A. F. Lindermayr.

Jenseits des Pyhrnpasses reisen wir genau 50 km durch die Steiermark, deren Kunstwerke zu beschreiben den Rahmen dieses Bandes überschreiten würde. Wer trotzdem rasten will, dem sei SCHLOSS TRAUTENFELS mit seiner herrlichen Innenausstattung und dem Heimatmuseum des Ennstales empfohlen, an der Abzweigung der Salzkammergut-Bundesstraße vom Ennstal gelegen, die wir hinfort benutzen wollen. Wenige Kilometer aufwärts steht der mächtige Turm der PFARRKIRCHE ST. GEORG in PÜRGG, einer kleinen romanischen Basilika von ca. 1130 (Abb. 115) und außerhalb des Ortes auf freier Höhe das Johanneskirchlein aus dem späten 12. Jh. mit gleichaltrigen Fresken. – Haben wir bei 16% Steigung die Höhe gewonnen, fahren wir an den Skiorten Tauplitz, Mitterndorf und Pichl vorbei durchs steirische Salzkammergut, durch AUSSEERLAND, einem von Gebirgsstöcken rings umgebenen geschlossenen Bereich, in dem sich besondere Sitten, Bräuche und Trachten erhalten haben (Abb. 117). Der einträglichste Erwerb war vor dem Fremdenverkehr die Salzgewinnung aus dem Sandling (1717 m) nordöstlich Alt-Aussee. Die Bergwerke an seinem Fuß wurden zunächst von den ›Hallingern‹ betrieben, von denen es um 1500 noch 16 Familien gab. Der Landesherr drängte sie aus dem Geschäft, erklärte 1542 nach Übernahme ihrer Anteile die Bergwerke zum ›Kammergut‹ (daher ›Salzkammergut‹), das vom Kammerhof am oberen Platz von BAD AUSSEE verwaltet wurde. Das Gebäude hat schöne Fenster- und Türgewände aus rotem Marmor aus dem späten 15. Jh., in seiner Kapelle stehen zwei spätgotische Figuren, während der Altar 1695 datiert ist. – Der Markt Aussee wurde von Herzog Albrecht (dem Sohn König Rudolfs von Habsburg) 1290 gegründet, als er die Saline von Alt-Aussee hierher verlegte, wo die Quellflüßchen der Traun aus dem Altausseer-, dem Grundl- und Ödensee sich vereinen. Der von zahlreichen Villen und Hotels umstellte Ortskern

ALT-AUSSEE · PÖTSCHENPASS · EBENSEE

weist noch prächtige Hallingerhäuser mit marmornen Portalen der Spätgotik auf. Sehenswert ist das Herzheimerhaus (Hauptstr. 156) mit Wappen und Jahrzahl 1507. Am Hoferhaus mit seinen zwei über Eck gestellten Türmen wurden außen und in der ehem. Treppenhalle Fresken mit Darstellungen aus dem Alten Testament, um 1500 entstanden, freigelegt. Wiederhergestellt wurden auch die feinen Sgraffitoarbeiten an der Alten Mühle beim Meranplatz.

Der Name Meran erinnert an den beliebtesten Habsburger seiner Zeit, an den ›steirischen Prinzen‹, an Erzherzog Johann (1782–1859), Bruder des Kaisers Franz I. Zwar hatte er als Feldmarschall die Schlachten bei Hohenlinden (1800) und Raab (1809) verloren, förderte jedoch die Abwehr durch den Aufruf zur Landwehr und die Unterstützung der Erhebung in Tirol 1809. Bereits 1811 schenkte er seine Sammlungen an das Museum und die von ihm gegründete höhere Lehranstalt Johanneum in Graz. Durch seine gemeinnützigen und wirtschaftlichen Unternehmen längst populär geworden, heiratete er 1827 bürgerlich, die Tochter des Postmeisters von Aussee Anna Plochl, die später zur Gräfin von Meran erhoben wurde. Ihre Nachkommen bewohnen heute noch das Postmeisterhaus mit seinen raren Kunstsammlungen. Am 29. 5. 1848 wählte die Deutsche Nationalversammlung in der Frankfurter Paulskirche Erzherzog Johann zum Reichsverweser, ein schweres Amt, das er 10. 12. 1849 niederlegte, um fortan seinen naturwissenschaftlichen Studien zu leben.

Am nordöstlichen Ende des Marktes, an der Straße zum Grundlsee, dem »innersten Hort des Salzkammergutes« (dem unverfälschten), steht auf einer Anhöhe die PFARR-KIRCHE ST. PAUL, deren romanisches Hauptschiff ins 13. Jh. zurückreicht. Daran wurde zu Beginn des 15. Jh. südlich ein Seitenschiff mit einem mächtigen siebengeschossigen Turm gesetzt. Ende des 15. Jh. hat man einen dreijochigen Chor angefügt, im 17. Jh. daran zwei Kapellen. Eine harmonische Konzeption wurde nicht erreicht. Prachtstück des Chores ist das hohe Sakramentshäuschen aus rotem Marmor mit reichen Eisengittern. In der 1709 stuckierten Marienkapelle nebenan steht eine gotische Marienfigur vom Typus der ›Schönen Marien‹, wie sie Anfang des 15. Jh. in Böhmen und den Alpenländern beliebt waren. Prächtige Grabmäler der Salzgewerken, darunter zwei von Hans Valkenauer und einige aus der Werkstatt Eybenstocks zu Salzburg, sind zu besehen. – Die Hl.-Geist-Kapelle des MARKTSPITALS von 1395 am Meranplatz besitzt zwei gotische Flügelaltäre. Den Hauptaltar stiftete Kaiser Friedrich III. 1449 zu Ehren der Hl. Dreifaltigkeit. Der unbekannte Maler zeigte außen Szenen aus der Kindheit Jesu, innen jedoch, vom Genter Altar der Brüder van Eyck beeinflußt, zum Mittelbild heranschwebende vier Chöre heiliger Männer und Frauen. Der Seitenaltar von 1480 bringt Szenen aus dem Leben der 14 Nothelfer. – Die Kalvarienbergkapelle enthält außer der barocken Darstellung des Kalvarienbergs als Hochaltar auch vier Flügel eines alten Hochaltars aus dem 15. Jh. mit Darstellungen aus der Legende des hl. Leonhard.

Das Dorf ALT-AUSSEE, am gleichnamigen See gelegen, ist als Siedlung wesentlich älter als Bad Aussee, wurde aber in seinem Wachstum gebremst, als das schon 1147 bezeugte Salzsudwerk wegverlegt wurde. Zahlreiche Holzhäuser mit zierlichen Holzveranden und Stiegen haben sich am Fuße des Hausberges, des Loser (1838 m), erhalten. Die PFARRKIRCHE St. Ägyd wurde 1434 aus rotem Sandstein als einschiffige Kirche gebaut und mit einem wuchtigen Turm bestückt. Kaiser Franz Joseph I., Großneffe jenes Erzherzogs Johann, ließ sie 1859–61 vergrößern und zu einem beeindruckenden Zeugnis der späten Romantik gestalten. Leopold Kupelwieser, der Freund Franz Schuberts, malte zwei gute Altarblätter im Stil der Nazarener. Von der gotischen Ausstattung blieben nur sechs gemalte Scheiben mit Heiligengestalten und das Sakramentshäuschen von 1520, das dem in der Bad Ausseer Pfarrkirche nahesteht.

Wer nach Hallstatt will, kann die schmale Straße von Bad Aussee nach Obertraun (16⁰/₀ Steigung, 23⁰/₀ Gefälle) benutzen. Der direkte Weg nach Bad Ischl führt an Luppitsch und seinem Alpengarten vorbei zum Pötschenpaß. – Bei der Abfahrt von der Pötschenhöhe (992 m) ins Tal der Traun biege man bei der letzten Kehre auf den Parkplatz ein, um links der Straße den einmaligen Blick auf den Hallstätter See zu genießen. Über Bad Goisern (s. S. 141 f.) erreichen wir Bad Ischl (s. S. 140 f.) und fahren links der Traun nach EBENSEE. Auf einem Felsblock in der Traun erinnert ein Kruzifix an die gefährliche, manchmal tödliche Fahrt der Flößer, die das in Hallstatt und Ischl gewonnene Salz zum Traunsee fuhren, bis die Soleleitung nach Ebensee ihnen die Arbeit abnahm. Auf dem Rückweg zogen Pferde die leeren Zillen traunaufwärts, mitunter mit Korn und Tuch beladen. – Nach 5 km zweigt bei Mitterweißenbach eine Straße nach Weißenbach am Attersee ab, die, eingezwängt von den Ausläufern des Großen Höllkogels (1862 m) und des Leonsbergs (1745 m), zu den landschaftlich schönsten des Salzkammerguts gehört. – In Ebensee am Traunsee wird heute die Sole in modernen Anlagen verarbeitet, Glas fabrikmäßig hergestellt. Halten konnten sich auch einige Bleikristallschleifer und Glasbläser, die kunstvolle Gläser herstellen und verzieren und die man bei ihrer Arbeit beobachten darf. Von hier führt eine Seilbahn auf den Feuerkogel (1594 m) mit seinen sieben massiven Hütten und dem Fernblick bis zum Dachstein. Bei der Talstation zweigt eine Fahrstraße zum Vorderen Langbath-See und von dort ein Fußweg zum Hinteren Langbath-See ab, zwei Oasen der Stille im Salzkammergut.

Kunst treffen wir wieder in TRAUNKIRCHEN an, dessen PFARRKIRCHE MARIÄ KRÖNUNG mit dem hohen Satteldach zwischen dem achteckigen Ostturm und dem kleineren Westturm wie eine Burg auf einem Fels im Traunsee liegt (Farbtafel 15). Ursprünglich stand hier die Kirche eines Nonnenklosters, das kurz nach 1020 gegründet und wahrscheinlich vom Nonnberg in Salzburg aus besetzt wurde. Nachdem während der Reformation das Kloster ausgestorben war, wurde es 1573 aufgelöst, die Liegenschaften 1622 den Jesuiten überlassen, die bis zur Aufhebung ihres Ordens 1773 von hier aus Gegenreformation und Wanderseelsorge betrieben. Sie erbauten auch zwischen 1631 und 1652 die dreischiffige Halle mit sechs Jochen auf Rundpfeilern in einer recht nüchternen Renaissance, wobei im Chor Teile der romanisch-gotischen Kirche mitverwen-

215

TRAUNKIRCHEN · ALTMÜNSTER · SCHLOSS ORT

det wurden. Glanzstück der barocken Einrichtung mit fünf Altären ist die reiche *Fischerkanzel* von 1753 (Abb. 121). Anspielend auf das Hauptgewerbe der Gemeinde ist Christi wunderbarer Fischzug (nach Lukas 5,1–11) dargestellt. Da zappeln silberne Fische im Netz, aus dem das herausquellende Wasser zu silbernen Zapfen erstarrt, dieweil auf dem Schalldeckel der Jesuitenmissionar und ›Seelenfischer‹ Franz Xaver zu predigen beginnt. (Eine ganz rare Darstellung, die ein Gegenstück in der Kirche zu Fischlham östlich Lambach hat, allerdings ohne den Jesuitenmissionar.)

Aus der Kette von Pensionen, Hotels und Alterssitzen, die uns begleiten, hebt sich bald der Turm der PFARRKIRCHE ST. BENEDIKT in ALTMÜNSTER heraus, eines Marktes auf römischem Siedlungsboden. Der Ortsname deutet auf ein Kloster, das in der spät-karolingischen Zeit als Benediktinerabtei Trunseo erwähnt wird (909), aber bald ein-ging und nur das seltene Patrozinium hinterließ. Neben den mächtigen Turm, der aus dem Viereck ins Achteck übergeht und auf 1300 datiert wird, wurde 1470–80 eine großräumige Hallenkirche mit gebrochener Empore gestellt, dazu 1625 ein großer frühbarocker Chor gefügt. Außer 12 Gulden für Trinkgelder aus der Kirchenkasse hatte den Chor Adam Graf Herberstorff bezahlt, der während der bayerischen Pfandherrschaft (1620–28) Statthalter des Landes ob der Enns war und den Bauern-aufstand von 1626 blutig niedergeschlagen hatte. Sein Epitaph aus rotem Marmor steht in der Kapelle, nachdem er lange Zeit unterm Boden lag als der eines verhaßten Mannes. Seine Erben haben wohl das *Hochaltarbild* ›Tod des hl. Benedikt‹ von Joachim von Sandrart, signiert 1636, gestiftet, das um 1700 in den Altar des Michael Zürn d. J. eingebaut wurde. Da Zürns große Statuen des Johannes, Paulus, Leonhard und Ägydius nicht in den neugotischen Altar paßten, wurden sie im Chor aufgestellt. Von der spätgotischen AUSSTATTUNG blieben die Krönung Mariens und ein Holz-relief mit der Geburt Christi übrig, vor allem aber der vielfigurige *Allerheiligen-altar* in der gleichnamigen Kapelle (Abb. 120). Dieses auf 1518 datierte Steinrelief aus der spätesten Gotik wurde von K. Oettinger dem ›Meister des Annenaltars‹ (im Wiener Diözesanmuseum) zugeschrieben. Etwa 200 Jahre älter ist der achteckige Tauf-stein mit dem Brustbild eines Menschen und symbolischen Tiergestalten wie der Taube (Unschuld), des Bockes (Sünde) und des Fisches (Christus). Das unstreitig älteste Denkmal ist ein Grabstein aus der Römerzeit, noch vor der Christianisierung aus hellgrauem Sandstein gearbeitet. Um ihn vor Verwitterung zu schützen, hat man ihn in die Kirche geholt genau wie das gotische Relief der Geburt Christi vom Haus Nr. 42, das in der Marienkapelle verwahrt, zu Weihnachten aber neben dem Hoch-altar aufgestellt wird. Dann wird am Josefsaltar die wertvolle *Krippe* des Johann Georg Schwanthaler († 1810 zu Gmunden) ausgebreitet, deren Szenen von der Anbe-tung der Hirten bis zur Flucht nach Ägypten und der Beschneidung reichen. (Eine weitere figurenreiche Krippe aus seiner Hand bewahrt das Stadtmuseum Gmunden.)

Am südlichen Ortseingang von Altmünster zweigt eine landschaftlich reizvolle Straße nach Steinbach/Attersee ab. Nach der Ortschaft Neukirchen liegt rechter Hand der Höhenwildpark Hochkreut (700–900 m), der seit 1975 Rot-, Dam-, Schal- und

Schwarzwild, Dybowskihirsche, Steinböcke, Mufflons und Wisente beherbergt. – An jenem Südeingang steht das SCHLOSS EBENZWEIER auf dem Grund des Edelsitzes der Herren von Schachner, 1842 in die heutige Form eines zweiflügeligen Landschlosses gebracht von Erzherzog Max Joseph d'Este, Kommandeur des Deutschen Ordens, der bewußt auf eine luxuriöse Ausstattung verzichtete, da seine Wohnung nicht wie die des Baron Rothschild aussehen sollte. Während der Revolution von 1848 gewährte er den aus Wien und Niederösterreich geflohenen Adeligen Unterkunft und machte so den Traunsee als Refugium populär. 1892 kam das Schloß an den Infanten Don Alfonso von Bourbon und Austria-Este, einen Enkel des Kronprätendenten Don Carlos von Spanien, der während der zwanziger Jahre zahlreiche verschuldete Bauerngüter kaufte und die Areale aufforsten ließ.

Auf dem Weg nach GMUNDEN biege man rechts ab zur VILLA TOSKANA, die sich ein ebenfalls entthrontes, reiches Herrscherhaus, der bis 1859 das Großherzogtum Toskana regierende Zweig der Habsburger, auf eine Halbinsel im Traunsee baute. Das in gelbem Sandstein leuchtende Neorenaissance-Gebäude gehört seit wenigen Jahren der Stadt Gmunden (so wie Ebenzweier dem Markt Altmünster) und soll für kulturelle Veranstaltungen hergerichtet werden. Eine Schneise im alten Park führt von der Schloßveranda hinab zum Seeufer und lenkt den Blick hinüber auf die graue Felswand des Traunstein (1691 m), die in der Nachmittagssonne wie mattes Silber schimmert. – Der bekannteste Flüchtling, der sich im Norden Gmundens ansässig machte, war König Georg V. von Hannover, der, 1866 auf der Seite Österreichs fechtend, Land und Vermögen an Preußen verlor. Da er seinen Hofstaat mitbrachte, mußte er im stockkatholischen Gmunden eine evangelische Kirche im neugotischen Stil errichten. (In den Park von Schloß Cumberland wurde in unserer Zeit eine massige Wohnsiedlung gesetzt genau wie in den Park der Villa Württemberg des Herzogs von Urach; die Grundsteuern zwingen zur Beschneidung größerer Parkanlagen.) Diese und andere Hoheiten machten Gmunden zum Gegenstück des kaiserlichen Ischl. Sie genossen die würzige Traunseeluft auf den Spaziergängen der Traunpromenade und Esplanade, die Eisspezialitäten bei Grellinger – dessen Gästebuch bis 1914 sich wie ein Extrakt aus dem Gotha liest –, schickten ihre Sprößlinge auf das elitäre Gymnasium, applaudierten den Stücken auf dem Sommertheater, das heute noch floriert.

Habsburger residierten auch im LAND- und SEESCHLOSS ORT, das einst der Graf Herberstorff bewohnt hatte. Das Landschloß ist ein Vierflügelbau des 17. Jh., nichts anderes als ein ins Größere geweiteter Vierkanthof des Traungaus, um einen quadratischen Hof gelagert, in dessen Mitte ein herrlicher Brunnen mit schmiedeeisernem ›Käfig‹ von 1777 steht, dessentwillen der Weg lohnt. Von der alten Inneneinrichtung ist bei den mehrfachen Umbauten, zuletzt für eine Landwirtschaftsschule, kein Stück erhalten geblieben. Das Seeschloß, auf kleiner Felseninsel gelegen und über einen hölzernen Steg zu erreichen (Farbtafel 14), ist im Kern gotisch. Die massigen Flügel umschließen einen winzigen dreieckigen Hof, der an zwei Seiten zweigeschossige Arkaden des 16. Jh. besitzt. In der barock überformten gotischen Kapelle hat man Fresken von 1634

GMUNDEN AM TRAUNSEE · GRÜNAU · SCHLOSS SCHARNSTEIN

freigelegt und eine lebensgroße Marienfigur aufgestellt, die um 1450 für die Maria-Anger-Kirche zu Lorch bei Enns geschaffen wurde. – Der seltsamste Besitzer von Ort war zweifelsohne Erzherzog Johann Salvator, der Sohn des Großherzogs Leopold II. von Toskana, der 1889 auf die Zugehörigkeit zum Hause Habsburg verzichtete, sich Johann Orth nannte und 1890 auf einer Weltreise mit seinem Segelschiff vor Südamerika verschollen ist.

Gmunden verdankt seine Existenz aber nicht diesen Gästen und ihren Talern und Kronen, sondern dem Salzhandel, der schon vor der Zeitenwende florierte, nach einer Flaute im hohen Mittelalter aber wieder zunahm. Wer Salz von Hallstatt, später auch von den Salinen Ischl und Ebensee ins Vorland und zur Donau auf der Traun transportieren wollte, der mußte bei Gmunden den Traunsee verlassen, wo die Zwischenhändler (und Zöllner) schon warteten. Als die Habsburger Stadtherren geworden waren, errichteten sie ihren Kammerhof (Steuerbehörde) direkt am Seeausfluß, daher stammt auch der Name Salzkammergut für das Land um die obere Traun. Im Kammerhof hat die Stadt Gmunden ihr MUSEUM eingerichtet, das neben einer Gemälde-, Grafik- und Fayencesammlung mit einem Hebbel- und einem Brahmszimmer mit originaler Ausstattung an zwei bemerkenswerte Gäste der Stadt erinnert, die auch von Schubert und Lenau mehrfach besucht wurde. Der Reichtum der Stadt zeigt sich heute noch in dem schloßähnlichen RATHAUS (16.–18. Jh.) nahe der Schiffslände, dessen Treppenhaus in Arkaden zum Rathausplatz geöffnet ist. In der dritten Arkade hängt ein Glockenspiel aus dem 18. Jh., das aus Gmundner Majolika gebrannt wurde und damit vom zweiten Handelsgut der Stadt kündet, deren ältestes Privileg als landesfürstlich-habsburgische Stadt von 1301 datiert.

Bereits damals stand auf der westlichen Anhöhe die gotische PFARRKIRCHE zur Jungfrau Maria und Erscheinung des Herrn, deren Westturm Johann Michael Prunner 1713–18 barock umgestaltet hat. Hervorragend sind die *Schnitzwerke* des Thomas Schwanthaler, der 1678 die Hl. Drei Könige für den Hauptaltar schuf (Abb. 119), und des Michael Zürn d. J., der dafür die Figuren der Elisabeth und des Zacharias beisteuerte und den Annenaltar im Westjoch des nördlichen Seitenschiffes aufstellte. Beachtlich auch die barock überformte gotische Kreuzigungsgruppe gegenüber dem Annenaltar und ein Marmoraltar im südlichen Seitenschiff. Von der Kirche, an und in der sich zahlreiche bemerkenswerte Grabsteine erhalten haben, ziehen schmale Gassen hinab zum hochwassergefährdeten Rathausplatz. In den Kellern und Dachböden dieser mittelalterlichen Häuser konnte Salz trocken gelagert werden.

Wer den Blick auf den Traunsee genießen will, fahre entweder (bei 17% Steigung) auf den Gmundnerberg (830 m) oberhalb Altmünster oder mit der Seilbahn auf den Grünberg (986 m) vom Gmundner Ortsteil Weyer aus. An den steilen Westfuß des Traunstein gelangt man auf schmaler Straße oder mit einem der weißen Schiffe der Traunseeflotte, die beim Gmunder Rathausplatz starten und Sie beim ›Hoisen‹, einer trefflichen Gaststätte, auf dem Weg nach Ebensee abladen. – Auf dem Weg von Gmunden über die huckeligen Ausläufer des Traunsteinmassives nach Scharnstein

218

lohnt sich ein Abstecher beim Weiler Mühldorf ins Almtal nach GRÜNAU, dessen Kirche den frühbarocken Hochaltar des Stiftes Kremsmünster besitzt. Beidseits waldbestanden, zwischen dem Kasberg (1747 m) und seinen Nachbarn im Osten und dem Zwillingskogel (1402 m) und seinen Vettern im Westen eingezwängt führt die Straße zum flachen Almsee, der dem Kloster Kremsmünster eigen ist. Ein Gasthaus, ein Forsthaus und eine Jugendherberge stehen vor der gewaltigen Kulisse des Toten Gebirges mit Gr. Woising (2061 m), Gr. Rabenstein (2100 m), Edler Kogel (1919 m) u. a. Auf halber Strecke, nach dem Jagdschloß Auerbach zweigt durch die Rindbachklause ein Weg, stets von Wald begleitet, nach Ebensee ab, der allerdings nur Rüstigen zu raten ist.

Am Ausgang des Almtales wacht auf langgestrecktem Fels SCHLOSS SCHARNSTEIN, das Helmhart Jörger, der Präsident der Niederösterreichischen Kammer, 1584 erworben und ausgebaut hat. Seine Söhne Wilhelm und Karl ließen die Inneneinrichtung im Renaissancegeschmack von Johann Baptist Spaz aus Oberitalien vornehmen. Nachdem sich Karl Jörger an der Rebellion der evangelischen Stände 1619 beteiligt hatte, wurde er enteignet; Schloß und Herrschaft erwarb das Stift Kremsmünster, das die Zöglinge seiner Ritterakademie dort Ferien halten ließ. Im 19. Jh. wurde die Inneneinrichtung größtenteils ausgeschlachtet; so kamen alle Deckenbilder nach Schloß Laxenburg bei Wien, 34 eiserne Fenstergitter und Gittertüren, geschnitzte Türen und Decken auf Wunsch des Erzherzogs Johann Salvator nach Schloß Ort. Die Halbruine wurde erst 1967 wieder hergerichtet, als der akad. Restaurator Harald Baron Seyrl

Johann Georg Schwanthaler. Krippenfiguren aus dem Stadtmuseum von Gmunden am Traunsee

WARTBERG · BENEDIKTINERSTIFT KREMSMÜNSTER

das Schloß ankaufte und mit eigenen und öffentlichen Mitteln renovierte. 1973 wurde ein Strafrechtsmuseum darin eingerichtet, das 1976 einen Teil der großen Ausstellung ›Der oberösterreichische Bauernkrieg 1626‹ aufnahm, obwohl die Bauern der Herrschaft Scharnstein nicht an der Erhebung teilgenommen hatten. Sehenswert sind die große gewölbte Halle im ersten Obergeschoß mit den mythologischen Gestalten und skurrilen Fratzen, die ein unbekannter Maler in Secco-Technik aufgetragen hat, dazu die Tafelstube, das Prälatenzimmer und das junge Museum.

Talabwärts steht bei dem Weiler Heiligenleithen die WALLFAHRTSKIRCHE ST. LEONHARD, ein spätgotischer, 1499 mit der Westempore vollendeter Bau. Aus dieser Zeit blieb im Inneren nur die Schnitzfigur des Kirchenpatrons erhalten; der Hochaltar ist Neugotik aus dem 19. Jh. Die barocke Ausstattung fügt sich, da qualitätvoll, gut unter die gotischen Netzrippengewölbe: die Seitenaltäre sind von 1670 im Knorpelwerkstil, die Kanzel von 1704, die Bänke von 1745. Während das spätgotische Chorgestühl unter die Westempore verbannt wurde, mauerte man an der Nordseite des Chores die Gnadenkapelle Maria Einsiedel, deren Altar um 1700 aufgestellt, deren Decke um 1720 stuckiert wurde. – Das Gebiet der nahen Pfarre PETTENBACH gehörte zur Erstausstattung des Klosters Kremsmünster 777; von dort wird der Ort bis heute seelsorgerisch betreut. Die heutige Pfarrkirche zum hl. Benedikt wurde 1484 gebaut, eine kleine spätgotische Hallenkirche mit stark eingezogenem Chor und einem Schlingrippengewölbe. Die Einrichtung gehört dem 17. Jh. an, die sitzende Marienfigur mit dem Kind auf dem linken Seitenaltar ist wahrscheinlich um 1620 von Hans Spindler gearbeitet worden.

Auf einer Nebenstraße erreichen wir WARTBERG an der Krems. Die Pfarrkirche St. Kilian steigt stufenförmig vom Chor über das Langhaus zum haubengekrönten Turm an. Im Inneren bemerkt man, daß der Chor der Gotik des 14. Jh., der Einsäulenraum des Langhauses der Spätgotik angehört, die dazu im Kontrast stehende Einrichtung im Knorpelstil von unbekannten Meistern im 17. Jh. geschaffen wurde (Hochaltar 1664, Seitenältäre und Kanzel 1671–73). Damals hatte man die acht doppelseitig bemalten Tafeln, sehr gute Arbeiten um 1470, von älteren Altären genommen und in den Chor verbannt. Sie schildern die Leidensgeschichte und die Kilianslegende. – Südlich der Kirche steht eine doppelgeschossige Beinhauskapelle von 1527.

Nur zehn Kilometer abwärts im Kremstal liegt das BENEDIKTINERSTIFT KREMSMÜNSTER, dessen langgezogene ›Schauseite‹ (die Südfront) Bibliothek und Refektorium, Konvent und Klerikat, dazu als freistehenden Akzent die Sternwarte umfaßt. Gegründet hat das Kloster, das sich heute im barocken Gewand präsentiert, Herzog Tassilo III. von Baiern 777 und mit reichem Güterbesitz zwischen Traun und Enns ausgestattet. Noch heute betreut das Kloster 26 Pfarreien ringsum, die einst in der Südostecke des baierischen Stammesherzogtums lagen. Tassilo III., ein Vetter Karls des Großen, hatte in Kärnten die Awaren besiegt und so dieses Land wieder ans Reich angeschlossen. Doch gefährdeten die Awaren immer wieder die Ostgrenze und als erneut ein Einbruch drohte, verließ der junge Baiernherzog das fränkische Heer auf einem

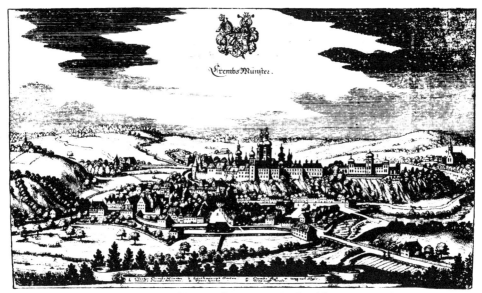

Kremsmünster. Aus der ›Topographia Austriae‹. 1649. Kupferstich von M. Merian

Feldzug in Aquitanien, zumal er sich als Bundesgenosse, nicht als Karls Vasall empfand. Als Karl 781 das langobardische Reich erobert und damit Tassilos Schwiegervater Desiderius entthront hatte, wurde der Baiernherzog nach Worms zitiert, um seinen Bündniseid zu erneuern. Diesen sah Karl verletzt, als Tassilos Krieger Bozen eroberten. Um eine Besetzung Baierns zu verhindern, mußte Tassilo auf dem Lechfeld einen Treueid leisten, seinen Sohn Theoto als Geisel an Karls Hof senden. Unter dem bösartigen Vorwand, Tassilo habe mit den Awaren konspiriert, lockte man ihn zur Rechtfertigung zur Reichsversammlung nach Ingelheim, setzte Frau und Kinder gefangen und zog den Goldschatz des Herzogtums ein. In einem Schauprozeß wurde er wegen der 20 Jahre zurückliegenden Heeresflucht in Aquitanien zum Tode verurteilt, auf Bitten Karls d. Gr. aber zu lebenslänglichem Gefängnis im Kloster Jumièges bei Rouen begnadigt. Auch seine Frau und seine Kinder wurden in Klöster gesteckt; das baierische Herzogshaus der Agilolfinger erlosch mit Tassilo an einem 11. 12. unbekannten Jahres im Kloster Lorsch.

Am Gründonnerstag und an jedem 11.12. wird als Meßkelch der *Tassilokelch* genommen (Abb. 122), den Herzogin Liutpirga samt zwei Leuchtern dem Kloster 787 schenkte, als sie von der Gefangennahme ihres Gemahls erfuhr. So waren die Kostbarkeiten Karls Zugriff entzogen. Dieser einmalige Kelch, in den bei der Abtswahl die Stimmzettel gelegt werden, ist aus Kupfer getrieben, innen und außen vergoldet.

KREMSMÜNSTER SCHATZKAMMER UND STIFTSHOF

Silbermedaillons tragen Bilder in Niellotechnik. Auf der Cuppa (Schale) thront Christus segnend, wobei die Buchstaben I, S, A, W Jesus, Salvator, Alpha und Omega (Anfang und Ende der Welt) bedeuten. Umgeben ist er von den Evangelisten und ihren Symbolen. Am Fuß sind wieder vier Bilder herausgearbeitet: die Gottesmutter (M, T = Meter Theú) und Johannes der Täufer (I, B Johannes Baptista), der Märtyrer Theodo(r) als Patron des ältesten Sohnes und die Panhagia Theodolindis, die Langobardenkönigin, die mit Papst Gregor dem Großen die Langobarden vom arianischen zum katholischen Glauben bekehrte. Daß der Kelch, der das wohl älteste Marienbild nördlich der Alpen trägt, der Hochzeitskelch des Paares (769) gewesen ist, legt die Inschrift am Fuße nahe: + TASSILO DVX FORTIS + LIVTPIRC VIRGA REGALIS (Tassilo, tapferer Herzog, Liutpirc, königlicher Sproß). Nach den Forschungen von P. Pankraz sind die beiden Tassiloleuchter Verstecke für den Ahnenstab Tassilos, dessen Röhren und Knäufe, mit bereits vorhandenen Lichttellern und Füßen kombiniert, so in sakralen Geräten weiterbestehen konnten.

Die SCHATZKAMMER birgt noch zwei herrliche Evangelienhandschriften aus der Frühzeit des Klosters, in schöner Unziale geschrieben: die Codices Millenarii (die tausendjährigen Bücher). Der größere Codex entstand um 800, der kleinere Ende des 9. Jh. in Freising. Beide Bände tragen auf der Vorderseite je eine getriebene und ziselierte teilvergoldete Silberplatte, die der aus Lübeck stammende Welser Goldschmied Heinrich Vorrath unter Abt Johann Spindler (1589–1600) angefertigt und mit Glasflüssen (statt Edelsteinen) geschmückt hat. – Jünger ist ein Scheibenkreuz (Rotula; Flabellum), wohl 1170–1180 in Niedersachsen oder England entstanden (daher auch mit Heinrich dem Löwen in Verbindung gebracht), auf dem jeweils dem Typus (alttestamentarisches Vorbild) ein Antitypus (neutestamentarisches Geschehen) gegenübergestellt wurde. Der Auferstehung Christis (links oben) entspricht als Typus der Löwe, der am dritten Tage seine totgeborenen Jungen durch Anhauchen zum Leben erweckt, wie allerdings nicht das Alte Testament, sondern der Physiologus im 1. Kapitel erzählt. – Über die weiteren Schätze informiert der Stiftsführer, der auch unentbehrlich beim Besuch der Kunstsammlungen ist.

Beide Sammlungen sollten nicht darüber hinwegtäuschen, daß Kremsmünster kein Museum ist, sondern ein blühender Konvent, von dessen 80 Patres an die 30 in Pfarreien des Umlandes oder in Barreiras/Brasilien tätig sind, daß seit über 400 Jahren ein Gymnasium unterhalten wird (dessen bekanntester Schüler Adalbert Stifter war), daß die naturwissenschaftlichen Sammlungen auf den neuesten Stand gebracht sind und Landwirtschaft betrieben wird. Alle Tätigkeiten werden in einem riesigen Komplex ausgeübt, der aus sechs Vierkanthöfen besteht, die trotz aller Stockwerke und barocker Fassadengestaltung ihre Herkunft aus den Bauernhöfen der Umgebung ableiten (vgl. Farbtafel 37). Der Äußere Stifts-, der Prälaten- und Konviktshof gehören zum weltlichen, der Kreuz-, Portner- und Küchenhof zum inneren und religiösen Bereich des Klosters. Wir betreten die Anlagen von der Nordseite her, durch das EICHENTOR in Notfällen zu sperren. Carlo Antonio Carlone versetzte es 1690 in die Achse zum Brückenturm, Jakob Prandtauer gestaltete seine heutige Form 1723. Sein Giebelfeld trägt eine Adlerplastik mit dem Spruchband: ›Hoc tegmine tutus‹ (Unter diesem Zeichen bist Du sicher). Darunter steht in einer Nische der Schutzpatron, der hl. Agapitus, der mit einem Palmzweig in der Linken und zwei Löwen zu Füßen auf sein Märtyrertum hinweist. Kaiser Arnulf von Kärnten, der letzte Karolinger, der wirklich (887–899) regierte, schenkte 893, als seine Frau Ota ihm einen Sohn (Ludwig das Kind) gebar, die Gebeine des Agapitus von Präneste († 274) dem Kloster, das seit Tassilos Tod königliche Abtei war, dann zur Diözese Passau gehörte. – Auch die Innenseite der hölzernen Türflügel spricht uns an: ›Porta patens esto nulli claudatur honesto‹ (Das Tor soll jedem offen stehen / Der ehrbar will durch selbes gehen).

Betreten wir den ÄUSSEREN STIFTSHOF, den Prandtauer überarbeitet hat, so sehen wir rechts (westlich) einen Flügel des Schmiedhofes mit dem Stiftsschank, der Stiftskellerei und einem Theatersaal, links (östlich) einen Flügel des Meierhofes, der nach wie vor der Landwirtschaft dient. An der Nordwestkante öffnet sich der Eingang zum FISCHKALTER (Abb. 123), der von den reichen Quellen des anstoßenden Hanges gespeist wird. Die heutige einzigartige Barockanlage geht auf Prandtauer zurück, da eine ältere Anlage Carlones verlegt werden mußte, um einen Durchblick vom Eichentor durchs Brückentor zur Küchenhofeinfahrt zu erzielen. In ein Mauergeviert von 69 x 13,5 m sind vier gleich große quadratische Behälter und ein großes Mittelbecken (20,4 x 9,6 m) eingelassen, die von Laubengängen umzogen werden, deren Kreuzgewölbe sich auf die Umfassungsmauern, wasserseitig aber auf 78 toskanische Säulen aus heimischem Stein (Kremsmünsterer Konglomerat) stützen. Die Steinbrüstungen tragen statt der Mittelfelder kunstreich geschmiedete Gitter, die im westlichen ›Carloneteil‹ von Melchior Preisinger und Georg Eder 1691/92 gearbeitet wurden. Die lebensgroßen Brunnenfiguren sind aus Untersberger Forellenmarmor gehauen. Die im älteren Teil stehenden (von West nach Ost) Samson, David, Neptun und Triton schuf Andreas Götzinger, Petrus und Tobias im ›Prandtauerteil‹ J. B. Spaz. Zwar sollten sich alle Benediktiner des Fleischgenusses »vierfüßiger Tiere« enthalten, waren also auf Fischzucht verwiesen, doch ist die barocke Ausstattung eines Zweckbaues wie die eines Fischbehälters zu Kremsmünster einmalig und daher sehenswert.

Im Äußeren Stiftshof bemerken wir statt eines Südflügels einen Wassergraben, der zur ursprünglichen Befestigung des inneren Klosters gehörte. (Geht man unter den Arkaden des Meierhofes links am Wassergraben entlang, gelangt man zum Gymnasium und zur Sternwarte.) Zur Abwehr gehörte auch der BRÜCKENTURM, den Abt Spindler (1589–1600) noch eigens ausbauen ließ. In den Umbau von 1744/45 wurde das prächtige Barockportal des Johann Peter Spaz aus Linz übernommen (Abb. 126). Das Gebälk trägt auf Postamenten drei Plastiken, die in barocker Theatralik auf die Geschichte des Stiftes hinweisen. In der Mitte hält Herzog Tassilo III. das Kirchenmodell mit der Zuschrift ›fundavit‹ (er hat gegründet), links steht Karl der Große mit Harnisch und Schwert und der Inschrift ›confirmavit‹ (er hat bestätigt) und rechts Kaiser Heinrich II. der Heilige mit der Zuschrift ›restauravit‹ (er hat wiederhergestellt). Damit

223

KREMSMÜNSTER PRÄLATENHOF · STIFTSKIRCHE

wird auf die Bestätigung der Klosterstiftung 791 durch Karl den Großen und die Einführung der Alt-Gorzer Benediktinerreform unter Heinrich II. verwiesen.

Über eine steinerne Brücke gelangen wir in die tiefe Torfahrt des Brückenturmes mit Zugang zur Ausstellungskanzlei, Buch- und Weinhandlung, in der man u. a. den Prälatenwein erstehen kann. Den PRÄLATENHOF, den wir jetzt betreten, hat man zutreffend einen »barocken Festsaal unter freiem Himmel« genannt. Streng gegliederte Fassaden, mit Weiß und hellem Gelb scharf abgesetzt, umfangen einen großen rechteckigen Hof, dessen Pflaster bei der Gesamt-Restaurierung 1970–76 erneuert wurde, da Grünflächen den barocken Baugedanken verwischt hätten. Auf Fundamente der mittelalterlichen Anlage wurden im strengen Frühbarock 1602–50 die Flügel gebaut: der Konvikttrakt im Norden und Osten, der Abteitrakt im Süden, der ehem. Gasttrakt im Westen, der heute (nicht zugänglich) als Konvikt des Stiftsgymnasiums dient. Der den Hof prägende Akzent ist jedoch die zweitürmige Kirchenfassade im Südosteck. Der kaiserliche Schloßbaumeister und welsche Maurermeister zu Linz Marx Spaz hatte 1616/17 die auf gleiche Höhe gebrachten Westtürme mit Glockenstuben und dreifachen Zwiebelkuppeln versehen. Diese frühbarocken Glockenstuben wandelte Carlone 1703/04 in die jetzigen hohen Obergeschosse um und blendete 1705 den Portalbau vor. Im Giebelfeld steht unter der Jahreszahl 1681 das Zitat aus der Genesis (28,16): ›Vere Dominus est in loco isto‹ (Der Herr ist wahrhaft an diesem Ort).

Statt einer Geschichte der Vorläufer und Brände der STIFTSKIRCHE zum Göttlichen Heiland und hl. Agapitus schlage ich einen Rundgang vor. Durch das Tor mit dem Wappen des Abtes Erenbert Schrevogl, von dem Gmundener Bildhauer Michael Zürn d. J. 1689 gehauen, gelangen wir in die originelle Vorhalle mit kuppeliger Wölbung, auf die Johann Bernhard, Michael Christoph und Michael Georg Grabenberger ihr *Fresko* von Jakobs Traum malten als Auftakt zu weiteren 99 Fresken. Jakob sieht eine zum Himmel weisende Leiter, auf der Engel auf- und niedersteigen; erwacht, salbte er den Stein, der sein Kopfkissen gewesen war, mit dem Genesis-Zitat. Das Mittelschiff, das wir entlanggehen, ist 18 m hoch und 78 m lang und ruht auf zwölf mächtigen Pfeilern mit korinthischen Kapitellen (Abb. 124). Giovanni Battista Colomba und Giovanni Battista Barberini haben den spätromanischen Bau 1679–82 umgestaltet und stuckiert, die üppigen Blatt- und Fruchtkränze aufgetragen, die pro Joch vier Fresken der Grabenberger rahmen. Im Mittel- und Querschiff sind Szenen aus dem Leben Jesu dargestellt, in den 12 m hohen Seitenschiffen Episoden aus dem Alten Testament, beginnend mit der Erschaffung der Welt (nördl. Seitenschiff). Die guten Bilder bedienen sich perspektivischer Kniffe, wie etwa beim Pfingstwunder (im vorletzten Joch), um mit den ungewöhnlichen Flächen zurechtzukommen. Um die kahlen Pfeiler zu den Festzeiten zu verschönern, werden sie mit wertvollen flämischen Teppichen mit der Geschichte des Ägyptischen Joseph verkleidet. Der 1665–1719 tätige Heinrich II. Reydams aus Brüssel hat sie gefertigt, Abt Alexander Strasser sie 1720 angekauft. Am 4. Pfeiler hängt die *Kanzel* von Urban Remele, dem Kremsmünsterer Stiftstischler, der an die Rückwand ein Bild von Johann Karl von Reslfeld einsetzte, das dem hl. Paulus als Missionsprediger zeigt (1713). Links und rechts der Marmortreppen, die 1710 zum Querschiff angelegt wurden, stehen die monumentalen Plastiken des hl. Benedikt und seiner Schwester, der hl. Scholastika, beide von Josef Anton Pfaffinger aus Salzburg 1716 geschaffen. Statt des steinernen Lettners schließt seit 1728 ein bemerkenswertes Gitter von Valentin Hofmann den Chor ab.

Hier haben wir einen guten Blick auf das Hochaltarbild *Christus in der Verklärung*, an dem der Münchner Hofmaler Andreas Wolf 1700–1712 arbeitete, mußte doch für die Leinwand (6,3 x 3,8 m) z. B. ein eigener Webstuhl gebaut werden. Den breiten vergoldeten Kupferrahmen unter rotem Baldachin halten Engel des J. A. Pfaffinger. Der prachtvolle, wahrscheinlich von Prandtauer entworfene *Tabernakel* von 1715 wurde von dem Laienbruder Fr. T. Überbacher und dem Linzer Kaspar Kutter als ›Domus aurea‹ (Goldenes Haus) angelegt. Aus Linz kam auch Johann Brezer, der Bildhauer der vier anmutigen leuchtertragenden Engel an den Seitenwänden der Apsis. Das filigranfeine Speisgitter an der Kommunionbank aus Pyhrn-Brekzie stammt noch aus der frühbarocken Ausstattung von 1614–18.

Rechts steht der Altar des hl. Agapitus mit einem Gemälde von Daniel Syder, das den 15jährigen Jungen über einem Kohlenfeuer hängend zeigt, damit er ersticke. Im modernen Schrein von 1961 ruhen seine 893 hierher geschenkten Gebeine. Den vergoldeten Kupferrahmen halten zwei *Engel*, die zu den schönsten des Michael Zürn d. J. zählen, der 1682–85 auch die übrigen Engelsfiguren schuf. – Links vom Hochaltar steht der Altar der hl. Candida, deren Reliquien der Kapuzinerpater Emmerich Sinnelius zur 900–Jahr-Feier (1677) schenkte. Syders Altarbild zeigt die Enthauptung der Heiligen unter Kaiser Diokletian. – Die Rundeisengitter bei der Stiege mit Blumen, Spiralen und Engelsköpfen stammen, wie das Gegenstück im südlichen Seitenschiff, von Hans Walz aus Kremsmünster.

Zum Hochaltar zurückgekehrt, verfolgen wir die *Deckenfresken* von der Verkündigung und Geburt Christi bis zur Taufe des äthiopischen Kämmerers im vorletzten Joch vor dem Sängerchor. Die schwungvolle Orgelempore dort, ein frühes Beispiel des römischen Barocks in Österreich, hat auch die Aufgabe, die Unregelmäßigkeiten des gotischen Westwerks zu verdecken. Die jetzige Orgel wurde erst 1954 von Johann Pirchner in ein neubarockes Gehäuse eingebaut. Gehen wir dorthin, den Blick immer wieder auf die zahlreichen Altäre gerichtet, die im Kirchenführer erläutert sind, so erreichen wir unter der Empore das südliche Läuthaus.

Die romanischen Rundbogenfenster, das frühgotische Gewölbe und die spätgotische Türfassung lassen ahnen, wie die Kirche vor der barocken Bemalung und Stuckierung ausgesehen hat. Mittelpunkt ist das *Kenotaph* (Hochgrab) mit der Deckenplatte des toten Gunther, kurz vor 1304 aus Kremsmünsterer Nagelfluh gearbeitet (Abb. 127). Zu Füßen des Jünglings liegt sein treuer Jagdhund, zur Seite der Eber, der ihn tödlich verletzte. Der Tod Gunthers, nach Meinung einiger Historiker war er ein vorehelicher Sohn Tassilos, wird der Überlieferung nach als Grund der Stiftung angenommen. Daher führt das Kloster Hund und Eber im Wappen, dazu einen Ochsen, weil an Tassilos

225

KREMSMÜNSTER KAISERSAAL · DIE KUNSTSAMMLUNGEN

Todestag (11. 12.) an die Pilger Ochsenfleisch ausgeteilt wurde; am letzten ›Karnisseltag‹ 1773 mußten 100 Ochsen für 23 000 Pilger geschlachtet werden. In das 1948 geschaffene Kapellengitter sind die Worte ›tradidi quod potui‹ (ich gab, soviel ich konnte) aus dem Stiftungsbrief eingelassen.

Vom östlichen Joch des südlichen Seitenschiffes führt ein Marmorportal (1713) in die MARIENKAPELLE, die Abt Schrevogl durch C. A. Carlone bauen und durch die Linzer Stukkateure˙ J. P. Spaz und G. B. Mazza dekorieren ließ. Die Ausmalung in Altrosa und Ocker stammt von Johann Benedikt Dallinger, der auch die Szenen aus den Rosenkranzgeheimnissen und der Lauretanischen Litanei freskierte. Seine Gottesmutter in der Himmelfahrt ist dem Gnadenbild von Wessobrunn/Oberbayern, der ›Mutter der Schönen Liebe‹, nachgebildet. Von der alten Ausstattung ist nur das Hochaltarbild in neubarockem Rahmen erhalten, die Rosenkranzkönigin des Engländers Franz von Hamilton, der einige Jahre im Dienste des Stiftes stand. Einer der Seitenaltäre, 1971/72 neu konzipiert, trägt eine Mondsichelmadonna von ca. 1520, die man wie die Statuen des Christophorus und Florian der Werkstatt des Lienhard Astl zuschreibt. Die Verkündigung und die Geburt Christi, beide von Elias Greitter aus Weilheim 1618–20 gemalt, wurden von Pfeilern der Stiftskirche hierher übertragen.

Um in das stimmungsvolle KREUZHÖFCHEN zu gelangen, seit 1966 wieder Grabplatz der Mönche, verlassen wir die Kirche durch eine Tür links über die Michaelskapelle, einem gotischen Bau, der früher als Refektorium, dann als Weinkeller gebraucht wurde. An der Nordwand sind einige Römersteine eingelassen. An den romanisch-gotischen Kreuzgang erinnern an der Südwand nur Ansätze und ein kräftig bemaltes romanisches Stufenportal, das 1937 freigelegt wurde.

Über den Prälatenhof hinweg gelangen wir an das Südwesteck des Klosters. Dort, wo die Wohnung des Abtes rechtwinklig auf den Gästetrakt stieß, ließ Abt Schrevogl 1694 durch C. A. Carlone den KAISERSAAL (früher Sommerrefektorium) aufführen (Abb. 125). Durch zwölf zweigeschossige Fenster flutet Licht von drei Seiten in den 9,5 m hohen Raum mit dem *Deckenfresko* des Münchners Melchior Steidl, der nach der Freskierung der Stiftskirche zu St. Florian 1695 hierher verpflichtet wurde. Um die ca. 350 qm fassende Fläche zu verkleinern, türmte er über dem Abschlußgesims eine illusionistische Bildarchitektur mit Kolonnaden, Statuennischen und einer Kassettendecke auf. Über den Himmel zieht triumphierend Apollo auf seinem von zwei Schimmeln gezogenen Sonnenwagen, angekündigt vom fackelschwingenden Morgenstern, begleitet von kränzehaltenden Horen, Symbolen der schnell dahineilenden Zeit. Alles Licht geht von Apolls Angesicht und der Radnabe aus, vor dem sich geblendet die Gestalten der Nacht verhüllen. Zeitgenossen sahen darin den Sieg Österreichs über die Türken, die ja noch 1683 Wien belagert hatten. In den vier Ecken thronen als Verkörperungen der Jahreszeiten Flora, Ceres, Bacchus und Vulcanus. Den zarten Stuck ließ Abt Strasser 1719 von Diego Francesco Carlone statt der ursprünglichen farbigen Ledertapete auftragen. Großformatige Stuckstatuen des Papsttums und des Imperiums flankieren an der Stirnseite das Bild Rudolfs von Habsburg. Ihn und die Herrscher des Hauses Habsburg bis zu Karl VI. (1711–40) malte Martino Altomonte 1721 für diesen Prunksaal, der heutzutage einen prächtigen Rahmen für Konzerte und klösterliche Feiern bildet. Eine Eigenheit Kremsmünsters ist die Promulgation am Ende jedes Schuljahres mit Vorträgen in lateinischer, griechischer, englischer, französischer und deutscher Sprache, Buchpreisen für die Klassenbesten und dem ›Hinausblasen‹ der vier besten Schüler jeder Untergymnasialklasse unter Trompeten- und Paukenklang.

Der Auftakt der KUNSTSAMMLUNGEN ist das Gobelinzimmer mit acht Tapisserien, die 1670–75 wahrscheinlich im Antwerpener Atelier des Andries von Butsel gewoben und 1678 von Abt Erenbert in Wien erworben wurden. Die Serie, deren Doppel die Domkirche St. Stephan in Wien besitzt, stellt Szenen aus der Geschichte Tamerlans und des Sultans Bajesid dar. – Von den Raritäten der Schatzkammer wurde bereits gesprochen (s. S. 222), so daß wir gleich die Gemälde besehen können, die keiner systematischen Sammlung der Äbte entstammen, sondern durch Geschenke und Legate zusammenkamen und die erhalten blieben, weil Kremsmünster die meisten Wechselfälle der Geschichte glimpflich überstand. So verdankt man z. B. den *Sippenaltar* und die *Wunder des hl. Johannes* von Michael Coxcie (1540) Kaiser Ferdinand II., der sie für geleistete Finanzhilfe dem Abt Wolfradt, einem gebürtigen Kölner, überließ, der 1630 zum Bischof von Wien und 1631 in den Reichsfürstenstand erhoben wurde. Abt Placidus Buechauer (1644–69), ein gebürtiger Bayer, erwarb acht Bilder des Augsburgers J. H. Schönfeld und zwei Altarentwürfe von Joachim Sandrart. Selbst Abt Schrevogl, der bedeutende Summen für die Barockisierung der Stiftsgebäude aufbringen mußte, konnte trotzdem in Antwerpen, dem Zentrum des Kunsthandels um 1700, eine große Zahl niederländischer Bilder des 16. und 17. Jh. einkaufen, so die *Heilige Sippe* von Dirk Vellert oder die *Vier Elemente* von Jan Brueghel d. Ä. – Daneben wurden, dem Vorbild eines Rudolf II. oder des Erzherzogs Ferdinand folgend, Kuriositäten und Gegenstände des Kunsthandwerks angekauft, so z. B. auch Straußeneipokale oder der Stuhl aus Elefantenknochen, den zuvor Kaiser Maximilian II. besessen hatte. Schöne Gläser des 16.–18. Jh. aus Venedig und Böhmen bewahrt der Wolfradtsaal. (Eine ausführliche Beschreibung der Kunstsammlung enthält der von Erwin Neumann bearbeitete Abschnitt der Österreichischen Kunsttopographie, Bd. XLIII/2, Kremsmünster, Wien 1977, eine knappere Darstellung der Stiftsführer 1977.) –

Aus dem Biedermeierzimmer gelangt man in die reichhaltige klösterliche RÜSTKAMMER mit Gebrauchswaffen des Stiftes, mit historischen Andenken und Jagdwaffen der Äbte. Noch heute besitzt das Kloster 3800 ha bewirtschafteten Wald und 1200 ha Schutzwald in den Revieren Kremsmünster, Theuerwang, Allhaming, Tiessenbach, Hochkogl und Hals, kann jedoch das Jagdrecht auf dem größten Teil nicht ausüben, da Eigenjagd erst bei 115 ha zusammenhängenden Besitzes erlaubt ist. Die interessantesten Stücke stammen aus dem ›türkischen Kabinett‹, das in Kremsmünster nach kaiserlichem Vorbild nach überstandener Gefahr angelegt wurde, und aus dem Bauernaufstand von 1626. – Der Raum zwischen Rüstkammer und Bibliothek wurde anläßlich der Jubiläumsausstellung 1977 zur ORNATKAMMER eingerichtet, deren seltsamstes Stück

KREMSMÜNSTER STIFTSBIBLIOTHEK · STERNWARTE

eine *Totenkasel* ist, die Abt Wolfradt 1630 für 200 Gulden kaufte. Auf der Rückseite ist dem schwarzen Samt in plastischer Seidenstickerei ein Totengerippe, auf der Vorderseite ein Totenkopf mit Gewürm und abgelaufener Sanduhr aufgenäht.

Um ein Leben nach der Regel des hl. Benedikt führen zu können, benötigte jeder Konvent von Anfang an religiöse Bücher. Ältestes Zeugnis einer Büchersammlung in Kremsmünster sind Fragmente einer Prophetenhandschrift des 8. Jh. Das älteste Verzeichnis aus der 1. Hälfte des 11. Jh. nennt bereits 60 Werke, die z. T. in der Schreibschule unter Abt Friedrich von Aich (1275–1325) abgeschrieben wurden. Zur Zeit umfaßt die STIFTSBIBLIOTHEK ca. 1800 Handschriften, 630 Wiegendrucke (bis 1500 gedruckte Werke) und 140 000 spätere Drucke. Aufgestellt sind die älteren, oft einheitlich gebundenen Bücher im 65 m langen Bibliothekssaal, der unter Abt Schrevogl erbaut wurde. In vier Abteilungen untergliedert, malte Melchior Steidl die Porträts der Heiligen, Gelehrten und Dichter, nach denen drei Abteilungen benannt sind. So sehen wir im ›Saal der Griechen‹ Papst Gregor den Großen, Thomas von Aquin, Hippokrates, Aristoteles, Demosthenes u. a., im ›Saal der Lateiner‹ Petrus Damianus, Seneca, Celsus u. a., im ›Saal der Benediktiner‹ die Hll. Beda, Gratianus u. a. Wertvolle Stücke werden in Vitrinen gezeigt, so in der ersten ein türkisches Trachtenbuch und drei Koran-Ausgaben, in der zweiten eine Sammelhandschrift (11./12. Jh.) mit Neumen (Vorläufern der Musiknoten) u. a., in der dritten ein Brevier aus St. Zeno bei Verona von 1467, ein Heilsspiegel (um 1330) in lateinischer und mittelhochdeutscher Sprache usw. bis hin zu einem Brief Adalbert Stifters an seinen Zeichenlehrer in Kremsmünster. – Daran schließt sich die reichhaltige Sammlung alter Musikinstrumente an, die anhand wertvoller Instrumente einen Überblick über drei Jahrhunderte Musikpflege bietet.

Um zur Sternwarte mit den naturwissenschaftlichen Sammlungen zu gelangen, müssen wir durch den Prälatenhof zurück und durch die Arkaden der Meierei zum Hofgarten hinüber, vorbei am Gymnasialgebäude, nach Plänen von H. Krackowizer 1887–91 im späten Historismus errichtet. Die jetzige Gartenanlage mit dem zentralen barocken Springbrunnen und einer Steinbockfigur des 18. Jh. samt den nahebei postierten steinernen Zwergen geht auf eine Komposition von 1976 zurück. Das ›Moschee‹ genannte GARTENHAUS auf dem Gartenobergeschoß, das Abt Negele über mächtigen Stützmauern zweigeschossig an den Steilhang bauen ließ, besitzt einen achtseitigen, polygonal überkuppelten Mittelteil, der von einem offenen Säulengang umgeben ist. Daran hängen niedrige Flügel, deren Türme mit welschen Hauben den Mittelteil betonen. Der obere Raum dieses Mittelteils ist ein ornamental stukkierter Sommerspeisesaal, wobei ein vergittertes Loch im Fußboden in die Sala terrena zu blicken erlaubte, die als Grotte gestaltet war, wovon kleine Reste zeugen. Die modernen Eternitschindeln wurden erst 1907–11 aufgesetzt.

Der ›Stöffel im Eck‹, die STERNWARTE zu Kremsmünster, wohl das erste heute noch modern wirkende Hochhaus Europas, wurde 1748 nach Plänen von Johann Blasius Frank begonnen, aber erst 1759 beendet, weil z. B. 1755 Teile der oberen Stockwerke

einstürzten, da man mit der Statik solcher Bauten nicht vertraut war. 1760 war dann das sechste Stockwerk mit Instrumenten so weit ausgestattet, daß mit den Beobachtungen begonnen werden konnte, wobei man sich auf 200 Jahre Vorarbeiten stützen konnte, vor allem auf Berechnungen von P. Ä. E. von Raittenau († 1675). Am bekanntesten wurde P. Placidus Fixlmillner († 1791) durch seine Erforschung der Uranus-Bahn. Daneben widmeten sich die Observanten der Wetterbeobachtung (die heute in einer Außenstation des – unzugänglichen – Konventgartens betrieben wird), seit 1771 dem Erdmagnetismus, seit 1898 der Seismik (Erdbebenmessung), seit 1901 der Luftelektrizität; 1906–08 wurde ein eigenes Meridianhaus in den Hofgarten gebaut. – In den unteren Stockwerken sind die naturgeschichtlichen Sammlungen untergebracht. Die gegenwärtige Aufstellung der Objekte lehnt sich an die alte Anordnung an, die bei den Naturalien begann und bis zu den Wissenschaften vom Menschen hinaufstieg (im örtlichen wie übertragenen Sinne). Wir gelangen daher zuerst ins Geologische und Paläontologische Kabinett (mit Versteinerungen von Pflanzen, wirbellosen Tieren und Wirbeltieren), im zweiten Stock ins Mineralogische Kabinett, im dritten ins Physikalische, im vierten ins Zoologische Kabinett und die Botanische Sammlung. Im fünften Stockwerk sind das Anthropologische Kabinett, die Volkskundliche, die Völkerkundliche und die Kulturgeschichtliche Sammlung untergebracht, direkt unter dem Astronomischen Kabinett, um dessentwillen dieser stattliche Turm von 50 m Höhe errichtet worden ist. Der oberste Raum ist das kleine Kapellenzimmer, denn getreu dem Grundgesetz der Inschrift über dem Eingang ›Ad gloriam Altissimi‹ (Zum Ruhme des Allerhöchsten) sollte die Beschäftigung mit der Natur zu Gott führen. Das Altarantependium zeigt daher, wie Dionysius, der später vom hl. Paulus am Areopag in Athen bekehrt wurde, in Hieropolis in Ägypten die Sonnenfinsternis und das Erdbeben bei der Kreuzigung Christi wahrnahm und seinem Freund Apollophanius erklärte »Es leidet entweder der Gott der Natur oder der Weltenbau wird sich auflösen.«
Verläßt man die 1200jährige Stätte des Glaubens und der Seelsorge, der Wissenschaft, Kunst und Gegenwartsbewältigung, so verläßt man ein barock geformtes Gesamtkunstwerk. Als heiterer Schnörkel mag der Brunnen neben dem Eichentor gelten, dessen wasserspendende Fratze mit dem Spruch ›Guett Watter / Wein better‹ gekrönt ist.

Über Rohr im Kremstal führt der Weg nach BAD HALL, das seinen Aufschwung der starken Jod-Sole verdankt, die aus 400–500 m Tiefe heraufgepumpt wird. Bauern, die bemerkt hatten, daß ihre Schafe keine Kröpfe bekamen (wie sonst im Alpengebiet), hatten die ersten Jodbäder genommen, die man später erfolgreich gegen Skrofulose anwandte, wie die von der Kurverwaltung verwahrten alten Bilder nachweisen. Heute sind die Indikationen auf Herz-, Gefäß- und vor allem Augenleiden spezialisiert; auch Jodsolebäder werden abgegeben. Für Gesunde, die vorbeugen wollen, empfiehlt man Wasser, das 6 Gamma Jod pro Liter enthält (1 Gamma ist ein billionstel Gramm). Sehenswert ist der 34 ha große Kurpark mit herrlichen Blumenbeeten und geschnittenen Buchsbaumhecken. – Während die Haller Pfarrkirche reine Neugotik des vorigen

BAD HALL · CHRISTKINDL

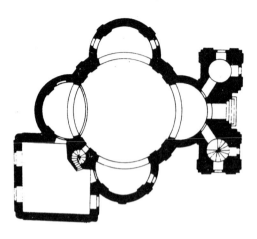

CHRISTKINDL Grundriß der Wallfahrtskirche

Jh. bietet, zeigt die ursprünglich gotische Pfarrkirche zum hl. Georg, im südwestlichen Hall gelegen, eine 1744–47 geschaffene Ausstattung im Übergang vom Spätbarock zum Rokoko. Beim Stift Kremsmünster beschäftigte Künstler gestalteten den lichten Raum um. W. A. Heindl schuf 1745 die Altarblätter und das Deckenfresko mit der Verherrlichung des Blutes Christi. – Auf der Anhöhe nahebei liegt SCHLOSS FEYREGG, eines der schönsten Barockschlösser Oberösterreichs, ein zwei- und dreigeschossiger Hakenbau mit drei Viereckrtürmen. Der Wohntrakt besteht aus dem gotischen Palas der alten Burg und dem barocken Einbau zwischen Palas, altem Turm und Treppenturm mit den Wohnräumen des Besitzers Otto Harmer. Das Erdgeschoß birgt eine Flucht von Gästezimmern (auch Präsidentenzimmer geheißen, seitdem Dr. Karl Renner dort während seiner Kur zu Hall wohnte), das Obergeschoß die Prunkräume mit herrlich stukkierten Decken. Ausgenommen ist ein Saal mit prächtig geschnitzter Riemendecke und einem vielflammigen Bleikristall-Lüster. Der Burgsitz, 1170 als ›Feuerhube‹ erstmals genannt, wurde 1631 vom Stift Spital am Pyhrn erworben, fiel mit der Aufhebung des Stiftes in den Religionsfond, aus dem es Franz von Planck ankaufte.

Über Sierning gelangen wir nach CHRISTKINDL vor Steyrs Toren, den Briefmarkenfreunden als Weihnachtspostamt gut bekannt, werden doch im Gasthaus neben der Kirche ab Anfang Dezember auf rund zwei Millionen Briefe mit oder ohne Weihnachtsmarken Sonderstempel gedrückt. Wir interessieren uns für die Pfarr- und WALLFAHRTSKIRCHE ›Zum göttlichen Christkindl‹. Die Wallfahrt geht auf Ferdinand Seitl zurück, Kapellmeister der Stadtmusik und Betreuer der Feuerwache am Pfarrkirchturm zu Steyr, dem die Cölestinerinnen von Steyr 1695 ein kleines wächsernes Christkind schenkten. Als er es in der Ortschaft ›Unter dem Himmel‹ in einem hohlen Baum neben einem Bild der ›Freundschaft Christi‹ geborgen hatte und kräftig betete, wurde er von seiner Fallsucht (Epilepsie) geheilt. Die Heilung lockte so viele Wallfahrer an, daß bereits 1699 eine Kapelle aus Holz errichtet wurde. Abt Anselm von Garsten gründete 1702 dort eine Einsiedelei und ließ nach Plänen von Giovanni Battista Carlone eine Kirche bauen, deren Vollendung J. Prandtauer leitete, der die Kuppel aufsetzte und der nach Westen gerichteten Kirche eine Fassade vorblendete. Um der drohenden Aufhebung durch Kaiser Joseph II. zu entgehen, wurde Christkindl 1785 zur Lokalkaplanei und 1787 zur selbständigen Pfarrei erhoben. Die Kirche ist ein reiner Zentralraum, dem als Schema fünf gleich große, als Kreuz angeordnete, einander berührende Kreise zugrunde liegen, wobei die vier äußeren Kreise von einem gedachten Kreis mit doppeltem Durchmesser geschnitten werden. Durch die halbmondförmigen Konchen entsteht eine Raumverschränkung, wie sie im deutschen Spätbarock sonst nur Balthasar Neumann konsequent ausgeführt hat. Der von Leonhard Sattler geschnitzte *Hochaltar* (Farbtafel 29), wahrscheinlich nach einer Vorlage von J. Prandtauer, ist ein kühn getürmtes plastisches Werk der Darstellung der Dreifaltigkeit. Dabei wurde das Kultbild, das Christkindl, als Gottsohn einbezogen. Bei den Seitenaltären umfangen wuchernde Akanthusrahmen Bilder von Karl Loth (Kreuzigung) und K. von Reslfeld (Geburt Christi), der auch das Fresko in der Halbkreiskalotte der Kuppel gemalt haben dürfte.

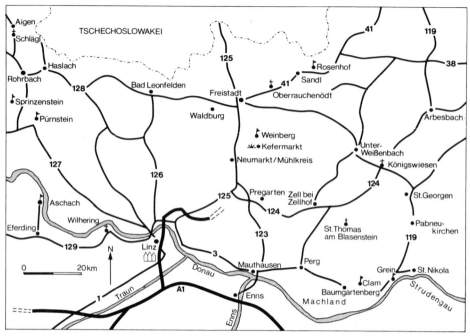

Übersichtskarte zu Route VI
✝ = Kirchen u. Klöster   ♣ = Burgen   ⚹ = hervorragendes Einzelkunstwerk   🏠 = Stadtbild

VI   Von Enns durchs Mühlviertel nach Linz

Von Enns setzen wir aufs (niederösterreichische) rechte Ufer des Flusses und überqueren unterhalb der Mündung der Enns die Donau bei MAUTHAUSEN. Die alte Donauüberfahrt wurde von SCHLOSS PRAGSTEIN beherrscht, ursprünglich ein fünfeckiger, drei Stockwerke hoher Turm, keilförmig als Wellenbrecher gegen die heranströmende Donau gebaut. Als 1863 das linke Donauufer gesichert wurde, bezog man die Insel, auf der Pragstein steht, in die Uferregulierung ein, so daß der Turm heute auf dem Trockenen steht, ein Heimatmuseum und Mietparteien beherbergt. Errichten ließ ihn 1491 der Pfandinhaber der Herrschaft und Maut von Mauthausen, Laßla Prager, der dem ewig geldbedürftigen Kaiser Friedrich III. die Baugenehmigung abschmeichelte. Obwohl Kaiser Maximilian die Pfandschaft ablöste, wurde die Burg erneut verpfändet, so 1603 an Georg Erasmus von Tschernembl zu Windegg und Schwertberg, einen bedeutenden Protestanten, der nach neun Jahren Renovierung die Turmburg wieder weitergab. Am längsten besaßen sie die Grafen Thürheim, die sie 1770 erworben hatten und erst 1894 an den damaligen Bürgermeister verkauften, der sie schließlich 1901 der Marktgemeinde veräußerte. – Durch das Tor, dessen Rollenlöcher noch an die einstige Zugbrücke erinnern, betritt man eine gewölbte Säulenhalle, aus der ein Treppenhaus in die drei Obergeschosse führt. Auffallend sind die hallenartigen Dielen, in die alle Wohnräume münden, deren Türen noch die spätgotischen Stürze tragen. – Die PFARRKIRCHE zum hl. Nikolaus in Mauthausen ist eine zweischiffige Halle der Spätgotik, die ein prächtiges Alterswerk des Martin Johann Schmidt von 1796/97 als Hochaltarbild besitzt. – Wichtiger ist ein romanischer Rundbau, der KARNER (Gebeinhaus), denn er besitzt Reste von Wandmalereien (Figuren und Ornamente) aus seiner Bauzeit, der 2. Hälfte des 13. Jh.

Wenige Kilometer nordwestlich Mauthausen steht eine Gedenkkapelle und ein Mahnmal zur Erinnerung an die über 110 000 Opfer des KONZENTRATIONSLAGERS, die vielfach bei der harten Arbeit in den Granitbrüchen zugrunde gerichtet wurden. Als zentralem KZ unterstanden ihm alle Nebenlager in Österreich. – Seit 1971 finden in den Granitbrüchen auf Anregung des Bildhauers Hannes Haslecker internationale Bildhauer-Symposien statt, deren Schöpfungen, allesamt ungegenständlicher Art, sofern sie nicht verkauft wurden, auf dem Plateau oberhalb des Steinbruchs besehen werden können.

WINDHAAG · STIFT BAUMGARTENBERG · CLAM

Zwischen den abfallenden Hängen des Böhmerwaldes – an deren Fuß die Straße
nach Saxen führt – und der Donau liegt das ebene MACHLAND. Das Wappen der Grafen
von Machland, die bereits 1160 ausgestorben waren, tauchte 1390 erstmals als Landes-
wappen Oberösterreichs auf. – PERG, beim Eintritt der Naarn ins Machland gelegen,
besitzt in seiner Pfarrkirche zum hl. Jakobus d. Ä. eine spätgotische Hallenkirche, deren
1416 begonnener Chor figurenreiche Kapitelle und Schlußsteine zeigt. In der spätbarocken Kalvarienbergkapelle findet sich eine gute barocke Kreuzigungsgruppe. – In
der nahen Gemeinde WINDHAAG steht auf einem Felsblock die Ruine einer seit 1290
bekundeten Burg unter landesfürstlicher Lehenshoheit, die u. a. von den böhmischen
Söldnern des ungarischen Königs Matthias Corvinus niedergebrannt wurde, schließlich
von Laßla Prager (s. S. 233) erheiratet wurde. Von seinem Sohn kaufte der Land-
schaftssyndikus Dr. Joachim Enzmillner die Burg, von der heute nur noch der Turm
und die Ruinen von Palas und Torbau zu sehen sind. Ihm gelang es, die Burg aus dem
Lehensverband zu lösen und davor ein prächtiges Renaissanceschloß zu erbauen, das
1673 vollendet war. Zum Graf von Windhaag erhoben, stattete er seinen Besitz luxuriös
aus, so auch mit einer kostbaren Bibliothek von 10 000 Bänden, die zum Grundstock
der Nationalbibliothek in Wien wurde. Seiner Tochter Eva Magdalena, die Domini-
kanerin geworden war, richtete er 1664 ein Kloster in der alten Burg ein, deren
Priorin sie wurde. Nach dem Tod des einzigen Grafen von Windhaag ließ sie das
Schloß ihres Vaters abreißen und 1681–91 mit dem Material gegenüber ein neues
Kloster mit einer großen Kirche bauen, das 1782 aufgehoben wurde; die Liegenschaften wurden dem Linzer Domkapitel zugewiesen, das sie bis heute besitzt. Vom Renais-
sanceschloß blieb nur ein dachloser Saalbau am Steilhang übrig, die Kapelle mit
Resten von Stuck und Arabeskenmalerei, derzeit ein Schweinestall. – Windhaags
Filialkirche in ALTENBURG, eine frühgotische Kirche anstelle einer Burg, ist wegen der
auf 1512 datierten *Fresken* sehenswert, die unter der Anna-Kapelle die tonnengewölbte
Gruft der Familie Prager von Pragthal schmücken.

Durch eine Straßenbegradigung wurde das EHEM. ZISTERZIENSERSTIFT BAUMGARTEN-
BERG ins lärmfreiere Abseits gerückt. Stifter war Graf Otto von Machland 1141, weil seine
Ehe mit Jutta von Peilstein kinderlos geblieben war. Zum Unterhalt des Konventes,
der zunächst aus Mönchen von Heiligenkreuz/Niederösterreich und Morimond in
Burgund gebildet wurde, schenkte er u. a. den großen Wald zu Deiming (den sie
kultivieren sollten), 30 Huben Land an der Naarn, mehrere Güter samt zwei Kirchen
und mehreren Mühlen. Sechs Jahre darauf vermachte er sein ganzes Vermögen Baumgartenberg und seiner weiteren Stiftung Säbnich bei Waldhausen; die erwarteten Erb-
streitigkeiten schlichtete der Bischof von Passau. Zweimal während der Hussitenkriege
(1428–32), einmal in der Puchheimerfehde (1467) geplündert und niedergebrannt,
wäre das Kloster während der Reformation um ein Haar ausgestorben. Der wirtschaftliche Aufstieg nach dem Dreißigjährigen Krieg erlaubte die kostspieligen Bauten
im barocken Stil. Hier trat der seltene Fall ein, daß 1736 wegen Überschuldung die
Abtwahl untersagt, das Kloster unter Administration gestellt wurde. Nach Aufhebung

des Klosters 1784 erhielt das Linzer Domkapitel die Herrschaft mit damals rund 630 Untertanen als Dotationsgut. – Drei Bauabschnitte lassen sich an dem von West nach Ost treppenartig ansteigenden Bau der ehem. Stifts-, jetzigen PFARRKIRCHE MARIÄ HIMMELFAHRT ablesen. Die niedrige frühgotische Vorhalle und das Mauerwerk des siebenjochigen Langhauses und des Querhauses gehören zum 1243 geweihten vorwiegend romanischen Bau. Der vielfach gebrochene Chor (neun Seiten eines Sechzehnecks) von 1436–46 gehört der Gotik an, die Ausstattung und Stuckierung hingegen der barocken Umgestaltung um 1697, die dem C. A. Carlone zugeschrieben wird. Den Wänden des Langhauses wurden Halbsäulen auf hohen Sockeln vorgelagert, die Arkaden mit Wandgemälden aus der Geschichte des Zisterzienserordens rahmen und reichprofiliertes Stuckgebälk tragen. Die Fresken, die 1696 Giacomo Antonio Mazza in die Stuckrahmen der Gewölbe setzte, sollten die Mönche an die Propheten und Ereignisse aus dem Leben des hl. Bernhard von Clairvaux (1091–1153) erinnern, der u. a. 1146 König Ludwig VII. von Frankreich und König Konrad III. zum 2. Kreuzzug überredet hatte. Seinem Einfluß sind zahlreiche Klostergründungen, auch die von Baumgartenberg, zu danken. Im Gegensatz zur asketischen Kunstauffassung der frühen Zisterzienser steht nicht nur die stuckierte Pracht dieser Kirche, sondern vor allem das von Engeln gehaltene Wappen des Abtes Candidus Pfiffer (1684–1718) im Triumphbogen. Der lichtdurchflutete Chor mit seiner Ausstattung, so mit reichem Chorgestühl, geht trotz des barocken Stucks ganz auf den gotischen Hallenchor zurück. Die Fresken Mazzas haben im Chor die Rosenkranzgeheimnisse zum Gegenstand, weil Maria als Schutzheilige der Zisterzienser galt und eifrig verehrt wurde. – Unter den Grabsteinen ist auch der des Gründers Otto von Machland († 1148), der allerdings eine Reliefarbeit aus dem 15. Jh. ist. – Die weitläufigen, aber eintönigen Stiftsgebäude, nur durch einen Torturm markiert, beherbergen seit 1867 eine Erziehungsanstalt.

Nach wenigen Kilometern erreichen wir, bei Saxen links (nördlich) einbiegend, CLAM (Klam) an der gleichnamigen Klause, wo nach einer Passauer Tradition von 1150 gleich zwei Burgen standen, die nach dem Aussterben der Grafen von Machland an die Grafen von Clam-Velburg fielen. Als der letzte Clam 1217 von einem Kreuzzug nicht mehr zurückkam, erbten die Babenberger diesen Besitz und gaben ihn an das Geschlecht der Hauser zu Lehen. Nach den Hussiten (1422) zerstörten die Ungarn (1487) den Markt Clam, doch widerstand die Burg, die 1493 von den Brüdern Prüschenk – den späteren Grafen Hardegg – gekauft wurde. Damals wie heute präsentiert sich die Burg in ihrer unregelmäßigen, dem Steilhang angepaßten Gestalt, mit der Vorburg und ihrem runden Bergfried, mit der Hauptburg und ihrem mächtigen sechsgeschossigen Wohnturm, dem reizenden Hof mit den Laubengängen in drei Geschossen und den Schloßkapellen (Abb. 130). In der älteren, in den vierten Stock des Turmes eingebaut, hat man 1934 *Fresken* freigelegt und 1951 restauriert, die um 1380 geschaffen worden sind und zu den bedeutendsten gotischen Wandmalereien Österreichs gezählt werden. Über einem Sockel mit Ornamenten ist die Verkündigung, die Anbetung der Könige, sind Ölberg und Kreuzigung dargestellt, begleitet von Bischöfen und Heiligen. 1524

DER STRUDENGAU · ST. THOMAS AM BLASENSTEIN

verkaufte Julius Graf Hardegg die Burg an Christoph Perger, dessen Nachfahren, die Grafen Clam-Martinitz, das anfangs des 17. Jh. erweiterte und renovierte Schloß noch heute besitzen. – Im GRILLENBERGERHAUS des Marktes Clam wohnte 1895/96 der schwedische Schriftsteller August Strindberg.

Hatte bisher die Donau zahlreiche Altwässer gebildet und die Mündung der Naarn verzögert, so wird sie jetzt bei Knapetsberg/Dornach in ein enges Bett gezwängt, kaum daß Straße und Bahnlinie auf dem linken Ufer Platz finden. Hier beginnt der STRUDEN-GAU, dessen namengebender Ort sich gegenüber St. Nikola befindet. Zwischen beiden Orten lag mit Untiefen und Stromschnellen eines der schwersten Hindernisse der Schiffahrt auf der Donau (Abb. 128). Zahlreiche Funde aus ur- und frühgeschichtlicher Zeit, bei den Regulierungsarbeiten aus dem Schlamm gehoben, stammen wohl, vor allem wegen der zahlreichen römischen Münzen, nicht aus Havarien, sondern aus Opfern an den Flußgott. In christlicher Zeit wurde das heidnische Münzenwerfen in eine Gabe für einen Opferstock gewandelt; bis 1913 sammelte ein Beauftragter von St. Nikola (Schutzpatron der Schiffer und Kaufleute) die milde Gabe auf den Schiffen ein. Die Schiffer wurden durch Mautstationen ausgenutzt, die, geschützt von fünf Burgen, auf dem kurzen Weg von 5 km Länge die Stromenge beherrschten; übrig blieben nur die Ruinen von Werfenstein und Sarmingstein (Säbnich). Von 1777–92 und 1824–62 wurde die Donau reguliert, wobei 28 000 cbm Fels gesprengt wurden. Bei der Anlage des Kraftwerks Ybbs/Persenburg wurden die Ufer letztmals verändert, erneut Felsen gesprengt.

Hauptort des westlichen Strudengaus ist GREIN, ein alter Landeplatz vor der Einfahrt in die Stromschnellen, doch erst 1209 urkundlich erwähnt. Ort und Herrschaft gehörten den Grafen Machland, dann den Clam, den Babenbergern, schließlich den Habsburgern. Besonders einträglich für den Markt waren die Ladstattrechte, der Salz-Wein- und Getreidehandel. Als der böhmische Söldnerführer Rubik 1476 Grein eingeäschert hatte, wurde die spätgotische PFARRKIRCHE ZUM HL. ÄGIDIUS befestigt und zur Wehrkirche ausgebaut. Ihre Kostbarkeit ist der prächtige, barocke Hochaltar mit einem Gemälde des Bartolomeo Altomonte von 1749. Markt und Maut, dazu Burg und Herrschaft Werfenstein (Grein) kauften 1488 die Brüder Sigmund und Heinrich von Prüschenk (Prueschinken) von Kaiser Friedrich III., dessen ausgesprochene Günstlinge sie waren. In rascher Folge hatte er sie, die stets zusammenhielten und gemeinsam kauften, zu Reichsfreiherrn von Stettenberg (1480), zu Truchseßen in Steiermark (1482) und Erbschenken in Österreich (1486) erhoben und ihnen damit größere Einnahmen verschafft. Neben vielen kleineren Herrschaften und Orten kauften sie 1495 die an König Maximilian heimgefallene Grafschaft Hardegg-Meidburg für 88 000 Goldgulden und wurden in den Grafenstand erhoben. Mit dem Kauf von Grein hatten sie das Recht erworben, westlich des Ortes, der auf ihr Betreiben zur Stadt erhoben wurde, ein Schloß zu bauen, da ihnen Werfenstein zu unwohnlich war. – Das SCHLOSS, auf einem Rücken zur Donau gelegen, ist ein viergeschossiger Bau um einen rechteckigen Innenhof, der an allen Seiten über drei Geschosse Arkaden besitzt.

Von den fünf unregelmäßig angeordneten Türmen, deren Zeltdächer in die Walm-
dächer der Flügel eingebunden sind, bewacht einer anstelle des Torhauses den Zugang
zum Hof. Der Donauflügel birgt im Erdgeschoß den ehem. THEATERSAAL im Renais-
sancestil, dessen Wände mit Donaukieseln als Mosaik bedeckt sind. Ein doppelt so
großer Saal im Südflügel präsentiert zahlreiche Porträts und Landschaftsbilder; die
anschließende Kapelle besitzt einen schönen Marmoraltar von 1625. Der schönste Raum
aber ist der Saal im dritten Stock mit einer herrlich kassettierten Holzdecke.

Der großzügige Innenausbau des Schlosses geht schon auf Graf Leonhard von
Meggau zurück, der es 1621 dem kaiserl. Rat Johann von Löbl abkaufte, der seinen
schwäbischen Namen Leble angeglichen hatte. Über die Grafen Dietrichstein, Cavriani,
Salburg und wieder Dietrichstein kam der Besitz 1816 an Michael Fink, einen typischen
Kriegsgewinnler, der ihn wegen seiner Schulden beim Bankhaus Rothschild schließlich
1823 an die Herzöge von Sachsen-Coburg-Gotha veräußerte, die ihn nach der Plünderung 1945 durch die Rote Armee 1958 wieder zurückerhielten und restaurierten. Der
größte Teil der Räume ist öffentlich zugänglich, weil darin das OBERÖSTERREICHISCHE
SCHIFFAHRTSMUSEUM beheimatet wurde. Dargestellt sind u. a. die Schiffszüge auf der
Donau – voran stets ein ca. 40 m langer ›Kelheimer‹ –, die seit dem 14. Jh. von Pferden
gezogen wurden und für eine Fahrt von Linz nach Wien im Sommer 14, im Spätherbst
bis zu 25 Tage benötigten. In Bildern und Modellen wird die Schiffahrt auf Inn, Sal-
zach, Enns und Traun erläutert, dazu die Holzflößerei und die Ruderschiffahrt zur
Personenbeförderung, denn das erste Dampfschiff der Linie Wien–Linz, die ›Maria
Anna‹, fuhr erst im September 1837 an Grein vorüber. Unter dem Bild des letzten
Schiffsmeisters E. Hailbronner († 1896) stehen daher die wehmütigen Verse:

»Als letzter Meister schließ ich die Reih,
Denn mit der Schiffahrt ist's vorbei.
Hinunter nach dem schönen Wien
Ließ ich die letzte Zille ziehn.«

Vom dynamischen, strudelnden, lebhaften Strom geht es in die Berge mit ihren schwei-
genden Wäldern, die mächtig und gelassen die Höhen bedecken. Von Grein aus fahren
wir ein schmales Tal nach Norden bis Kreuzen, wo sich die Straße gabelt. Über Pab-
neukirchen führt die Hauptstraße nach Zwettl, unsere Straße aber nach ST. THOMAS
AM BLASENSTEIN. Die PFARRKIRCHE sitzt auf einem mächtigen Granitrücken (Abb. 131),
von dem aus bei guter Witterung eine herrliche Rundsicht übers Mühlviertel (Abb. 132),
das Machland und bis an die Alpen möglich ist. Die im Kern romanische, von der Gotik
überformte Kirche ist dreischiffig, besaß ursprünglich auch drei Chöre. Bemerkenswert sind die Schlußsteine der Gewölbe und die fein herausgehauenen Darstellungen
an den Konsolen wie Christus und der zweifelnde Thomas, Maria mit Kind, die Tier-
symbole der Evangelisten und Pflanzenornamente. Der Chor bewahrt zwei um 1400
geschaffene bemalte Reliefs mit dem Tod und der Krönung Mariens.

PREGARTEN · KÖNIGSWIESEN · KEFERMARKT

Auf der B 124 fahren wir über die breiten, nach Süden ziehenden Höhenrücken nach PREGARTEN. Für eine Rast bietet sich der Blick auf Schloß Zellhof an, von dessen drei Flügeln allerdings nur noch einer steht. Auch hier ging der Besitz durch Pfand, Kauf und Erbe durch ein Dutzend Familien, bis Michael Fink (s. S. 236) 1823 an die Herzöge von Sachsen-Coburg-Gotha verkaufte, die bis heute blieben.

Ein Abstecher nach KÖNIGSWIESEN beschenkt uns in der PFARRKIRCHE MARIÄ HIMMEL-FAHRT mit dem Anblick eines großartigen Netzgewölbes (Abb. 135) um 1520, das trotz des gleichen Grundmusters mit seinen zahlreichen Überschneidungen ein verwirrendes Linienspiel aufweist. – Auf vielgewundener Straße gelangen wir über Gutau nach Kefermarkt.

In KEFERMARKT (Abb. 134) erwartet uns der berühmte Flügelaltar, den Christoph von Zelking, Herr auf Schloß Weinberg (1467–91) in Auftrag gegeben hat, weil der hl. Wolfgang ihm in ›großen Nöten‹ sehr geholfen habe. Zunächst ließ er 1470–76 die stattliche WALLFAHRTSKIRCHE mit ihrem kräftigen Turm bauen, setzte es 1480 durch, daß sie zur Pfarrkirche erhoben wurde, verschaffte ein Jahr zuvor Khefferndorf das Marktrecht, weshalb der Ort bis heute Kefermarkt heißt. In seinem Testament von 1490 sorgte er schließlich dafür, daß der von ihm bestellte *Schnitzaltar* zu Ende geführt und 1497 aufgestellt wurde, farbig gefaßt und vergoldet, wie es der Stifter gewünscht hatte. Der Altar überstand eine kurze protestantische Epoche, denn 1629 mußten die Zelkinger weichen, die katholischen Freiherrn (spätere Grafen) Thürheim wurden Burg- und Marktbesitzer. Die Aufstellung von Barockaltären um 1670 hätte gefährlich werden können, doch glich man den gotischen Altar nur an (wie Schwanthaler den zu St. Wolfgang), zerstörte ihn nicht. Erst der Holzwurm setzte ihm schwer zu, bis ein kunstverständiger Pfarrer die Behörden in Freistadt und Linz alarmierte, den »Prachtbau altdeutschen Stiles« zu retten. Unter der Aufsicht des »bekannten kunstsinnigen Schulrates« Adalbert Stifter renovierte der Linzer Bildschnitzer Johann Rint 1852–55 den Altar gründlich, wobei die Reste der farbigen Fassung, allerdings auch die übertünchten Malereien der Flügelrückseiten abgewaschen wurden. Das Werk, von Stifter im ›Nachsommer‹ begeistert beschrieben, mußte 1929 und 1959 erneut gegen den Holzwurm geschützt werden.

Der ungewöhnlich große Altar (13,5 m hoch, 6,30 m breit) ist aus Lindenholz wie auch die Figuren, die alle aus je einem Stück von einem Meister geschnitzt wurden, den man noch nicht einwandfrei identifizieren konnte. In über 90 Veröffentlichungen hat man am häufigsten Martin (Mert) Kriechbaum aus Passau, dann einen bei Veit Stoß in Krakau beschäftigten Jörg Huber aus Passau genannt, zumal stilistische Merkmale für eine Beeinflussung durch Stoß sprechen; aber auch Kriechbaums Söhne oder den Salzburger Valkenauer hat man schon in Betracht gezogen. Auf jeden Fall hat der ungenannte Hauptmeister ein Werk geschaffen, das sich mit den Altären in St. Wolfgang oder Krakau vergleichen kann. In die Mitte des Schreins hat er überlebensgroß (2,20 m) den hl. Wolfgang gestellt, im vollen Ornat eines Bischofs von Regensburg, dessen Mitra ein Relief der Verkündigung ziert, dessen Mantelschließen Brustbilder

238

der Evangelisten Johannes und Lukas schmücken, zu Füßen sein Symbol, eine Kirche mit dem Beil im First. Links (v. Beschauer aus) steht (1,96 m) der hl. Petrus im Prunkornat mit dreifachem Kreuz, aber barhäuptig und barfüßig, mit seinen Symbolen Schlüssel und Buch, mit Reliefs Christi und der Apostel am Mantelsaum und der Verkündigung auf den Mantelschließen. Der hl. Christophorus rechts, der Namenspatron des Stifters, gilt als das Glanzstück des Altars, der still duldende und das segnende Christuskind demütig tragende Gläubige (Abb. 133) neben der Milde des Bischofs und der Würde des Apostelfürsten. Die bewußt klein (95 cm) gehaltenen Diakone Stephanus und Laurentius sind als Assistenz an die Seite des Schreins gerückt worden. Die himmlischen Chöre, auf zwölf Putti reduziert, umgeben singend und musizierend je zu vier die Heiligen unter ihren Sprengwerkbaldachinen. – Zwei (einst einklappbare) Flügel weiten den Schrein und bringen je zwei Reliefs mit Szenen aus dem Marienleben. Bei Mariä Verkündigung grüßt der Erzengel Gabriel die in einer gotischen Halle kniende Jungfrau, beobachtet von den Propheten an den Säulenkapitellen und Gottvater auf einer Wolke im Hintergrund. Christi Geburt, als zartes Bild der Andacht inzwischen auf ungezählten Postkarten verbreitet, zeigt die demütigen Eltern, über dem Türrahmen zwei Engel mit Laute und Mandoline. Bei der Anbetung der Könige spielt der Jesusknabe mit dem goldenen Inhalt der dargebotenen Schatulle. Die rätselhafte Inschrift auf dem Rocksaum des Mohrenkönigs (KIPKMV CENTV 2 WEHI OMTAN) beschäftigt die Forscher bis heute. Beim Tod Mariens sind die Apostel ergreifend um die Scheidende gruppiert. Ihre Seele in Kindesgestalt hält der Heiland im Hintergrund. – Die einstigen ›Schreinwächter‹, den Landespatron Florian, und Georg, Patron der Ritter, hat man bei der Restaurierung 1929 f. abgenommen und an die Wände versetzt, wo sie besser zur Geltung kommen. – Das Gesprenge (der geschnitzte Aufbau) schießt mit elf Türmen über den Schrein empor und trägt Figuren, die allerdings die Zeiten nicht mehr vollzählig überdauert haben. Im Mittelturm steht die Madonna mit dem Kind auf der Mondsichel, unter der sich die Schlange mit menschlichem Antlitz windet. Zwei Engel haben Maria die Krone aufgesetzt, während das Kind die schwere Weltkugel hält. Flankiert ist sie von den Hll. Katharina (links mit dem zerbrochenen Stachelrad und Schwert) und Barbara (mit Kelch und Hostie), hier als Patronin der Sterbenden (denn der Stifter hat die Vollendung des Altars nicht mehr erlebt). Oberhalb der Madonna steht die hl. Agnes, ein Buch in der Rechten, zu Füßen ein Lamm (lat. agnus) als direkte Anspielung auf ihren Namen. Zwei herrliche Büsten eines Propheten mit Schriftrolle und eines Kirchenlehrers mit aufgeschlagenem Buch stammen aus einer Predella, werden aber hier überdauern können. Die hl. Helena, wie alle Heiligen mit der Blattkrone bedeckt, schließt den Mittelturm, das Kreuz, das sie in Jerusalem aufgefunden hat, in der Linken. Diese schlichteren Figuren des Sprengwerkes sind nicht vom Meister der Schreinfiguren, die man sich in Ruhe betrachten sollte, wozu der Kustos Zeit läßt. Den Christophorus vor allem, aber auch das Weihnachtsrelief mit dem unvergleichlich milden Ausdruck der Maria kann man nicht ›im Vorübergehen mitnehmen‹.

SCHLOSS WEINBERG · FREISTADT

Von der Einrichtung sind noch zu nennen der Wappengrabstein des Stifters von Kirche und Altar – des Chr. v. Zelking († 1491) – im Chor, dazu das Kruzifix von 1497. Von den um 1670 errichteten Seitenaltären zeigt der linke eine ›Mariä Himmelfahrt‹ von Martino Altomonte von 1728. Das Orgelgehäuse von 1779 ist vorzüglich in die Emporen der Westwand der Wallfahrtskirche eingefügt.

Hart nördlich von Kefermarkt liegt über dem Tal der Feldaist SCHLOSS WEINBERG (Abb. 134), dessen Treppenturm mit dem Laternenzwiebelhelm obenauf ein Wahrzeichen ist. Die Burg, auf dem landesfürstlichen Boden der Herrschaft Freistadt errichtet, ging zuerst als Lehen an Peter den Piper, kam 1359 an die Herren von Zelking, deren letzter, Christoph v. Z., 1629 seines Glaubens wegen auswandern mußte und daher seinen Besitz um 210 000 fl. an Hanns Christoph von Thürheim verkaufte, dessen Nachfahren das Schloß bis 1894 besaßen. Der Umbau der Burg zum Renaissanceschloß geht noch auf die letzten Zelkinger zurück, während die Thürheimer die Schloßkapelle ausstatteten, u. a. mit Stuck von B. Carlone von 1698/99. Die herrliche barocke Schloßapotheke wurde inzwischen an das Landesmuseum in Linz abgegeben, doch sind im dritten und vierten Stockwerk noch einige Säle zu besehen, so der Ahnen-, der Ritter- und der Kaisersaal. Leider wurden bei der Plünderung 1945 die Objekte des Familienmuseums der Thürheim und der Waffensammlung teils gestohlen, teils zerstört.

FREISTADT (Abb. 137), nur 18 km von der Grenze entfernt, entstand am alten Handelsweg zwischen Böhmen und dem Salzkammergut, den hier der jüngere Ost-West-Weg südlich des Grenzwaldes kreuzt. Die Stadt steht auf einem Gelände, das König Konrad III. 1142 dem Kloster Garsten (s. S. 191) bei Steyr geschenkt hatte. Die Siedlung, die bald mit Privilegien der Babenberger (Leopold VI.), der Habsburger (König Rudolf, Herzog Rudolf IV.) ausgezeichnet wurde, gewann Wohlstand beim Handel mit Salz, Eisen und Eisenwaren nach Böhmen und mit Zwirn, der in die Balkanländer, ja bis Ägypten verkauft wurde. König Albrecht verlieh zwei Jahrmärkte, von denen die Messe am Paulitag (15. 1.) überregionale Bedeutung hatte. Der wirtschaftliche

Freistadt. Aus der ›Topographia Austriae‹. 1649. Kupferstich von M. Merian

133 KEFERMARKT Pfarrkirche. Christophorus des Schutzaltars von 1497
134 Schloß WEINBERG (links) und KEFERMARKT im Mühlviertel ▷

135 KÖNIGSWIESEN Pfarrkirche Mariä Himmelfahrt. Netzrippengewölbe des Langhauses, um 1520

136 Oberrauchenödt St. Michael. Schutzaltar von 1522
137 Blick auf Freistadt

139 Zisterzienserabtei WILHERING   Stiftskirche, 1733–51

◁ 138 Prämonstratenserstift SCHLÄGL   Blick zum Chor der Stiftskirche

141 Burg VICHTENSTEIN an der Donau
◁ 140 Augustiner-Chorherrenstift REICHERSBERG am Inn
142 ENGELHARTSZELL   Kloster Engelszell

144 St. Georgen a. d. Mattig St. Georg von M. Zürn. Detail des Hochaltars der Pfarrkirche

◁ 143 Ried im Innkreis Stadtpfarrkirche

146 Braunau am Inn Stadtpfarrkirche. Gotische Vortragestange als Kerzenhalter

◁ 145 Ranshofen am Inn Ehem. Stiftskirche

BRAUNAU AM INN STADTPFARRKIRCHE

147 Kanzel, 1480–90

148 Thronende Maria des M. Zürn, 1642

149 St. Florian von M. Zürn, 1663

150 Grabstein des Ratsherrn H. Staininger, 1570

151 IRRSDORF   Filialkirche. Blick auf den Hochaltar von M. Guggenbichler. Türreliefs von 1408

152 Blick ins Salzachtal im Salzburger Land

Abstieg der Stadt, die 1555–60 zum neuen Glauben übergetreten war, begann mit der Gegenreformation in der 1. Hälfte des 17. Jh., als zahlreiche vermögende Protestanten 1624 und 1628 ins Altreich auswanderten, was die Stadteinkünfte auf ein Fünftel reduzierte. – Trotz schwerer Brände Mitte des 17. Jh. konnte sich Freistadt sein altes Gesicht bewahren. Die planmäßig angelegte Stadt hat als Mitte den STADTPLATZ (Länge zu Breite wie 2:1), zu dessen Seiten die Gassen parallel laufen und an den Platzecken münden, ausgenommen die Böhmergasse. Um diesen Raster zieht sich die alte UMWALLUNG aus dem 13. und 14. Jh., die aus einem Graben mit doppelter Mauer (Zwinger) besteht und mit ihren Türmen und Toren fast gänzlich erhalten blieb. Besonders markant sind das Linzer und das Böhmer Tor. In der Nordostecke der Altstadt liegt die landesfürstliche BURG, die meist als Pfandschaft ausgegeben war, so an die Grafen von Meggau, an die Slawata, die Kolowrat, die Grafen Harrach, die Fürsten Kinsky, alles klangvolle Namen der österreichischen Geschichte. Im 1363–97 erbauten Bergfried mit seinem Umgang aus Kragsteinen, dazu in der Schloßkapelle und in Teilen des Südflügels ist das MÜHLVIERTLER HEIMATHAUS mit sehenswerten Beständen, vor allem einer großen Zahl Hinterglasbilder aus Sandl, untergebracht worden (Farbtafel 8).

Die STADTPFARRKIRCHE ZUR HL. KATHARINA schließt die Südseite des Stadtplatzes. Ihr Turm, 1735–36 von Johann Michael Prunner geschickt barockisiert, wurde als Zeichen bürgerlichen Stolzes dem Bergfried entgegengesetzt. Hervorragend ist der mit drei Seiten eines Achtecks schließende Chor, an einem Strebepfeiler mit 1501 datiert, dessen Anlage und Schlingrippengewölbe ein Hauptwerk spätgotischer Architektur im Lande darstellt. Die zweite Kostbarkeit der 1690 von C. A. Carlone schlicht gehaltenen fünfschiffigen Basilika ist das figurenreiche Orgelgehäuse, das Leonhard Freundt aus Passau 1701–05 geschaffen hat. Das ehem. Hochaltarblatt, von Adriaen Bloemaert 1638–40 gemalt, schmückt den Hochaltar der 1345 erstmals erwähnten Liebfrauenkirche des ehem. Spitals vor dem Böhmertor, wohin Sie ein kleiner Spaziergang bringt. – Nebenan (Stadtplatz Nr. 119) steht das einstige Zinspanhaus, das heutige Rathaus, das wie manche BÜRGERHÄUSER hinter seiner Barockfassade einen gotischen Kern besitzt. Diesen reizvollen Klang aus gotischen Gewölben, Lauben der Renaissance und barocken Fassaden, der vom 14. zum 17. Jh. reicht, besitzen abgewandelt die Häuser Linzergasse Nr. 60, Salzgasse Nr. 155, Heiligengeistgasse Nr. 97, Böhmergasse Nr. 2, Pfarrgasse Nr. 123. Die Freistädter zeigen Ihnen gerne die Häuser, vor allem Sammetgasse Nr. 109, dessen Tor von 1592, dessen Säulenarkadenhof und die Säulenhalle im zweiten Geschoß im Stil der Renaissance gehalten sind.

Von Freistadt aus lohnt ein Abstecher auf der B 41 nach Rosenhof vor allem wegen der Landschaft, die man durchfährt. Nahe der Ortschaft OBERRAUCHENÖDT steht einsam auf einer Granitkuppe, von den rauhen Nordwinden umweht wie die mächtige Lärche daneben, die FILIALKIRCHE ZUM HL. MICHAEL, um 1510 gebaut und mit einer Mauer umgeben. Damals wurde an die quadratische Chorkirche mit Ostturm eine zweischiffige, vierjochige Halle gesetzt. Der im Chor aufgestellte, auf 1522 datierte

257

WALDBURG · BAD LEONFELDEN · STIFT SCHLÄGL

Schnitzaltar fällt durch seine vorzüglichen Schreinfiguren des Erzengels Michael und der Hll. Nikolaus und Stephan auf (Abb. 136). Die Innenseiten bringen Episoden aus der Legende dieser Heiligen, die Außenseiten tragen gemalte Szenen aus der Passion Christi. Im dreitürmigen Gesprenge steht ein hl. Bischof, daneben die Hll. Sebastian (Patron der Schützen) und Florian (Schutzheiliger Oberösterreichs). – Über Sandl, in dem einst zahlreiche Hinterglasbilder mit den ikonenhaft starren Heiligen und Szenen der Geschichte Christi entstanden sind (vgl. Farbtafel 8), führt der Weg nach ROSENHOF, dessen stattliches Dreiflügelschloß 1780–92 die Fürstin Rosa Kinsky ausbauen ließ. Hier ist die Verwaltung des riesigen Waldbesitzes der Fürsten Kinsky untergebracht, der allerdings auf tschechischer Seite enteignet wurde.

Wendet man sich, aus Freistadt kommend, auf der B 218 nach Westen, übersieht man rechter Hand leicht ST. PETER, zu dem ein von Kreuzwegstationen begleiteter Weg hinaufführt. Die auffällige Baugruppe besteht aus der größeren Filialkirche St. Peter, einer dreischiffigen Halle aus dem 15. Jh., und der kleineren Kalvarienbergkirche, der ehem. Friedhofskirche, ein 1370 erbauter Raum, dessen Gewölbe auf einer Mittelsäule ruht. – In Sichtweite, doch links der Straße liegt die PFARRKIRCHE HL. MARIA MAGDALENA in WALDBURG, deren gesamte gotische Altarausstattung (im Unterschied zu Kefermarkt) erhalten geblieben ist. Zwar zeigen die Seitenaltäre von ca. 1520, dem hl. Laurentius und dem hl. Wolfgang gewidmet, nur recht handwerkliche Arbeiten, doch ist der 1517 geschnitzte *Hochaltar* ein Kunstwerk, dessen Figuren der Werkstatt des Gregor Erhart oder ihm selbst zugeschrieben werden. Im Schrein des mittelgroßen Altarwerkes dominiert die Muttergottes, flankiert von der Kirchenpatronin und der hl. Katharina (Patronin und Schutzheilige der Philosophen). Die Innenseite der Flügel zeigen, im weichen Stil geschnitzt, Ereignisse aus dem Leben der Maria Magdalena, die Außenflügel jedoch sind samt der Altarrückwand mit Szenen aus dem Leidensweg Christi bemalt.

BAD LEONFELDEN, ein ehedem befestigter Marktflecken, hat durch einen Brand 1892 und hypermoderne Geschäftsbauten jüngster Zeit viel von seinem alten Aussehen verloren. Wertvoller als die 1877 stark veränderte spätgotische Pfarrkirche ist nahebei die WALLFAHRTSKIRCHE MARIA SCHUTZ in BRÜNDL, ein mit Hängekuppeln gewölbter Bau von 1778–93. Andreas Kitzberger trug die großen Fresken mit Themen der Marienverehrung 1792 an. – Auf gewundener Straße geht es nach HASLACH am Zusammenfluß der Steinernen und der Großen Mühl, einem im 13. Jh. von den Rosenbergern planmäßig angelegten Ort, der 1599 an Passau, 1633 an das Stift Schägl verkauft wurde. Sein Wohlstand aus dem Handel mit Salz nach und mit Lebensmitteln von Böhmen ging schlagartig zurück, als die Kaufleute von Freistadt die Sperrung der Straße durchsetzten. Der von großen Bränden heimgesuchte Ort erholte sich erst ab 1833, als die Firma Vonwiller die Weberei fabrikmäßig betrieb. 1970 wurde das WEBEREIFACHMUSEUM, das Geschichte und Technologie der Leinenweberei im Mühlviertel zeigt, eröffnet.

Über Rohrbach und Oepping erreichen wir SCHLÄGL (trotz des Wappens mit zwei gekreuzten Schlägeln* kommt der Name vom Einschlag des Waldes) und dem einst klostereigenen Markt Aigen. Zu Beginn des 13. Jh. gründete Kalhoch (Chalhoch) von Falkenstein, Ministeriale (Dienstmann) des Bischofs von Passau, ein Kloster, das er 1202–04 mit Zisterziensern der Abtei Langheim bei Lichtenfels in Oberfranken besetzte. Aus wirtschaftlichen und klimatischen Gründen scheiterte das Projekt; nach dem Tode ihres Abtes Theoderich und eines Mönches kehrten die verbliebenen Mönche in ihr Stammkloster zurück. 1218 nun berief der Falkensteiner, dessen Burg an der unteren Ranna lag, Prämonstratenser (ob aus Osterhofen/Niederbayern oder Mühlhausen/Böhmen ist ungeklärt) an den heutigen Platz am linken Ufer der Großen Mühl, um die Rodung voranzutreiben und die Pfarrseelsorge der entstehenden Ortschaften zu übernehmen, so in Ulrichsberg (1325), Aigen (1362) oder in Kirchschlag (1258), das die Rosenberger übergaben. Durch Schenkungen, so der Wittigonen, und Kauf erwarb Schlägl bedeutenden Besitz, durch die Mautfreiheit von Wein, Salz und Getreide Wohlstand, der durch die Reformation und den Bauernaufstand 1626, als das Stift in Brand gesetzt wurde, ernstlich bedroht war. Erst unter Abt Martin Greysing, der die Erhebung zur Abtei (1657) betrieben hatte, konnten Neubauten begonnen werden; die heutige Gestalt erhielten die Bauten unter Abt Johann Wöß (1721–43). Das Stift entging zwar der josefinischen Klosteraufhebung, nicht aber der gewaltsamen Schließung 1941–45. Erst der Abzug der Besatzungsmacht 1955 bedeutete einen neuen Anfang.

Die STIFTSGEBÄUDE erhielten ihre jetzige Gestalt mit den eintönigen Flächen unter Abt Greysing (1626–65) durch Marx Spaz, der den mittelalterlichen, an die Kirche anlehnenden Kern übernahm. Der Nordflügel, die Prälatur, besitzt einen spätmittelalterlichen Rundturm und ein festliches Portal der Spätrenaissance von Hans Getzinger aus Haslach. Die Marmorfiguren der Ordensväter Augustinus und Norbert schuf Hans Pernegger d. J. aus Salzburg. Über dem ins Portalgewände einbezogenen Doppelfenster erinnert eine Inschrift an das »von Häretikern (1626) zerstörte Kloster«. Getzinger lieferte auch einen sechseckigen Brunnen aus Granit für den Küchenhof; ebenfalls der Küche dienten die Löwenköpfe mit Wasserröhren, die ihr Naß in drei tiefer gelegene Fischkalter weitergaben. – Schönster Schmuck des Hofes ist das KIRCHENPORTAL, 1654 von Johann Spaz d. J. vollendet, der die Architekturstücke aus rotem Adneter –, die Figuren aus weißem Untersberger Marmor hauen ließ. Maria, die Patronin von Kirche und Kloster, steht mit Jesuskind, mit Zepter und Krone zwischen zwei rundbogigen Fenstern über dem Portalgebälk, flankiert von je einem Engel mit Wappenkartusche. In der Bekrönung zitiert eine Inschrift die Apokalypse 21,3: »Siehe das Zelt Gottes bei den Menschen, und er wird bei ihnen wohnen.« Das kleine Wappen am rundbogigen Oberlicht weist Abt Franz Freisleben (1666–77) als. Auftraggeber des zierlichen Gitters aus.

* Bergwerkshämmer

ZISTERZIENSERSTIFT SCHLÄGL

Die STIFTSKIRCHE MARIÄ HIMMELFAHRT, asymmetrisch vom Klostergeviert umschlossen, wird durch den Nordturm mit seiner Zwiebelhaube markiert. Unter den Klosterkirchen Oberösterreichs hat sie (neben Mondsee) ihren gotischen Charakter am besten bewahren können, weil die Barockisierung zumeist auf die Ausstattung beschränkt blieb. Schon beim Betreten wird der Besucher durch sechs Stufen veranlaßt, aufwärts zu streben, was zwischen Langhaus und Chor nochmals durch Stufen (abgesetzt 2:7:5) erfordert wird (Abb. 138). Die Lichtführung vom Portal im Schatten bis hin zum hellen Chor unterstreicht diesen Zug zum Altar, der auch durch die Maße der Kirche bewirkt wird: bei je 17 m Höhe und Breite ist das Mittelschiff 46 m lang, durch das Chorgitter etwa in der Mitte geteilt. Der ganze Kirchenraum ist von einem weitgespannten Kreuzgewölbe überzogen, wobei die frühbarocke Stuckdekoration sehr zurückhaltend ist, die gotische Konzeption eher hervorhebt als unterdrückt. Den Stuck, er zählt zu den frühesten Beispielen der ›Kalkschneidekunst‹ in Oberösterreich, haben nach 1620 die Brüder Jakob und Georg Kandler aus Aigen angetragen. Mit seinem Weiß und Gold harmonisiert er mit dem Gold und Braun der übrigen Ausstattung. Noch Propst Greysing hatte den Tiroler Johann Worath zum Bau der Kanzel verpflichtet, die 1647 vollendet war. Zwischen reichem Zierrat stehen die 12 Apostel und Johannes d. T. in muschelförmigen Nischen des achteckigen Korpus, darüber der lehrende Heiland auf der Weltkugel. – Die jetzigen Seitenaltäre schuf ein unbekannter Meister 1740/41, der feine Einlegearbeiten beherrschte und Statuen der vier abendländischen Kirchenlehrer zufügte: links, am Marienaltar, Papst Gregor d. Gr. (mit Patriarchenstab und Buch) und der hl. Hieronymus (Kardinalstab und Buch), rechts, am Norbertaltar die Bischöfe Ambrosius von Mailand (Bienenkorb, da ›honigfließender Lehrer‹ gen.) und Augustinus von Hippo. Die beiden Altarblätter lieferte Bartolomeo Altomonte 1749, die Aufsatzbilder Franz Thomas erst 1855. Damals wurden auch die kleinen neobarocken Altäre an die Pfeiler gesetzt, deren Bilder von August Palme aus München (1854) stammen. Liturgischen Mittelpunkt des Langhauses bildet der Volksaltar, datiert 1756, auf dem ersten Treppenabsatz, während der künstlerisch wertvollere Kreuzaltar 1965 in die spätgotische, 1501 geweihte Veitskapelle an der Südseite der Kirche gerückt wurde, wo eine vorzügliche *Pietà*, von Johann Worath 1644 geschaffen, bewahrt wird. Neben der Veitskapelle liegt die im Kern gotische, 1629/30 umgebaute Priestersakristei, die 1630 neugebaute Prälatensakristei mit Stuck von Jakob Kandler und geschnitzten Wandschränken von Frater Ulrich Koch, schließlich der 1651/52 erbaute Kapitelsaal. An der Nordostecke des Kreuzganges führt ein Gang in die beiden KRYPTEN unter dem hochgelegenen Chor. Die romanische Krypta unter dem westlichen Chorjoch aus der Mitte des 13. Jh., der älteste Raum des Klosters, wird von einem achtkantigen Mittelpfeiler mit derbem Knospenkapitell getragen. An der Ostwand der gotischen Krypta hat sich eine Türöffnung erhalten, die einst den Gang zum Schacht des Klosterbrunnens öffnete.

Bei den Stiftsgebäuden interessiert die GEMÄLDEGALERIE, ein rechteckiger Saal, von vier mächtigen Granitsäulen in zwei Schiffe geteilt, dessen zehn Kuppelgewölbe der

Linzer Hard mit Rokoko-Ornamenten gefüllt hat. Im Nordteil hängen gotische Tafelbilder des 15. und 16. Jh., zumeist Teile aus Flügelaltären, darunter die schöne ›Madonna mit Kind auf der Rasenbank‹ des Meisters von Frankfurt (1505), Werke der Donauschule und ein Südtiroler Passionsaltärchen (1484). Daran reihen sich Gemälde aus dem 17.–19. Jh., so von Kremser-Schmidt, Maulpertsch, Correggio, Veronese, Teniers d. Ä., Neef d. Ä., Moritz v. Schwind u. a. Die meisten Bilder wurden aus der Masse des Säkularisierungsgutes gekauft, so 180 Gemälde 1836 in Linz, die aus der Hinterlassenschaft des berüchtigten Klosteraufhebungskommissärs Valentin von Eybl stammen sollen. Durch den Porträtensaal gelangen wir in die BIBLIOTHEK, mit Wandschränken und Galerie vom Stiftstischler Anton Simmel ausgestattet. Die markanten Gestalten der christlichen Geistesgeschichte, von August Palme entworfen, wurden erst 1870 von Ferdinand Weiss als Deckengemälde ausgeführt. Unter den 70 000 Bänden sind zahlreiche Frühdrucke, darunter das älteste in Oberösterreich erhaltene Druckwerk, die ca. 1463 zu Straßburg gedruckte ›Summa Theologiae‹ des hl. Thomas von Aquin. Unter den 240 mittelalterlichen Pergament- und Papierhandschriften sind auch Produkte der klostereigenen Schreibschule, vornehmlich aus dem 15. Jh.

Wenn wir das Stift verlassen, denken wir daran, daß die Zisterzienser einst das dichte Waldgebiet gerodet und modernere Methoden des Ackerbaus und der Viehzucht eingeführt haben, in einem armen, menschenleeren Gebiet wirkten, nicht wie Benediktiner und Augustiner zwischen Salzburg und Enns in einem längst erschlossenen, menschen- und daher zehntreichen Land. Die Schreibschule zu Schlägl war der einzige geistige Mittelpunkt des nördlichen Mühlviertels. Dieser Waldeinschlag der Zisterzienser war vorbildlich, die im Mühlviertel belehnten Herren ahmten ihn nach, wie die vielen Ortsnamenendungen auf -schlag bis heute beweisen. Der dichte, ortsfreie Wald hat sich noch beiderseits der Grenze erhalten. Über seine grünen Kämme und Täler sieht man am besten vom Bärenstein (1076 m) aus, zu dem weit hinauf eine Straße führt. Im Nordosten schimmert die Fläche des Lipno-Stausees.

Von dort, aber auch dem Bayerischen und dem Mühlviertel kamen nach 1492 die Mitglieder der damals gegründeten Rosenkranzbruderschaft, mitunter Tausende, in die jenseits des Stiftsportals gelegene KIRCHE MARIA ANGER, deren Bau 1462 durch die Gewährung eines Ablasses an die Spender vorangetrieben worden war. Auch die Innung der Drechsler im oberen Mühlviertel hielt vor ihrer ›Zeche‹ (Zunfttreffen) hier den Jahresgottesdienst. Durch Kaiser Joseph II. wurde 1783 die Bruderschaft, 1785 der Gottesdienst in dieser Kirche, der populären ›Leutkirche‹, aufgehoben. Die jetzige Einrichtung ist neugotisch; der Hochaltar wurde von Johann Petz 1857, die Seitenaltäre von Engelbert Westreicher aus Linz 1860 geschaffen, die Altarblätter von August Palme 1848 f. gemalt. Im Chor wurden die sechs letzten Äbte von Schlägl durch Epitaphien geehrt. Erst 1956 kam die Kreuzigungsgruppe im Rokokostil über den Triumphbogen. – Nur zwei Kilometer südwestlich liegt auf einer Anhöhe im ›Mühlholz‹ an der Straße ins Tal der Kleinen Mühl die WALLFAHRTSKAPELLE ST. WOLFGANG mit der gleichnamigen Streusiedlung. Die 1501 errichtete Kapelle für die zahlreichen Wallfahrer

261

SPRINZENSTEIN · BURG PÜRNSTEIN

wurde als Chor für den Neubau unter Abt Greysing verwendet, der 1644 geweiht wurde. Doch schon acht Jahre später hat man der Westwand eine steinerne Freikanzel angefügt, da nicht alle Wallfahrer im Inneren Platz fanden, die den 994 in Pupping/ Oberösterreich verstorbenen Bischof von Regensburg als Vieh-, Wetter- und Feuerpatron verehren wollten. Seine Gestalt aus weißem Marmor sitzt über dem Granitbecken des Pilgerbrunnens in der südlichen Umfassungsmauer, von Johann Spaz d. J. 1644–47 geschaffen. Die aufwendige Ausstattung mit drei Altären und Chorgestühl stammt von dem einheimischen (aus Hall in Tirol gebürtigen) Johann Worath, der mit den Statuen der Bischöfe Maximilian und Valentin am Hochaltar die kirchliche Zugehörigkeit zum Bistum Passau, mit dem oberen Altarbild des hl. Markgrafen Leopold III. die politische Bindung an Österreich klarstellen wollte. Das Hauptbild zeigt die Begrüßung Mariens durch ihre Base Elisabeth. Anna, die Mutter Mariens, hat in einer Kapelle südlich des Chors einen eigenen Altar, der ebenfalls aus Woraths Werkstatt stammt. – Gerahmt von alten Linden steht westlich der Kirche die FRIEDENSKAPELLE, gelobt zum sehnlichst erwarteten Frieden von Münster und Osnabrück 1648. Überlebensgroße Plastiken von Worath schmücken die Vorhalle (die ›Wetterherren‹ und römischen Märtyrer Johannes und Paulus) und den Altarraum (St. Florian und St. Erasmus, letzterer auch Patron der Drechsler, weil ihm beim Martyrium der Darm herausgewunden wurde).

Bei Natschlag auf die B 127 zurückgekehrt, zweigen wir bei Rohrbach nach Südwesten ab nach SPRINZENSTEIN, um von den zahlreichen Burgen (und auch Ruinen) des Mühlviertels eine weitere zu betrachten. Auf steilem Fels über der Kleinen Mühl gelegen, bestand die BURG schon 1253 und war in der Hand eines Siboto von Sprinzenstein aus dem Geschlecht der Tannenberger. Sein Nachfahre Chunrat (Konrad) mußte die Burg dem Bischof von Passau lehnspflichtig machen, weil er mit den Tannenbergern eine Fehde gegen Passau verloren hatte. Zum letzten Male wurde die Burg 1528 verkauft, diesmal an den kaiserl. Rat Dr. Paul Rizzius (Ritius), der zwei Jahre darauf unter Weglassung seines Namens zum Freiherrn von Sprinzenstein erhoben wurde. Seine Erben, 1646 in den Grafenstand erhoben, besitzen noch heute die zum Schloß umgebaute Burg. Zu den älteren Bauelementen gehört z. B. der Torbau mit Rollenlöchern, dem Mannloch und der gewölbten Torhalle mit schweren Steinstützen und ledernen Feuerlöscheimern. Zwei runde Ecktürme flankieren den Nordostflügel. Die Arkaden im dreigeschossigen Wohntrakt um 1530 sind jetzt verglast. Ein Jahrhundert jünger ist die schlichte Schloßkapelle, während der Schloßturm gar erst aus dem 19. Jh. stammt, als man den brüchigen Bergfried abgetragen hatte. – Wen es noch nach einer festungsartigen Burg gelüstet, der fahre über Hühnergeschrei auf die B 127, zweige bei Neufelden nach Norden ab zur BURG PÜRNSTEIN (von Pirchenstein = Birkenstein), erstmals 1170 genannt. Die Rosenberger (Wittigonen) verkauften 1231 Pürnstein an die Bischöfe von Passau, die bis 1803 deren Besitzer blieben. Sie gaben sie als Lehen aus, besonders häufig an die Herren von Starhemberg. Die allein zugängliche Oberburg,

262

auf der Spitze des ansteigenden Felsenterrains erbaut, ist ein sechseckiger, dreistöckiger Bau mit einer sehenswerten Außentreppe zum ersten Stockwerk, vor dem ein Innenzwinger liegt. Die ihn umfangende Ringmauer besitzt vorgekröpfte Rundtürme, die als Batterietürme die Seiten bestreichen konnten, wie es bei Festungen üblich war. Der Außenzwinger beim unteren Burgtor besaß einen riesigen Batterieturm zum Schutz des Aufgangs, denn bis zum Umbau 1774 hatte die obere Burg keinen eigenen Zugang. Kein Eroberer, weder Bauern noch Böhmen, legten Pürnstein in Asche, sondern 1866 ein Brandstifter.

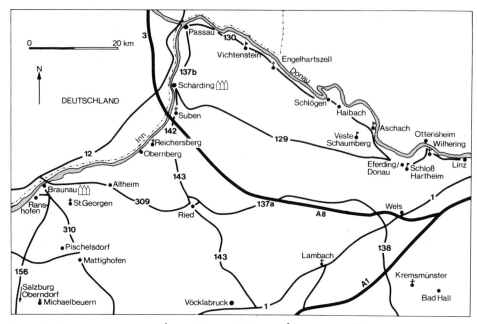

Übersichtskarte zu Route VII   ✝ = Kirchen u. Klöster   ♣ = Burgen   ⌂ = Stadtbild

VII Von Linz um das Innviertel nach Salzburg

Erste Station auf unserer ungewöhnlichen Route am rechten Ufer der Donau ist nach dem Passieren des Kürnberger Waldes die ZISTERZIENSERABTEI WILHERING. Entflammt von den Predigten des Bernhard von Clairvaux, des großen Zisterziensers, der zur Klostergründung und zum 2. Kreuzzug aufrief, wurde sie von den Brüdern Cholo und Ulrich von Wilhering und Waxenburg 1144–46 vor ihrer Fahrt ins Hl. Land gegründet, von der Ulrich nicht wiederkehrte. Besetzt wurde das Kloster mit Mönchen aus Stift Rein/Steiermark. Nach dem Vorbild von Fontenay hat man die erste Kirche 1195–1254 als dreischiffige, sechsjochige Pfeilerbasilika mit quadratischem Chor samt zwei Kapellen an den Enden der Querhausarme errichtet. Davon haben in der späteren Anlage das Hauptportal, Chor- und Querhauswände und Teile des Kreuzgangs Verwendung gefunden. Damals wurde das Kloster reich beschenkt, vor allem von den Grafen von Schaumberg, um entlang der Großen Rodl Rodungen bis an die böhmische Grenze zu übernehmen. Alle Pfarren in diesem Bereich, Grammastetten ausgenommen, wurden von Wilhering gegründet und mit Pfarrern besetzt. Wirtschaftlich war es so potent, daß es vier Tochterklöster gründen konnte: Hohenfurth in Böhmen, Fürstenzell in Niederbayern, Engelszell und Säusenstein/Donau bei Melk. Türkenkriege und Reformation setzten dem Kloster hart zu. Seine Einäscherung besorgte weder der Bauernaufstand noch der Dreißigjährige Krieg, sondern 1733 eine brandstiftende Magd. Der Wiederaufbau 1733–50 brachte zwar nicht die geplante symmetrisch zur Kirchenachse stehende Anlage hervor, doch eine hervorragend ausgestattete Kirche im schönsten österreichischen Rokoko.

Architekt der STIFTSKIRCHE MARIÄ HIMMELFAHRT UND SCHUTZENGEL war der Linzer Baumeister Johann Haslinger(1701–41), der sich bei der Innenausstattung ganz auf den kaiserl. Theateringenieur Andreas Altomonte verließ, der auch den Hochaltar entworfen hat. Die Fassade überrascht durch kolossale Doppelpilaster, die das romanische Stufenportal und ein schmales Rundbogenfenster rahmen. Voluten führen die Fassadenflügel an den zweigeschossigen Turm mit Zwiebelhelm und Laterne heran, der noch etwas den für Zisterzienser einzig erlaubten Dachreiter vortäuscht. Bedeutend ist das KIRCHENINNERE (Abb. 139), dessen gebrochene Farbigkeit in Rot, Braun und Gold vom weißen Stuck überblendet wird, der durch die Lichtführung (nur Oberlicht) herausge-

ZISTERZIENSERABTEI WILHERING · EFERDING

hoben wird. Den Stuck im Langhaus hat Franz Josef Ignaz Holzinger, den im Querhaus und Chor haben Johann Georg Übelherr aus Wessobrunn und Johann Michael Feichtmayr aus Augsburg angetragen. Das Programm der *Fresken* nimmt seinen Ausgang vom Hochaltar, dessen Blatt von Altomonte nach Zisterzienserart die Himmelfahrt Mariens darstellt. Altomonte freskierte, bei der Architekturmalerei von Franz Messenta abgelöst, über dem Hochaltar den Chor der Engel, in der Vierung Maria als Sitz der Weisheit (und weiteren Symbolen aus der Lauretanischen Litanei), im Langhaus dann Maria als Königin der Engel, der Propheten und Heiligen. Er malte auch die Bilder der Seitenaltäre, die Georg Übelherr mit vorzüglichen Figuren bereicherte. Das prachtvoll geschnitzte und eingelegte Chorgestühl der Laienbrüder schufen Johann Baptist Zell und Eugen Dünge; die vorzügliche Chororgel, von Anton Bruckner gerne gespielt, lieferte Nikolaus Rummel. Beiderseits des Hauptportals entdeckt man die gotischen Hochgräber der Grafen Schaumberg (das Erbbegräbnis der Grafen Schaumberg ist in der Grundemann-Kapelle nördlich des Chores).

Die groß geplanten STIFTSGEBÄUDE Johann Haslingers konnten nicht alle ausgeführt werden. Im Konventbau östlich des an die Kirche anschließenden Kreuzgangs mit freigelegten Teilen des 12. Jh. ist die Bibliothek mit etwa 35 000 Bänden untergekommen. Das um 1320 geschriebene und gemalte Missale des Andreas-Altars ist das Prachtstück der Sammlung. Im Prälatenflügel, der ganz auf Haslinger zurückgeht und eine Vorstellung seiner Konzeption gibt, birgt die Prälatenkapelle ein Altarbild von M. Altomonte. In der kleinen Galerie finden sich Skizzen der bekanntesten Maler des österreichischen Barock, vor allem natürlich der Altomonte. Der Torbau und der lange Gastflügel im Südwesten sind erst 1778–81 entstanden, zur Zeit der Klosteraufhebungen, von der Wilhering allerdings verschont blieb. Erst 1835 wurde die ehem. Bibliothek, erst 1955/56 das Gymnasium dem Klosterkomplex eingefügt.

Südöstlich des Ortes Alkoven liegt SCHLOSS HARTHEIM, das in seiner Geschlossenheit und mit dem überragenden Treppenturm an Schloß Weinberg bei Kefermarkt erinnert. Vier Türme sind den Kanten des mächtigen, viergeschossigen Baublocks vorgesetzt, aus dessen Westflügel der laternenbesetzte Treppenturm aufsteigt. Der rechteckige Hof wird auf allen Seiten von Laubengängen umschlossen, die in den drei Untergeschossen Rundbogenarkaden besitzen, im obersten Stock jedoch einen offenen Säulengang mit Balkendecke. Das 1610 vollendete Renaissanceschloß wurde als bedeutendstes Denkmal dieses Stils in Oberösterreich bezeichnet, das aber noch kräftiger auf die Zeitgenossen gewirkt haben muß, da es – wie Farbreste bezeugen – bemalt war. Wenn Sie ohne Spezialbewilligung keinen Zutritt erhalten, müssen Sie sich nicht grämen, denn die Einrichtung wurde zum größten Teil ins Schloß Eferding (s. S. 267), Teile auch ins Schloßmuseum Linz gebracht, da Hartheim in der Zeit von 1896 bis 1945 als Nervenheilanstalt diente.

Inmitten eines kleinen fruchtbaren Beckens liegt das Städtchen EFERDING an der Stelle, an der sich ursprünglich ein schiffbarer Arm der Donau befand. Ein römisches Auxiliar-(Hilfstruppen-)Kastell stand westlich des Hauptplatzes. Bisher ist es noch

Eferding. Aus der ›Topographia Austriae‹. 1649. Kupferstich von M. Merian

nicht ausgegraben, doch durch zahlreiche Funde bekannt. So ist ein Grabrelief an der Westseite der Kirche, sind zwei Porträtköpfe im Hof des Hauses Schmiedgasse 12 eingemauert. Der alte ›-ing‹-Name weist auf baierische Besiedlung im 6. Jh., der Kirchenpatron St. Hippolyt auf frühe Christianisierung hin. Der 1111 erstmals urkundlich erwähnten Siedlung verlieh 1222 Bischof Gebhard I. von Passau das Stadtrecht, 1276 König Rudolf das Recht der Befestigung. Der Lauf der Befestigung ist an den alten Wassergräben bis heute abzulesen. Aus dieser Zeit der Rechteverleihungen stammt auch die Anlage des großen Hauptplatzes im Verhältnis 1:5. Nach vielfachen Fehden verkauften die Bischöfe von Passau die Stadt 1367 an die Grafen von Schaumberg (recte Schaunberg), die für den wirtschaftlichen Aufstieg durch weitere Privilegien, so das Mautrecht, sorgten. Nach dem Aussterben der Schaumberger (1559) fielen Stadt und Burg auf dem Erbweg an die Starhemberg, die bis 1848 Stadtherren blieben. Ernsthaft bedroht wurde ihre Herrschaft nur durch die Bauernaufstände 1595, 1626 und 1632, an die u. a. das Denkmal im nahen Emlinger Holz und das Grab des Stefan Fadinger im nordwestlich der Stadt gelegenen Seebacher Moos erinnern.

Die STADTPFARRKIRCHE ZUM HL. HIPPOLYT, ein Neubau von 1451–1505 auf Geheiß des Grafen Sigmund von Schaumberg, verkörpert sehr rein den Typus der bayerischen Pfarrkirchen der Spätgotik mit der Steigerung der Höhe vom Chor zum Langhaus und zum Turm. Entworfen hatte den Bau, bei dem nur der Turmunterbau vom Vorgänger aus dem 14. Jh. übernommen wurde, der Passauer Dombaumeister Georg Windisch, nach dessen frühen Tod von seinem Polier Bernhard Reckendorfer zu Ende geführt. Den Baufortschritt kann man an Jahreszahlen ablesen, so trägt das (inzwischen völlig erneuerte) Westtor 1467, das Nordtor mit Kielbogenabschluß 1466, das besonders reich gestaltete Doppeltor im Süden 1468 und 1471 für die Anlage, 1497 für die Baldachinstatuen der Maria mit Kind, des hl. Hippolyt und des hl. Ägidius. Das Langhaus, das wir durch eines der Portale betreten, ist eine sechsjochige ›Staffelkirche‹ (Staffel = Stufe) mit tief herabgezogenem Stern- und Netzgewölbe und einer fünfachsigen Musikempore im westlichsten Joch. Die Einrichtung gehört, wenige gotische Fragmente ausgenommen, durchgängig dem frühbarocken Knorpelwerkstil von 1660–70

VESTE SCHAUMBERG · SCHLÖGEN · ENGELHARTSZELL

an. Der Hochaltar allerdings und der Altar der Heiliggeistkapelle sind neugotisch aus der Mitte des 19. Jh. Gut erhalten ist eine stattliche Reihe von Grab- und Denkmälern des 14.–17. Jh. an den Innen- und Außenwänden der Kirche, darunter die fast lückenlose Grabsteinreihe der Grafen von Schaumberg bis zu Graf Wolfgang († 1559), mit dem das Geschlecht erlosch.

Die um 1325 gebaute SPITALKIRCHE ZUR HL. JUNGFRAU MARIA wurde nach Bränden im 15. und 18. Jh. erneuert, so daß vom gotischen Bau nur der Fassadenturm und die sehenswerte Magdalenenkapelle nördlich des Chores samt den Fresken von 1430 erhalten blieben. Kanzel und Hochaltar wurden 1623 geschaffen, die Bilder von Hans Spindler gemalt. Vom barocken Hochaltar der Stadtpfarrkirche kam die überlebensgroße Figur des hl. Hippolyt hierher, während Kanzel und Hochaltar aus der abgerissenen Kirche zu Garsten stammen. – Beim Schlendern durch das Städtchen entdeckt man wohlerhaltene Wohnhäuser und Höfe der Spätgotik und Renaissance, so Hauptplatz Nr. 21, 27, 31 und 32, so den Schaumbergerhof Schmiedgasse 5. Am Gasthof ›Zum Löwen‹ am Hauptplatz liest man, daß dort 1613 Johannes Kepler sein Hochzeitsmahl verzehrte, war doch seine zweite Frau eine Eferdinger Bürgerstochter. Hier, im ›Roten Krebs‹ oder im anspruchsvolleren ›Kreuzmayr‹ können Sie zufrieden speisen.

Das SCHLOSS im Nordosten der Stadt ist von den Starhembergs gestaltet worden, die als Dienstmannen der Otakare von Steyr um 1100 genannt werden, den steirischen Panther im Wappen führen, sich aber seit 1240 nach ihrer Burg Haag am Hausruck ›de Storichenberg‹ nennen. Ihre ›neue Veste‹ zu Eferding, um 1416 gebaut, ist in der Umformung des 16 Jh. im Westflügel des heutigen Schlosses erhalten geblieben. Der im Kern mittelalterliche Ostflügel ist heute dem 1784 erbauten repräsentativen Südflügel angeglichen, der zum Garten mit einer klassizistischen Schaufront aufwartet. Wertvoll ist die reiche INNENAUSSTATTUNG, die zum Teil aus den Schlössern Eschelberg und Hartheim hierher geholt wurde, so Kassettendecken, geschnitzte Renaissancetüren, Öfen u. a. Zahlreiche Familienandenken im Ahnen-, Porzellan-, Kostüm- und Waffensaal erinnern an prominente Mitglieder des Hauses Starhemberg. So an Erasmus, der als entschiedener Protestant alle seine Güter verlor, die 1660 von der Familie wieder zurückgekauft werden mußten; an Graf Rüdiger, der 1683 die Verteidigung Wiens gegen die belagernden Türken leitete; an Graf Georg Adam, Maria Theresias Botschafter und Generalgouverneur der Niederlande, der den Neubau bezahlte; auch an den 7. (und letzten) Fürsten Ernst Rüdiger (1899–1956), den Bundesführer der ›Heimwehr‹, Vizekanzler unter Dollfuß und Schuschnigg, der 1938–55 im argentinischen Exil lebte. (Besichtigung Mai–September nur an Sonn- und Feiertagen 9–12 Uhr.)

Auf der Weiterfahrt nach Schlögen auf der B 130 sehen wir linker Hand auf der steilen Berglehne die Ruinen der VESTE SCHAUMBERG, des Stammsitzes des einst so mächtigen und reichen Geschlechtes, die nicht in einem Krieg zerstört, sondern wegen des kostspieligen Unterhalts nach Verlegung des ständigen gräflichen Wohnsitzes in das Eferdinger Schloß langsam im Laufe der Jahrhunderte verfallen ist. 1402 war König Wenzel von Böhmen dort kurze Zeit inhaftiert. – Rechter Hand liegt nahe der Donaubrücke das SCHLÖSSCHEN ASCHACH in einem großen englischen Park, weder von der Straße noch von der Donau her einzusehen. Wolfgang von Lichtenstein, der vom letzten Schaumberger Aschach mit der Maut geerbt hatte, wandelte einen Gutshof zum Schloß, das die Jörger 1606 erneut umbauten. 1668 erwarb Ferdinand Bonaventura von Harrach das Schloß, dem 1709 J. Lukas von Hildebrandt das ›Fürstenstöckl‹ (den Ostflügel) zur Verbindung von Torbau und Haupttrakt beifügte, auch den Hochaltar der Schloßkapelle entwarf, den 1712 der Fürsterzbischof von Salzburg, Franz Anton Fürst Harrach, stiftete. Um 1825, als der Barockgarten in einen englischen Park umgestaltet wurde, nahm man den Fassaden etwas von ihrer Üppigkeit zugunsten klassizistischer Nüchternheit. Die Donaukraftwerke AG kaufte bei Baubeginn des Kraftwerks Aschach das Schloß an.

Erreicht die Straße bei Schlögen wieder die Donau, sollte man aussteigen und nach Norden, dann umbiegend nach Osten an der mächtigen Schlinge der Donau entlanglaufen oder vorher nach Haibach ob der Donau abbiegen und auf den schönen Flußabschnitt herabsehen. Farbtafel 34 zeigt Ihnen das Naturschauspiel aus der Vogelperspektive. – Immer an der Donau entlang gelangen wir schließlich nach ENGELHARTSZELL, wo 1293 der Passauer Bischof Wernhard von Prambach an unwirtlicher Stelle für die Passauer Domherren einen Erholungsort, eine Raststätte auf dem Weg nach Eferding anlegte (Abb. 142). Die ersten Mönche des Zisterzienserstiftes kamen aus Wilhering (s. S. 265 f.). Kloster und Kirche wurden in der Spätgotik erweitert, letztere 1521 geweiht. Während der Reformationszeit verfiel das Kloster und mußte 1618 erneut von Wilhering aus besiedelt werden. Nach einem verheerenden Brand 1699 und Streitereien, die zur Zwangsverwaltung führten, erlebte das Kloster erst unter Abt Leopold II. Reichl (1747–86) einen neuen Aufschwung, wurde die Kirche 1754–64 neu gebaut. Nach seinem Tode wurde das Kloster sofort aufgehoben, die Liegenschaften 1791 dem Generalvikar zu Linz als Dotation überwiesen. Der 1809 so siegreiche Napoleon schenkte die Herrschaft Engelhartszell dem Heerführer Wrede, dessen Familie die Gabe 1864 wieder verkaufte. 1925 erwarben die Trappisten, Zisterzienser strengsten Gehorsams, Kloster und Liegenschaften, auf denen sie ein Mustergut einrichteten. Das strenge Reglement, im Kloster La Trappe bei Soligny/Normandie entwickelt und 1678 von Papst Innozenz XI. appropiert, gebietet Stillschweigen, erheischt jedoch gemeinsames Gebet, Arbeit und Essen.

Der Baumeister der STIFTSKIRCHE MARIÄ HIMMELFAHRT, der sich die Einturmfassade der Stiftskirche zu Wilhering zum Vorbild genommen hat, ist unbekannt. Sein Einfall waren die je drei Kapellennischen beiderseits des Langhauses, die bis ins Muldengewölbe hochgezogen wurden. Raumgliedernd sind die Pfeiler, die mit den Gewölben ein Baldachinsystem bilden, Gewölbe, die einen farbigen, duftigen Himmel vortäuschen, in dem Engelschöre Maria verherrlichen. Bartolomeo Altomonte schuf die hellfarbigen, glänzenden Fresken im Chor und Vorchor. Da das Langhausfresko im 19. Jh. schadhaft geworden war, trug Fritz Fröhlich 1957 ein neues an. Die elegante Ausstattung mit Altären entsprang einer engen Zusammenarbeit von B. Altomonte und Johann Georg

269

VICHTENSTEIN · SCHÄRDING · SUBEN

Übelherr, der auch die vorzügliche Kanzel und die Figuren aus weißem Stuck für die Altäre schuf. Der Schutzengel und die drei Erzengel in den Nischen des Vorchores sind allerdings nicht von ihm, sondern Frühwerke des Franz Anton Zauner, des später bedeutendsten klassizistischen Bildhauers in Wien. – Die KLOSTERGEBÄUDE liegen zweigeschossig um zwei Höfe, deren westlicher Komplex im Mitteltrakt noch den gotischen Kapitelsaal bewahrt, eine zweischiffige, kreuzrippengewölbte Halle aus dem 14. Jh. Der östliche Komplex, unter Abt Reichl erbaut, bietet im Südflügel Raum für das Refektorium und die Bibliothek darüber, die Fresken von B. Altomonte und noblen Stuck von Johann Kaspar Modler besitzt.

Wer Burgen ›sammelt‹, wird noch etliche Kilometer donauaufwärts nach VICHTENSTEIN fahren, um die steil überm Strom liegende mittelalterliche Burg mit dem mächtigen Bergfried aus dem 12. Jh. und der Kapelle zum hl. Hippolyt (Chor 14. Jh., Langhaus 17. Jh.) zu besuchen (Abb. 141). Nach Schärding zu nehmen wir die B 136 durch den Sauwald. Die PFARRKIRCHE MARIÄ HIMMELFAHRT in MÜNZKIRCHEN, eine im Kern gotische, doch barock überformte Kirche, besitzt in dem Grabstein der Maria Perchdolt († 1694) eine vorzügliche Passauer Arbeit mit der raren Darstellung ›Christus verkündet den Aposteln den Weltuntergang‹.

SCHÄRDING, zwischen dem Inn und der einmündenden Pram gelegen, war vielleicht eine römische Siedlung, doch taucht der Name (›Scardinga‹) erst 804 auf, als der Ort dem Passauer Domstift übergeben wird. Spätestens seit Mitte des 11. Jh. hatten die Grafen von Formbach Burg und Ort inne, die nach ihrem Aussterben 1158 an die Grafen von Andechs übergingen. 1248 erwarben die Wittelsbacher den Besitz und behielten ihn, von zwölf habsburgischen Jahren (1357–69) abgesehen, bis zur Abtretung des Innviertels 1779. Erst um 1350 wurde Schärding (anstelle von St. Florian am Inn) Pfarrsitz, erst 1364 erhielt es endgültig Stadtrecht. Unter Herzog Ludwig dem Gebarteten wurde die Stadt 1428–35 befestigt. Trotz vielfacher Belagerungen bis 1809 hin hat man die Befestigung immer wieder ausgebessert, sie hat sich mit ihren schweren Türmen und Toren bis heute relativ gut erhalten. Wohlerhalten ist auch der STADTPLATZ, durch eine Häuserinsel (›Kretzl‹ gen.) in einen oberen kleinen Bereich und einen unteren abschüssigen geteilt. Die stämmigen barocken Bürgerhäuser der SILBERZEILE wirken mit ihren wohlgeschweiften Giebeln wie vornehme Wächter des Platzes, der unter Denkmalschutz steht. Ihre Erbauer verdienten ihre ›Silberlinge‹ vornehmlich im Salz- und Holzhandel, der an diesem Brückenort florierte. Reiche Bestände aus der Kunst- und Kulturgeschichte Schärdings und seines Bezirkes sind im Heimathaus, im ehem. Äußeren Burgtor, untergebracht.

Die PFARRKIRCHE ZUM HL. GEORG war ursprünglich eine gotische Hallenkirche mit überhöhtem Chor, die nach den schweren Schäden im Spanischen Erbfolgekrieg 1715 abgetragen werden mußte. Für die 1720–26 nach Plänen des Passauer Domkapitel-Maurermeisters Jakob Pawanger ausgeführte fünfjochige Wandpfeilerkirche konnte nur noch das Untergeschoß des Westturmes und der Chor verwendet werden. Nachdem nacheinander drei Pfeiler eingestürzt waren, wurde Pawanger entlassen, der Bau von

270

Getreidekasten im Innviertel

den Münchnern Johann Gunetzrhainer und Johann Michael Fischer zu Ende geführt, die auch ins westlichste Joch die Musikempore einbauten. Vom Stuck des Franz Joseph Ignaz Holzinger sind nur vier, allerdings sehr gute Heiligenstatuen (Martin, Hubert, Florin, Longinus) erhalten geblieben. Das Gewölbe mußte schon 1814 erneuert werden, wurde 1975 hell bemalt. Die Seitenaltäre stammen zwar noch aus den zwanziger Jahren des 18. Jh., doch verkohlten die meisten Bilder bei der Beschießung 1809, ausgenommen das auf 1690 datierte Bild *Christus erscheint der hl. Theresia* von Johann Michael Rottmayr auf dem Altar im angedeuteten linken Querschiff. Der frühbarocke Marmor-Hochaltar, 1677 von Joh. Peter Spaz gemeißelt, wurde 1814 aus dem säkularisierten Karmeliterkloster Regensburg angekauft.

Innaufwärts gelangen wir nach SUBEN, wo um 1050 die Gräfin Tuta von Formbach ein Chorherrenkloster gestiftet hatte, das aber erst florierte, als ihr Enkel Graf Altmann von Formbach, Bischof von Trient, Güter zustiftete, 1226 die Regel des hl. Augustinus einführte und das Stift eng an das Salzburger Domkapitel anschloß, das bis 1474 die Pröpste von Suben wählte. Nach den Erschütterungen in der Reformation blühte das Stift im Barock auf, so daß 1697–1709 ein neuer Konventbau, 1766–70 eine neue Kirche gebaut werden konnten. Nach der Aufhebung 1784 kamen die Gebäude an den Staatsärar, wurden 1809 von Napoleon als Lazarett beansprucht, dann an den bayerischen General Fürst Karl Philipp von Wrede verschenkt (s. S. 136, 269), dessen Familie den Besitz 1855 an den k. k. Strafhausfonds veräußerte, der dort eine Strafanstalt einrichtete, die heute noch existiert. – Ausgenommen war dabei die STIFTSKIRCHE ZUM HL. AUGUSTINUS, die zur Pfarrkirche erhoben wurde. Von der einstigen romanischen Basilika blieb nur der Westturm mit den Klangarkaden übrig, dessen Plastikfragmente im Schärdinger Heimathaus zu betrachten sind. Davon abgesehen ist die Kirche

271

AUGUSTINER-CHORHERRENSTIFT REICHERSBERG

ein Neubau des Baumeisters Simon Frey aus München (1766–70). Die Gewölbezonen tragen reichen Rokokostuck mit Ornamenten, Figuren des Johann Baptist Modler und Deckenfresken des Tirolers Johann Jakob Zeiller, der die Bekehrung des hl. Augustin, seine Regeln und Szenen aus der Apokalypse schildert. Die beschwingt-liebenswürdige Art des Rokoko zeigt sich am Hochaltar und an den Seitenaltären in den Querarmen, die dem Josef Deutschmann zugeschrieben werden. Von ihm soll auch das Chorgestühl in Weiß und Gold, die Kanzel und der gekonnte Figurenschmuck am Orgelgehäuse stammen, dazu die zwölf Figuren an den Kuppelanläufen, je vier Evangelisten, Kirchenväter und Engel. Die von Matthias Kager geschaffenen Kapellenaltäre besitzen Bilder von J. J. Zeiller, während die großen Altäre Blätter von Johann Georg Unrueh erhielten. Die Kreuzwegstationen wurden 1956 von Wolfram Köberl gemalt.

Nur 14 Kilometer innaufwärts erwartet uns in REICHERSBERG das nächste AUGUSTINER-CHORHERRENSTIFT, beherrschend auf der Hochterrasse über dem rechten Innufer gelegen. Von Werner von Reichersberg und seiner Frau Dietburg, einer Schwester des Salzburger Erzbischofs Gebhard, 1084 gestiftet, weil ihr einziges Kind jung verstorben war, wurde dem Kloster die Burg samt Ort und Gütern überlassen. Erzbischof Konrad I. von Salzburg berief aus dem oberbayerischen Kloster Rottenbuch den gelehrten Theologen Gerhoch als Propst (1132–69), der die Bibliothek sehr förderte und das regulierte Chorherrenstift umwandelte und zu hoher wissenschaftlicher Blüte führte. Nach einem verheerenden Brand 1624 mußte das Kloster neu gebaut werden, doch entging es bis heute allen drohenden Auflösungen. Der Neubau der Klostergebäude um den Kreuzganghof begann schon 1624 durch oberitalienische Meister. Nach dem Dreißigjährigen Krieg begann man auch die Gebäude am äußeren Klosterhof wieder aufzurichten, wobei der Rieder Baumeister Thomas Prünner 1663/64 den sog. FÜRSTENTRAKT westlich der Kirche baute, der sich in zweigeschossigen Säulenarkaden zum Hofe öffnet (Abb. 140). Der gegenüberliegende Südtrakt mit seinen Pfeilerarkaden folgte 1685 samt den niedrigen Wirtschaftsgebäuden zum Torturm hin. Die ursprünglich zwischen äußerem und innerem Hof geplante Palastfassade der Prälatur ist nur auf einem Stich zu sehen, wurde wegen zu großen Aufwandes gestrichen. Von den Räumen sind sehenswert der ›Bayerische Saal‹ im Fürstentrakt, den Johann Nepomuk Schöpf 1771 mit mythologischen Themen freskierte, die Prälatenkapelle (mit einem Fenster zur Kirche) mit einem Fresko des Christian Wink von 1778, das Himmlische Jerusalem darstellend, die Exerzitienkapelle in der Prälatur mit Fresken von Chr. Wink. Schon 1685 schuf Johann Albert die Fresken im Augustinussaal der ehemaligen Sommerprälatur. Die Bibliothek besitzt geschnitzte Kästen von Josef Stöger und Fresken mit Episoden aus der Klostergeschichte von Johann Nepomuk Schöpf (1771). Ein Schmuckstück ist das SOMMERREFEKTORIUM, das von C. A. Carlone 1691–95 gebaut und anschließend von G. B. Carlone reich stuckiert wurde. Darüber ist ein kleines Stiftsmuseum eingerichtet worden.

In einen Winkel des Klosters abgedrängt, wirkt die STIFTSKIRCHE ZUM HL. MICHAEL durch die Höhe ihres Schiffes und den mächtigen Turm. In den außen wie innen betont

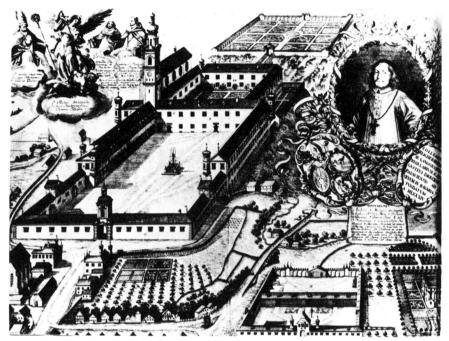

Augustiner-Chorherrenstift Reichersberg. Kupferstich

zurückhaltenden Bau von 1629–44 ist kein Teil der frühgotischen, 1126 geweihten Kirche übernommen worden. Im weißgestrichenen einschiffigen Langhaus mit den vier tiefen Kapellen an der Nordseite treten die farbige Decke und die Altäre besonders stark hervor. Die hellen Fresken des bayerischen Hofmalers Chr. Wink von 1778–79 beziehen ihre Themen im Langhaus aus dem Leben des Ordensvaters Augustinus und des Kirchenpatrons Michael, im Chor wird auf den Namen Jesu und auf den Psalmisten David hingewiesen. Die Vorhallendecke zeigt Moses, der vor dem brennenden Dornbusch den Schuh auszieht, eine Erinnerung daran, daß die Kirche ein heiliger Ort ist. Besser als der Hochaltar von 1713 präsentieren sich die Kapellenaltäre, die J. B. Modler 1770 aus Marmor und Stuckmarmor geformt hat. Farbige Schmuckstücke sind die Kanzel an der Südseite, wahrscheinlich von Josef Matthias Götz geschaffen, und die etwas jüngere Orgel von Johann Michael Herberger auf der Westempore, deren Gehäuse Josef Stöger schnitzte, der auch die Beichtstühle lieferte. Für eine ›Befreiung Christi‹ aus der Schule des Caravaggio hat Thomas Schwanthaler 1702 einen üppigen Rahmen geschnitzt. (Im 2 km östlich des Stiftes gelegenen Münsteuer hat Th. Schwanthaler 1686 einen barocken Hochaltar in die Pfarrkirche St. Peter und Paul

OBERNBERG · RIED IM INNKREIS · BRAUNAU

geliefert.) Dieser Bildhauer hat auch einige barocke Grabmäler zur langen Reihe der Denkmäler vom 13.–18. Jh. gefügt, die an Pröpste und Adelige der Umgebung erinnern und aus Salzburger, Burghausener und Passauer Werkstätten stammen. Aus einer Straubinger Werkstatt kam der um 1470 behauene rotmarmorne Gedenkstein für die Stifterfamilie in der vordersten Kapelle.

Vor der Fahrt nach Ried lohnt sich ein Abstecher nach OBERNBERG AM INN, einem schon 1250 genannten Markt, der sein reizvolles Ortsbild erhalten hat, seitdem der Schiffsverkehr von der Eisenbahn verdrängt wurde, die Obernberg weit südlich umgeht. Noch sind die Siedlungskerne deutlich unterschieden: die 1199 von Bischof Wolfger von Passau erbaute Burg als südlichsten Stützpunkt seines Herrschaftsbereichs, dann die Siedlung um die Pfarrkirche zum hl. Abendmahl des Herrn (mit spätgotischen Fresken in der Annakapelle und einem barockisierten Langhaus), schließlich die Siedlung um den rechteckigen Marktplatz. Den duftigen Stuck an einigen Rokokofassaden, so am Apothekerhaus (Nr. 38) trug der in Obernberg ansässige Stukkateur J.K. Modler an. Die gotische Filialkirche zum hl. Nikolaus im Ortsteil Ufer besitzt ein Hochaltargemälde des Jakob Vogel von 1665, das den hl. Nikolaus als Patron der Schiffahrt über einem Schiffszug und einer Ansicht von Ufer zeigt; ein kulturhistorisch interessantes Dokument.

Über Weilbach oder Gurten fahren wir nach RIED IM INNKREIS (im Unterschied zu Ried im Traunkreis nahe Kremsmünster). Lange litt der Grenzort mit der landesfürstlich-bayerischen Burg an den Streitigkeiten zwischen Österreich und Bayern, bis sie im Vertrag von Ried 1379 beigelegt wurden. Bekannter ist der Vertrag von Ried vom 8. 10. 1813 geworden, in dem Bayern Napoleon I. verließ und sich aktiv am Befreiungskrieg gegen ihn beteiligte. Der Markt, der mit dem Innviertel 1779 an Österreich gekommen war, wurde erst 1857 zur Stadt erhoben. Das INNVIERTLER VOLKSKUNDEHAUS, aus der reichen Sammlung des Pfarrers Josef Veichtlbauer und des Musealvereins hervorgegangen, bewahrt neben vielen Zeugnissen des Volks- und Brauchtums auch Statuen der Brüder Zürn und der Familie Schwanthaler. Hans Schwanthaler, der Ahnherr eines Geschlechtes von Bildhauern, das durch sieben Generationen Oberösterreich und München mit zahlreichen Altären und Plastiken beschenkte, war einst, um den Schrecken des Dreißigjährigen Krieges zu entgehen, aus Oberbayern nach Ried geflüchtet. Stellvertretend für alle Schwanthaler-Altäre in Mörschwang und St. Martin, in Andrichsfurt und Aurolzmünster, in Gurten und Tumeltsham sei die barocke Einrichtung der STADTPFARRKIRCHE ZU DEN HLL. PETER UND PAUL in Ried genannt (Abb. 143), die nahezu ausschließlich von Mitgliedern dieser Großfamilie geschaffen wurde. Nur beim Hochaltar, den Thomas S. 1663–65 errichtete, half Peter Widmann. Daß diese Familie nicht allein die Bildhauerkunst beherrschte, zeigt der Altar der Brüder Martin und Michael Zürn von 1656 in der Schuhmacherkapelle, der nordwestlichen der acht Zunftkapellen, in denen die straff organisierten Handwerker ihre Jahrtage und Andachten begingen. (Drei bühnenhaft-dramatische Altäre der Brüder Zürn, die aus

274

dem Seeschwäbischen stammen und in Burghausen lebten, bewahrt die schlichte Filialkirche St. Georgen an der Mattig.)

Auf dem Weg nach Braunau kommen wir durch ALTHEIM, dessen abseits stehende
Kirche St. Laurenz, eine spätgotische Hallenkirche mit Seitenkapellen und Chor,
1516–19 von Sebastian Junger gebaut wurde, dessen Grabstein an der südlichen
Außenwand der Kirche zu sehen ist. Die Barockisierung des Inneren wurde rücksichts-
voll betrieben; Johann Michael Vierthaler trug 1734 den zarten Deckenstuck an,
während Johann Georg Reischl Szenen aus dem Leben des Kirchenpatrons in Fresken
festhielt. Neben dem mächtigen Hochaltar von 1664 wirkt die hundert Jahre jüngere
Einrichtung aus dem Rokoko fast gebrechlich.

Das heutige BRAUNAU liegt auf dem Zwickel zwischen Inn und mündender Enknach
(auf der ›braunen Au‹), der zur Pfalz Ranshofen gehörte und mit dieser 1125 an das
Augustiner-Chorherrenstift Ranshofen kam. Erst 1260 wurde die Stadt gegründet,
die zunächst nur das Gassengeviert nördlich der Pfarrkirche umfaßte. 1672–79 vollendete Kurfürst Ferdinand Maria von Bayern den schon 1601 begonnenen Festungsring
um Braunau mit Basteien und dem Inntor, um den Innübergang mit der wichtigen
Straße zu schützen. Nach schweren Belagerungen 1704 und 1742 wurde die Festung
nach 1816 geschleift, zuletzt (1892) das Brückentor, um die Eisenbrücke über den Inn
anzulegen. Vom Wohlstand jener Zeit, da Salzhandel und Tuchmacherei blühten,
künden noch stolze Bürgerhäuser am langgestreckten STADTPLATZ (1:8), der zur Inn-
brücke führt. Trotz der Zerstörungen durch den Brand von 1874 künden von dieser
Zeit das Lebzelterhaus (Nr. 13), das Quartier der Ranshofener Prälaten (Nr. 22) und
der Gnändingerhof (Nr. 32) mit seinen stimmungsvollen Laubengängen. Das mittelalterliche Aussehen der Stadt trifft man in vielen der schmalen Gassen der Altstadt
und in der Salzburger Vorstadt an, wo sich das einzige alte Tor, das Salzburger Tor,
erhalten hat.

Stadtbeherrschend und weithin sichtbar ist der 99 Meter hohe Turm der STADT-
PFARRKIRCHE ZUM HL. STEPHAN, die bis 1517 Filiale von Ranshofen war. Der heutige
Kirchenbau wurde 1439 begonnen und nach 1500 mit dem 6. Stockwerk des Turmes
vorläufig beendet, denn erst 1635–46 erhielt er ein 7. (barockes) Geschoß, 1745–59 dann
den achteckigen Oberteil samt krönendem Helm. Am Neubau des 15. Jh. war als
wichtigster Baumeister Stephan Krumenauer beteiligt, der allerdings schon 1461 starb
und einen Grabstein an der Südwand erhielt, daneben werden Wolfgang Wiesinger,
Jörg Perger und Meister Hans genannt, die das massige Langhaus mit dem breiten
Satteldach bauten. Drei Portale führen in die dreischiffige Kirche zu sieben Jochen,
die durch die Kapellen an beiden Flanken noch breiter erscheint. Ein Netzgewölbe
überspannt den Raum, auch die fünfachsige Westempore, die eine hervorragende Maß-
werkbrüstung zeigt. Da die Restaurierung um 1900 ins Stocken geriet, nachdem den
Puristen bereits der Hochaltar von 1642, das Hauptwerk des Martin Zürn, zum Opfer
gefallen war, konnte ein großer Teil der gotischen und barocken Ausstattung gerettet
werden (Abb. 148, 149), so das Hochaltarblatt von M. Lettenbichler und einige Holz-

275

BRAUNAU · RANSHOFEN · MATTIGHOFEN

plastiken, die im Chor zu besichtigen sind. Erhalten blieb auch die spätgotische *Kanzel* von 1480–90 mit sehr guten Reliefs der Kirchenväter (Abb. 147); der überdimensionierte Schalldeckel stammt aus der Zürnschen Werkstatt (um 1650). Die Kapellen sind (wie in Ried) einzelnen Zünften vorbehalten gewesen, die sie entsprechend ihrem Wohlstand ausstatteten. An der Nordseite ragt heraus der gotische Flügelaltar der Bäckerkapelle aus dem Anfang des 16. Jh., der an der ›Wurzel Jesse‹ den Stammbaum Jesu aufzeigt, die barocke Ausstattung der Leonhardskapelle, schließlich der Altar des Martin Zürn in der Kaufmannskapelle. An der Südseite steht in der Antoniuskapelle ein ausgezeichneter Grabstein für den Passauer Bischof Friedrich Mauerkircher († 1485) aus rotem Marmor, dem Salzburger Hans Valkenauer zugeschrieben; die Bräuerkapelle besitzt Stuck von M. Vierthaler (um 1735) und einen Altar von Martin Zürn (1664); in der letzten Kapelle schließlich, der hl. Ursula gewidmet, die von den Schiffern gerne angerufen wurde, weil sie auf ihrer Reise nach Rom den Rhein befuhr, hängt eine Stadtansicht Braunaus von 1760. – Zahlreiche Grabsteine aus dem 15.–18. Jh. sind in die Innen- und Außenwände des ›Stephansmünsters‹ eingelassen, darunter der des Ratsherrn Hans Steininger von 1570 aus rotem Marmor (Abb. 150).

Hinter der erhaltenen mittelalterlichen Anlage des Bürgerspitals liegt die SPITALS-KIRCHE ZUM HL. GEIST, 1417 gestiftet, 1430 geweiht. Im Mittelpunkt des sechseckigen Raumes stand einst ein Rundpfeiler, der im 17. Jh. aus dem Rautensterngewölbe herausgelöst wurde, um einen übersichtlichen Saal zu gewinnen. Die Einrichtung, auch des angehängten einjochigen Chors, stammt zum größten Teil von dem Braunauer Bildhauer Sebastian Hagenauer, der um 1700 wirkte. – Die 1497 gebaute ehem. St.-Martins-Kirche, eine spätgotische Ober- und Unterkirche, wurde 1954 in eine würdige Kriegergedenkstätte umgewandelt.

Im nahen RANSHOFEN stand ein herzoglicher Hof, den die Karolinger nach Herzog Tassilos III. Sturz an sich zogen und zur Pfalz erhoben, deren Kapelle 898 bezeugt ist. Dieser Kapelle St. Pankraz schenkte 1040 König Heinrich III. sein Fiskalgut R. samt Zehnten, das schon bestehende Stift übergab 1125 Herzog Heinrich IX. von Baiern den Augustiner-Chorherren, deren Schreibschule in der 2. Hälfte des 12. Jh. bedeutende Werke hervorbrachte (Ranshofener Bibel; Ranshofener Evangeliar). Nachdem das Kloster mehrfach niedergebrannt worden war, zuletzt 1504 im Bairischen Erbfolgekrieg, wurde 1508–20 die Kirche neu gebaut, wozu die ehem. Pfalz abgerissen werden mußte. Die Stiftsgebäude wurden erst 1624–34 neu errichtet, wobei der Prälatenflügel von Bartolomeo Viscardi 1634 begonnen wurde; was von ihnen übrig blieb, ist heute Pfarrhof oder Besitz der Stadtgemeinde Braunau. Die Liegenschaften des 1810 auf französische Anordnung aufgehobenen Stiftes ging durch mehrere Hände, bis die Töging Aluminiumwerke 1939 das Areal erwarben und südöstlich Lach ihre riesige, vom Innkraftwerk gespeiste Hütte errichteten, dem Braunau viele Arbeitsplätze verdankt.

Die EHEM. STIFTS-, heutige PFARRKIRCHE ZUM HL. PANKRAZ ist von schlichtestem Äußeren, markiert durch einen viergeschossigen Turm (1612–30), dem 1863 ein Spitzhelm aufgesetzt wurde. Das Innere hingegen strotzt von hochbarocker Prunkentfaltung, vor allem im Gewölbestuck und den Seitenaltären, die so an den Pfeilern des Mittelschiffes aufgestellt wurden, daß sie kulissenartig den Blick auf den Hochaltar drängen (Abb. 145). Dieser füllt den Chorabschluß völlig aus, besitzt ein Altarblatt von Kaspar Sing und gute Figuren. Wuchernd bedecken die Seitenaltäre mit ihren Akanthusranken die Pfeiler, so daß eine hintereinandergestaffelte Theaterkulisse entsteht, aus der nun, ein barocker Gedanke, die Figuren eines geistlichen Stückes treten müßten: Heilige, Erzengel, Engel. Während mit Johann Philipp Ruckerbauer der Maler der Altarbilder genau bekannt ist, werden für die Schnitz- und Tischlerarbeiten wechselweise Stephan Tabor, G. L. Enzensperger und Sebastian Hagenauer genannt. Von gleicher Hand und gleichem Schwung sind auch die Kanzel, das Chor- und Kirchengestühl, alle mit der Verschwendung des endenden 17. Jh. geschaffen. – Eine bedeutende Reihe von Grabmälern präsentiert die Stiftspröbste von Matthias († 1426) bis Ivo Kurzbauer († 1715). – Erhalten blieb der gotische Karner (Beinhaus) mit Wandfresken aus der Erbauungszeit (1337).

Falls Sie nach solch barocker Pracht mal ruhigere gotische Formen sehen wollen, dann nehmen Sie von Braunau-Lach die Straße über Neukirchen an der Enknach nach PISCHELSDORF am Engelbach, dessen Pfarrkirche Mariä Himmelfahrt zwar einen barockisierten Turm besitzt, sonst aber der Gotik von 1392–1419 verpflichtet ist. Das Langhaus hat Sternrippengewölbe, die beiden Seitenschiffe sind mit mehreren Netzrippenkombinationen überwölbt und umziehen das Chorquadrat als Umgang. Die Empore im Westen entspricht in ihrer Achsenteilung ganz den drei Schiffen der Halle. Da diese Gliederung im Chor der Franziskanerkirche zu Salzburg seine beste Ausprägung gefunden hat, wurde immer wieder vermutet, daß in Pischelsdorf ein Frühwerk, eine Fingerübung, des Hans von Burghausen steht.

Am direkten Weg von Braunau nach Mattighofen steht die gotische Filialkirche ST. GEORGEN an der Mattig. Drei sehr bewegte Altäre, die Martin Zürn 1614 geschnitzt hat, bringen barocke Dramatik in den kühlen Raum. Der Hochaltar, durch ein Chorgitter abgetrennt, zeigt den hl. Georg als Drachentöter (Abb. 144), der linke Seitenaltar den hl. Martin, der seinen Mantel teilt, der rechte das Martyrium des hl. Sebastian.

Jenseits des Siedelberges liegt MATTIGHOFEN, dessen Kern eine Pfalz der Agilolfinger war, die nach der Absetzung Herzog Tassilos III. an die Karolinger überging, die sie zum Verwaltungszentrum des Mattiggaues machten. Kaiser Heinrich II. schenkte Mattighofen dem von ihm gegründeten Bistum Bamberg, das erst 1400 an die mächtigen Kuchler verkaufte, deren letzter, Hanns K., in seinem Testament von 1436 schnell noch ein Stift für weltliche Chorherren an der Pfarrkirche errichtete, das aus seinem Erbe dotiert und mit Chorherren des Kollegiatstiftes Spital am Pyhrn besetzt wurde. Doch mit dem Tode seines 20. Dechanten 1683 war das Stift am Ende. Die Propstei, 1739–41 von dem Münchner J. B. Gunetzrhainer neu gebaut, wurde schließlich zum Pfarrhof bestimmt. – Das Schloß war kein Stiftsgebäude, sondern von den Grafen von Ortenburg

277

KLOSTER MICHAELBEUERN

erbaut, die 1517 bzw. 1548 die Herrschaft von den Bayernherzögen gekauft hatten. 1602 machte Herzog Maximilian I. vom Rückkaufsrecht Gebrauch, da er den protestantisch gewordenen Grafen ein katholisches Gebiet entreißen wollte. Die Ortenburger hatten Handwerker angesiedelt und Mattighofen eine Marktordnung verliehen.

Der Münchner Franz Anton Kirchgrabner, der die PFARRKIRCHE MARIÄ HIMMELFAHRT 1774–79 im frühklassizistischen Stil baute, war in der Länge an Turm und Chor gebunden, die den Brand der alten Stiftskirche überdauert hatten. Die Deckenfresken des Johann Nepomuk della Croce von 1780 zeigen die Patronin als Himmelskönigin in einem Programm, das an die 300 Jahre für die Himmelfahrtskirchen bestimmend geworden ist (s. S. 212, 266). Die qualitätvolle Einrichtung gehört dem ausgehenden Rokoko und dem anhebenden Klassizismus an, ausgenommen etwa die Statuen des Petrus und Paulus, die Thomas Schwanthaler 1676 für die Vorgänger des jetzigen Hochaltars geschaffen hat. Ausgenommen auch die gotische Kapelle rechts des Chors mit Freskenresten und der gotische Taufstein, dem Toni Schneider-Manzell 1954 einen neuen Bronzedeckel goß. – Ein erhaltenes Stück des Kreuzganges mit frühbarocken Fresken wurde zu einer Werktagskirche umgestaltet und 1962 mit Betonglasfenstern von Hans Plank bestückt.

Bei der Fahrt von Mattighofen nach dem südwestlich davon im Salzburger Land gelegenen Michaelbeuern werden Sie vielleicht ob der vielen Klöster an dieser Route seufzen, doch fuhren wir ja »am fetten Rand« des Innviertels entlang, in einer landwirtschaftlich ergiebigen Gegend also, deren Herren aus den verschiedensten Gründen (Kreuzzugsbegeisterung, Kinderlosigkeit, Todesangst) Klöster stifteten in einem Zeitraum von 470 Jahren (mit Mattighofen sogar von 700 Jahren), was dem Zeitraum von der Reformation bis heute entspricht. MICHAELBEUERN steht auf altem Siedlungsboden, was die keltischen Namen der Nachbarortschaft Oichten und des Hausberges Lielon (569 m) erklären. Bodenfunde beweisen die keltische und römische Besiedlung. Kurz vor 736 entstand auf dem Gut eines Wenilo von Beuern (= bei den Häusern) eine Zelle fränkischer Missionare. Im Klosterkatalog von Aachen (817) wird Michaelbeuern bereits in einer Reihe mit Kremsmünster und Mattsee genannt. Nach der Schlacht bei Preßburg (907) brachen die Ungarn beiderseits des Hausruck ins Land und verheerten das Kloster mehrfach, bis der Sieg auf dem Lechfeld (955) einen Wiederaufbau ermöglichte. In dankbarer Erinnerung an das Verdienst des Bischofs Ulrich von Augsburg wurde dieser nach dem hl. Michael zum zweiten Patron gewählt. Reiche Schenkungen, so durch Kaiser Otto II. 977 und den chiemgauischen Pfalzgrafen Hartwig und dessen Familie, sicherten den wirtschaftlichen Bestand des großen Klosters. Der Grundbesitz reichte bis Wien, wo heute noch die Michaelerkirche an dieses Kloster erinnert. Die Kirche weihte 1072 Graf Sighard von Peilstein/Burghausen, einst Kanzler Kaiser Heinrichs IV., nun Patriarch von Aquileja, der seine väterliche Burg in eine Frauenabtei umgewandelt und seine Mutter Bilhilde zur ersten Äbtissin bestellt hatte. Diese Frauenabtei, im Westen der Anlage beim Abteiturm (vormals Bergfried) gelegen, ging bald nach dem Tode der Frauen der Stifterfamilie ein, während die Benediktiner,

278

die im 8. und 9. Jh. vor allem Missions- und Rodungstätigkeit geleistet hatten, im 11. Jh. sich der Schreibschule und der Seelsorge zuwandten. 1135 erfolgte die Übergabe von Seewalchen, 1212 f. die von Obersulz, 1229 erst von Dorfbeuern, 1241 die der alten Mutterpfarre Lamprechtshausen usw. bis zur 1835 erfolgten Übergabe von Mülln mit Maxglan in der Stadt Salzburg. Rund 30 000 Katholiken werden heute vom Kloster seelsorgerlich betreut. Benediktiner-Patres leiten auch die vierklassige Knabenhauptschule und ein Internat für 90 Knaben, von denen viele das um 1510 gegründete Sängerknabeninstitut besuchen, das nur 1938–50 zwangsweise geschlossen war. Seine berühmtesten Schüler waren der Maler J. M. Rottmayr (1654–1730) aus dem nahen Laufen und der Komponist Anton Diabelli (1781–1858) aus Mattsee.

Vom ursprünglichen Bau der dreischiffigen BASILIKA ZUM HL. MICHAEL, die 1072 im Beisein des Erzbischofs Gebhard von Salzburg und des Bischofs Dietwin von Concordia geweiht wurde, ist nur weniges erhalten geblieben; 1941 mußte die begonnene Renovierung wegen Baufälligkeit eingestellt werden. Nach Plänen des Stuttgarter Architekten Otto Lindner wurde 1946–50 ein romanisierender Neubau errichtet. Erhalten blieb das romanische Säulenportal, um 1250 gemeißelt, dessen Kapitelle z. T. aus römischen Inschriftsteinen und Reliefs gehauen wurden. (Das Tympanon mit dem Ostermotiv des Lammes mit Fahne schuf Hilde Heger für den Neubau.) Die Weihbrunngefäße der äußeren Vorhalle und das Gittertor zur Kapelle des hl. Joseph mit dem Marmoraltar in der inneren Vorhalle gehören dem Barock an. Barockisiert ist auch der Chor, der schon in der Gotik sein romanisches Aussehen eingebüßt hatte. Unter dem Stuck von 1622 steht der Säulen-HOCHALTAR des Meinrad Guggenbichler, der die beiden Bischöfe Rupert von Salzburg und Ulrich von Augsburg auf silbernen Wolken zwischen den Säulen schweben ließ. Zwei Engel schließen das Bild des hl. Michael ein, das Johann M. Rottmayr 1691 über sein virtuos gemaltes Altarblatt des triumphierenden Salvators setzte. Obenauf stehen Guggenbichlers Plastiken des Ordensgründers St. Benedikt und seiner Schwester Scholastika, überhöht vom Lamm Gottes auf dem versiegelten Buch. – Links führt ein Gang zur 1947 neugestalteten Marienkapelle, deren Altar aus dem 19. Jh. eine alte Kopie der Innsbrucker Madonna des Lucas Cranach d. Ä. faßt. In der Chorkapelle steht ein Altar in alter Farbfassung mit einem Bild der hl. Katharina des Salzburgers Urban Ostendorfer.

Der Plan eines einheitlichen Klosterneubaus von 1768 im spätbarocken Gewande ist nicht mehr ausgeführt worden, nur ein Modell in der Bibliothek zeugt davon, daß die gewachsene Unregelmäßigkeit der weitläufigen Anlagen nicht angetastet wurde. So blieb im Untergeschoß des Refektoriums der Speisesaal aus dem 10./11. Jh. mit seinen schweren Säulen erhalten. Darüber liegt der von Josef Höpp aus Burghausen um 1722 stuckierte Speisesaal der Renaissance mit der Marmorsäule von Stefan Hützenlocher aus Laufen, mit einem Brunnen und einem wuchtigen Eisenofen von 1625. – Überaus festlich wirkt der ABTEISAAL im Obergeschoß des gotischen Verbindungstraktes zwischen dem alten Kloster und der ehem. Burg. Höpp stuckierte ihn 1720, Franz Michael Steiger aus Salzburg malte ihn 1771 aus. Das Hauptbild zeigt

279

OBERNDORF AN DER SALZACH

Abraham als Gastgeber unter der Eiche von Mambre in frischen Farben. – Die BIBLIOTHEK, die sich durch zwei Stockwerke zieht, ist, verglichen mit Schlierbach (s. S. 210) oder Lambach (s. S. 168) von größter Einfachheit, besitzt weder Stuck noch kunstvoll geschnitzte Schränke für die rund 40 000 Bände, deren seltene Stücke in Schaukästen zu betrachten sind. Berühmt ist die sog. Walther-Bibel, ein Hauptwerk der Salzburger Buchmalerei aus der Mitte des 12. Jh.

Nach 15 km sind wir in OBERNDORF a. d. Salzach, das 1900–06 planmäßig neu angelegt wurde, weil der alte Vorort der einst salzburgischen Stadt Laufen (auf dem linken Ufer) von Hochwassern immer wieder schwer geschädigt worden war. Die Stille-Nacht-Gedächtniskirche in ALTOBERNDORF, gebaut anstelle der 1900 f. abgerissenen alten Pfarrkirche, erinnert an die erste Christmette mit dem inzwischen berühmtesten Weihnachtslied 1818. In die neue Pfarrkirche wurde die klassizistische Einrichtung der abgerissenen Vorgängerin samt den guten Gemälden von Christian Wink (1773) transferiert. – Zur barocken WALLFAHRTSKIRCHE ZU U. L. FRAU HEIMSUCHUNG auf der hochwasserfreien Uferterrasse führt eine monumentale Treppe, deren Achse auf Laufen weist. Josef Anton Pfaffinger hat sie mit einer Nepomuk-Statue 1720 und einer den Treppengipfel beherrschenden Kalvarienberggruppe von 1721 geschmückt. Von dort ziehen die Wallfahrer seit 1663 zur Kirche, die 1718–22 ihre heutige Form als einschiffiges Langhaus mit breitem überkuppelten Querbau erhielt. Die grazilen Turmhelme, die ein Sturm abgeworfen hatte, wurden 1960 erneuert. Die Ausstattung von 1721/22, die 1951–53 verständnisvoll restauriert wurde, wird zumeist dem Baumeister, dem kaiserl. Hofarchitekten Antonio Beduzzi, verdankt, der den originellen Hochaltar und die Seitenaltäre entwarf, die mit Bildern von Johann Michael Rottmayr bedacht wurden. Im Langhaus imponieren vier überlebensgroße Heiligenfiguren (Rupert, Virgil, Martin, Vitalis) den J. A. Pfaffinger. Das Kuppelfresko von Wolfram Köberl stammt aus der Restaurierungszeit.

Hinweise für Kunstfreunde

Einmal schließt auch das bestgeleitete Museum, die aufs schönste renovierte Kirche, die mittelalterliche Burg, sofern sie nicht zur Jugendherberge umgebaut wurde. Der Kunstfreund bemerkt, daß er inmitten eines Landes lebt, das an Schätzen reich ist – daß aber unbekümmert um ihn seine Bewohner ihr eigenes Leben führen, ihren Alltag bewältigen, ihre Feste feiern, genau wissen, wo sie ihr Bier, ihren Grünen Veltliner bekommen. Damit Sie aus diesem Bereich nicht ausgeschlossen sind, geben wir knappe Hinweise, die Sie um Ihre Erfahrungen bereichern sollen. Haben Sie Entdeckungen gemacht oder Bekanntes nicht mehr vorgefunden, dann verständigen Sie bitte den Autor über den DuMont Buchverlag, Mittelstr. 12–14, 5000 Köln 1.

Die Salzburger Festspiele

Die Salzburger Festspiele von Ende Juli bis Ende August jeden Jahres sind jünger als die Wagner-Festspiele in Bayreuth, die 1876 zum ersten Mal erklangen. Dabei kam den Salzburgern der Festspielgedanke bereits 1842, als am 4. 9. das Denkmal Mozarts im Beisein seiner beiden Söhne Karl und Wolfgang enthüllt wurde. Aus Wagners Umkreis stammte auch die Anregung des Dirigenten Hans Richter anläßlich der Jahrhundertfeier des ›Don Giovanni‹ (1887) ein Festspielhaus auf dem Mönchsberg zu errichten, wofür ein Grundstück angekauft wurde. Besseren Boden gewann die Idee durch die Initiativen der ›Internationalen Stiftung Mozarteum‹, 1870 dem Dom-Musikverein entwachsen, der mit Hilfe zahlreicher Mozart-Gemeinden das Geburtshaus erwarb, das ›Mozarteum‹ in der Schwarzstraße mit Konzertsälen, Archiv und Bibliothek erbaute und die ersten ›Mozartfeste‹ organisierte. Als sich das Kuratorium der Stiftung aber nicht mit dem Bau eines Festspielhauses befreunden konnte, gründete der Schriftsteller Heinrich Damisch am 1. 8. 1917 in Wien die ›Festspielhaus-Gemeinde‹, zu Beginn des vierten Kriegsjahres ein verwegener Plan. Daß er gelang, verdankt man dem

DIE SALZBURGER FESTSPIELE

fördern Sie den

Bau der Festspielhäuser

indem Sie der Salzburger Festspielhaus - Gemeinde beitreten.

Sie vollziehen den Beitritt durch Ihre Unterschrift auf der RÜCKSEITE DIESES COUPONS den Sie

⟹ abtrennen ⟸

und gütigst beim Verlassen des Saales abgeben wollen.

Programm zum ersten Cercle-Konzert am 31. Januar 1920. Der Reinerlös des Konzertes war für den Bau des Festspielhauses in Salzburg bestimmt.

›Kunstrat‹, dem damals weltbekannte Künstler angehörten: Max Reinhardt, Franz Schalk, Richard Strauß, Hugo von Hofmannsthal und der Bühnenbildner Alfred Roller. Hofmannsthal verknüpfte die Festspiele nicht nur mit der Überlieferung der Stadt (»Musikalisch theatralische Festspiele in Salzburg zu veranstalten, das heißt: uralt Lebendiges aufs neue lebendig zu machen; es heißt: an uralter, sinnfällig auserlesener Stätte aufs neue tun, was dort allzeit getan wurde.«), er gab ihr auch die Weite des Programms von den Mysterienspielen zu Goethe, von Gluck über Mozart zu Richard Strauß, dem er die Texte zu ›Elektra‹ (1909), ›Der Rosenkavalier‹ (1911), ›Ariadne auf Naxos‹ (1912), ›Die Frau ohne Schatten‹ (1916), ›Die ägyptische Helena‹ (1928) und ›Arabella‹ (1933) geschrieben hatte. Von Max Reinhardt kam der glückliche Gedanke, die Stadt als Szenerie einzubeziehen. Er brachte den ›Jedermann‹, bis heute das unverzichtbare Kernstück der Festspiele, auf den Domplatz (erstmals 22. 8. 1920), führte 1922 das ›Salzburger Große Welttheater‹ nach Calderón von Hofmannsthal in der Kollegienkirche auf, inszenierte 1933 in der Felsenreitschule Goethes ›Faust‹.

Dieser geniale Regisseur hat bis zu seiner erzwungenen Emigration 1938 Salzburg Hunderte von exzellenten Aufführungen gegeben. Richard Strauß schließlich, kurze Zeit Präsident der Festspielhausgemeinde, hat nicht nur seine tätige Hilfe, sondern auch den ›Rosenkavalier‹ (1929, Uraufführung 1911) und die ›Liebe der Danae‹ (1944 öffentliche Generalprobe, 1952 Uraufführung) eingebracht, beide Male von Clemens Krauss einstudiert.

Die Dirigenten waren und sind, besonders nach Reinhardts Flucht, die wahren Stars der Festspiele. Franz Schalk, Bruno Walter und Clemens Krauss gehörten zur ersten Generation von Mozart-Interpreten. In den dreißiger Jahren beherrschten die großen Individualisten Wilhelm Furtwängler und Arturo Toscanini das Feld. Bei seinem letzten Auftreten in Salzburg 1937 brachte letzterer, bewundert bis heute, ›Falstaff‹, die ›Meistersinger‹, die ›Zauberflöte‹ und ›Fidelio‹ heraus. Nach der Gleichschaltung und Nachkriegsnot kam die Zeit für Karl Böhm und Herbert von Karajan. Die Lanze gegen starre Tradition brach 1952 Ferenc Fricsay mit der Uraufführung von Gottfried

›Der Graf entdeckt den Pagen‹. Detail einer Illustration aus der Pariser Erstausgabe von Beaumarchais' Komödie ›Le Mariage de Figaro‹. 1785. Stich von Liénard nach de Saint-Quentin

...UND ANDERE FESTSPIELE

von Einems ›Dantons Tod‹. Seitdem werden immer wieder zeitgenössische Komponisten und Autoren mit ihren Werken vorgestellt. (Einzelheiten entnehme man Bernhard Paumgartner, Salzburg, 2. Aufl., S. 316 f. und dem reichhaltigen Literaturverzeichnis ab S. 357!) Immerhin ist Salzburg die einzige Stadt, die nicht nur ihren Dirigenten mit Straßen- und Hofnamen Reverenz erwies, sondern mit der Philharmonikergasse auch den Orchestermitgliedern.

Das Große Festspielhaus mit seinen 2371 Plätzen hat dreimal im Jahr Saison, denn außer den Festspielen (Ende Juli bis Ende August) füllen auch die Osterfestspiele Herbert von Karajans das Haus und zur Adventszeit Tobi Reiser mit dem Adventssingen, das vierzehnmal die Weihnachtsgeschichte umrahmt. Auch nach dem Tod von Karl Heinrich Waggerl, der 25 Jahre die Weihnachtsgeschichte und eigene Erzählungen vorgetragen hat, lassen sich Jahr für Jahr 30 000 Menschen dort verzaubern. Die Karten für das Adventssingen, beim Salzburger Heimatwerk (Residenzplatz) zu bestellen, sind in der Regel bereits im Januar vergriffen. Der Prospekt der Salzburger Festspiele, bis längstens Weihnachten in der Hand von Agenturen und Interessenten, gibt jedesmal den Tag an, zumeist den ersten Montag nach Dreikönig (6. 1.), an dem die eingetroffenen Kartenwünsche gleichmäßig bedient werden. Wer sich später meldet, muß mit dem vorliebnehmen, was geblieben ist. Es empfiehlt sich, nach der Kartenzusage gleich die Hotel- oder Pensionsbuchung vorzunehmen, da etwa die Hälfte der Zimmer fest in den Händen von Stammgästen der Festspiele sind.

Auch außerhalb der Festspielzeiten gibt es in Salzburg ein lebhaftes und anspruchsvolles musikalisches Leben, zumeist vom Mozarteum-Orchester, der ›Camerata academica‹ und dem Akademie-Orchester bestritten. Beachtenswert sind die ›Salzburger Schloßkonzerte‹ in historischen Räumen, so in der Residenz, im Marmorsaal des Mirabellschlosses, der Festung, in Leopoldskron, im Hellbrunner Park, im Mirabellgarten oder in den Kirchen St. Peter, Nonnberg und Maria Plain.

... und andere Festspiele

Fast gleichzeitig mit den Salzburger Festspielen erfreuen zwei Badeorte ihre Kurgäste mit Operettenfestspielen. **Bad Hall**, das immer noch – liebenswerte Erinnerung an versunkene Zeiten – ein eigenes Kurorchester besitzt, dessen bekanntester Kapellmeister einmal Gustav Mahler gewesen ist. Dann **Bad Ischl**, das vor allem Operetten Lehárs bietet, zumal dieser seine Villa der Stadt vermachte, mit der Verpflichtung, sie als Lehár-Museum unverändert zu erhalten. Die Kurverwaltungen senden das Programm zu.

Tragisch-düster ist die Geschichte aus dem Vorspiel des Bauernaufstandes von 1626, die in allen ›geraden‹ Jahren als ›Frankenburger Würfelspiel‹ von Laien in **Frankenburg** (zwischen Ried/Innkreis und Vöcklamarkt gelegen) auf freiem Felde aufgeführt wird. Der Statthalter Adam Graf Herberstorff (s. S. 13) ließ am 15. 5. 1625 alle Bewohner der Gegend auf dem Haushammerfeld zusammenkommen, von 600 Mann zu Fuß, 50 Reitern und drei Geschützen umzingeln und die Honoratioren festnehmen, da ihm die Rädelsführer entflohen waren. Aus ›Gnade‹ durften je zwei von ihnen ums Überleben würfeln; wer verlor, wurde an der Linde oder einem der Kirchtürme der aufrührerischen Dörfer gehängt.

Aus Conrad Haggers ›Neues Saltzburgisches Koch-Buch‹. 1719. Neudruck 1976

Was Leib und Seele zusammenhält

Salzburg ist eine Bierstadt. Seit dem 12. Jh. sind Bierbrauer am Werke, im 13. Jh. hatte das Stift St. Peter die Armen alljährlich mit Bier zum Andenken des Bischofs Diethelm von Konstanz zu beschenken, im 14. Jh. wird sogar eine ›Bierbräuin‹ genannt. Den Vorzug gibt man heute dem ›Stiegl-Bier‹, dem ›Stern-Bier‹, das süßer schmeckt als das ›Kaltenhäuser‹, das mehr gehopft ist; stärker eingesotten ist das ›Augustiner‹. An auswärtigen Bieren stehen obenan das steirische ›Gösser‹ und das ›Zipfer‹ aus Oberösterreich. Als Spezialbiere werden der Josephi-Bock am 19. 3., der Mai-Bock Ende April und der Ruperti-Bock im September ausgeschenkt.

An **Brauhäusern**, in denen man getrost unter Einheimischen Platz nehmen kann, sei zunächst das Stern-Bräu (zwischen Getreide- und Griesgasse) empfohlen, wo schon der junge Mozart mit der »großaugeten Mundbäckentochter« fleißig getanzt hat. Das ›Müllner (Augustiner-) Bräustübl‹, zwar ganzjährig, aber erst ab 15 Uhr geöffnet, be-

SALZBURG GASTHÄUSER UND KÜCHE

sitzt neben den Räumen im alten Kloster einen Garten mit Aussicht zum Stauffen und nach Bayern hin. Das Bier holt man sich im Maßkrug persönlich am ›Schank‹. Der ›Stiegl-Keller‹ über der Stadt ist vom 30. 4. bis 30. 9. geöffnet und gewährt denen, die am Gartenrand einen Platz ergattert haben, einen herrlichen Rundblick. Wie beim ›Müllner‹ darf man eine Jause mitbringen, kann sich aber auch beim Buffet bedienen, etwa einen Radi (Rettich) spiralig aufdrehen lassen. Speisen werden bei Kellner oder Kellnerin, Bier nur beim Biermadl bestellt, das auf Wunsch auch im ›Stein‹ kredenzt, der länger kühl hält.

Im **Peterskeller** hingegen, der direkt in den Mönchsbergfelsen gezwängt ist, wird nur Wein ausgeschenkt. Da es in den Ländern Salzburg und Oberösterreich nur einen Weinberg gibt, dessen Ernte im ›Weinbauer‹ bei St. Florian genossen wird, so trinkt man den süßlich-milden Gumpoldskirchner, den etwas herberen Kremser, die Weine aus dem Burgenland und aus Südtirol. Am Vormittag und an heißen Tagen sollte man einen ›Gschpritzten‹ (^{1}/$_8$ Wein und ^{1}/$_8$ Mineralwasser) verlangen.

Spielen an diesen historischen Orten die Getränke die Hauptrolle, so in den **Gasthäusern** der Stadt die Speisen. Sieht man von den prominenten ab, wie dem ›Österreichischen Hof‹, oder dem ›Goldenen Hirschen‹, so gibt es so viele Speisegaststätten, die aufzuzählen das Buch sprengen würde. Genannt seien ›Der Stadtkrug‹, vormals ›Powondra‹ (Linzer Gasse 20), das streng auf Wiener Kochkunst achtet, das Grill-Restaurant ›Zum Eulenspiegel‹ (Hagenauerplatz 2), dessen einzelne Räume originell eingerichtet sind, und das neben Fleischspezialitäten vom offenen Feuer hervorragende Weinbergschnecken und Salzburger Nockerln bietet. Ausgezeichnet ißt man beim ›Pitter‹ (Rainerstr. 6), im Restaurant ›Jedermann‹ (Franz-Joseph-Str. 7/9) bei Brandstätter (Fischergasse 13), im ›Alt-Salzburg‹ (Bürgerspitalgasse 2) und preiswerter in der ›Weißen Taube‹ (Kaigasse 9) und ›Blauen Gans‹ (Getreidegasse 4). Am Rande der Stadt werden gerne besucht der ›Mostwastl‹ bei Grödig, der ›Ragginger‹ in Wals wegen der Hendl, der ›Friesacher‹ in Anif und außerhalb der Vorstadt Gnigl das ›Pfefferschiff‹ in Söllheim.

Da die alte **Salzburger Küche** (s. Conrad Hagger ›Neues Saltzburgisches Koch-Buch‹, 1719, Neudruck 1976) von der Wiener längst überlagert ist, diese aber viele ihrer kulinarischen Höhepunkte aus Böhmen, Ungarn und Italien bezogen hat, werden Ihnen viele Speisen und Lebensmittel unter unbekannten Namen begegnen. Daher füge ich ein **Kleines Lexikon des Küchenösterreichischen** bei.

Bavesen (Pofesen) = je zwei und zwei mit einer Füllung zusammengesetzte und herausgebackene Weißbrotscheiben; Beiried = Roastbeef; Beuschel = Lunge; Bries = Kalbsmilch, Bruckfleisch = gemischte Innereien, geschnitten; Biskotte = Löffelbiskuit; Eierschwamm = Pfifferlinge; Erdäpfel = Kartoffel; Finocchi = Fenchel; Fridatten = dünngeschnittener Eierkuchen (Flädle); Germ = Hefe; Göderl = Schweinskinn; Grammeln = Grieben, kaum ausgelassener Speck; Gugelhupf = Napfkuchen; Haschee = feingehacktes Fleisch oder Hirn; Häuptelsalat = Kopfsalat; Hendl = Huhn; Indianer-

286

krapfen = Mohrenkopf; Jause = Vesper, kalte Zwischenmahlzeit; Jungfernbraten = Lendenbraten von Schwein oder Kalb; Kalbskarree = Kamm; Kalbsstelze = Kalbshaxe; Kalbsvögerl = ausgelöste Stelze; Kaiserfleisch = geräuchertes Bauchfleisch; Karfiol = Blumenkohl; Karree = Rippchen; Knödel = Klöße; Kren = Meerrettich; Krenfleisch = gekochtes Schweinefleisch mit Kren; Kronsbeeren = Preiselbeeren; Maroni = Edelkastanie; Marille = Aprikose; Melanzani = Auberginen, Eierfrüchte; Nockerl-Spätzle = kleine, aus dem Teig ausgestochene Klößchen; Palatschinken = Eierkuchen, meist gefüllt; Paradeiser = Tomaten; Pfefferoni = scharfe Paprikasorte; Pignoli = Pinienkerne; Pilzlinge = Steinpilze; Porree = Lauch; Powidl = ohne Zucker bis zum Steifwerden gekochte Zwetschkenmarmelade (in Österreich Zwetschken stets mit ›k‹!); Rahm = saure Sahne; Ribisel = Johannisbeere; Ringlotten = Reineclauden; Risolen = den Maultaschen ähnliche Pastetchen; Rostbraten = Rippenstück, Hochrippe; Röster = gedünstetes Obst; rote Rüben = rote Beete; Schalotten = Perlzwiebeln; Schlögl = Keule; Schopfbraten = vom Hals; Simonsbrot = Pumpernickel; Strauben = Schmalzgebackenes; Sukkade = Zitronat; Sulz = Aspik; Tafelspitz = Rinderhüfte; Topfen = Quark; Vogerlsalat = Feldsalat; Waffeln = Oblaten; Wammerl = Schweinebauch; Weichsel = Sauerkirsche; Zucchetti = gurkenähnliche grüne Kürbisse.

Überraschend ist die Vielfalt der Knödel, Strudel und Nockerln. So unterscheidet der Gast nicht nur zwischen Leber-, Germ-, Haschee-, Tiroler-, Powidl- und Marillenknödel, sondern will im Schinkenknödel feinen Schinken, im Tirolerknödel aber gröberes Gselchtes vorfinden. Der Innviertler Speckknödel und der Grammelknödel dürfen nur aus Kartoffelteig bereitet, der Marillenknödel sollte nur mit Bröseln oder Topfen bestreut werden.

Berühmtheit erlangte das köstliche Gebilde aus Butter, Eidotter, Zucker, echter Vanille und Eischnee, ›Salzburger Nockerln‹ geheißen, von denen eine Portion als Nachtisch für drei Personen ausreicht. Sie ist die Königin der Mehlspeisen (Süßspeisen), wird in vielen Speiselokalen als Dessert, aber auch in Konditoreien angeboten. Die meisten Cafés haben ihr Angebot auf Kuchen und Torten reduziert. Eine alte Zunft sind die ›Lebzelter‹, die nicht nur Lebkuchen backen, sondern auch Kerzen und Wachsplastiken fertigen. (Ein Tip für backende Hausfrauen: das Museum Carolino Augusteum gibt alte Rezepte für Weihnachtsgebäck und Lebkuchen bereitwillig ab.)

Das älteste **Café** Salzburgs ist das ›Tomaselli‹ am Alten Markt. Dort wurde im Café Steiger seit 1764 Kaffee gesotten, bis 1852 der italienische Zuckerbäcker Carl Tomaselli diese Salzburger Institution übernahm, in der bis zum ›Anschluß‹ 1938 Hermann Bahr, Stefan Zweig und H. v. Hofmannsthal Stammgäste waren. Während die Senioren das Parterre beherrschen, sitzt die Jugend auf der Veranda oder sommers im gegenüberliegenden Cafégarten. Haben die Kellner außerhalb der Festspielzeit etwas Geduld, dann erklären sie Wißbegierigen, was eine Schale (Tasse) ›Blond‹ oder ›Gold‹, ein ›Einspänner‹ (schwarzer Café mit Schlagobers = Schlagsahne), eine ›Melange‹ (Milch-

KÜCHE UND HOTELS IM SALZKAMMERGUT

café) oder ein ›Mazagran‹ ist. Das Getränk der Deutschen, die der Herr Ober bereits am Schnitt ihrer Kleidung erkannt hat, ist ein ›Verlängerter‹ mit Zucker und Kondensmilch, wozu, Wiener Sitten pflegend, ein Gläschen frisches Wasser gehört. – Die Künstlerprominenz frequentiert eher das ›Café Bazar‹, wohin auch die Anbeterinnen und die Kritiker eilen, um bei Mokka und Vanillekipferln, Melange und Apfelstrudel die Großen zu rühmen oder zu schwärzen. Im ›Café Glockenspiel‹ genießt man die Aussicht auf den Dom und den Residenzbrunnen, wartet auf den verzaubernden Klang des Hörspiels. Die Einheimischen, die ruhebedürftigen Schachspieler und Zeitungsleser, haben sich das ›Café Mozart‹ im ersten Stock des Hauses Getreidegasse 22 erkoren.

Mit diesen Kultstätten des Cafégenusses kann ›draußen‹ es nur der k. k. Hofzuckerbäcker ›Zauner‹ in Bad Ischl aufnehmen, deren Besitzer einst im ersten Stock einen Salon für Kaiser Franz Joseph und seine Begleitung reservierten; häufig begleitete den Kaiser nur die Schauspielerin Katharina Schratt. Die Zauners warteten immer mal wieder mit eigenen Schöpfungen auf, so dem Zaunerstollen oder den Ischler Scheiben, einem Mürbeteig mit Mandeln, Nüssen, Rum, dickgesponnenem Zucker und Vanille. Bedient werden Sie in einem Interieur aus Rot und Gold mit großen Spiegeln. – Wer dort keinen Platz findet oder die Preise befremdlich, versuche im Café ›Pracher‹ am Kreuzplatz Nußkipferl, Apfelstrudel oder eine der Torten. – Unter die Erfinder sind auch die Linzer Bäcker gegangen, die jene Linzer Weiße Torte und die Linzer Braune schufen, dazu die feinen Linzer Schnitten, die Linzer Stangerl und schließlich die ›dressierte Linzer Bäckerei‹. – Erfinderisch bei Gefrorenem (Speiseeis) und Scherbetts (Sorbets) erwies sich Meister Grellinger in Gmunden (Franz-Josephs-Platz) mit Eisbecher French-Can-Can, Crème de Pistache, Heidelbeerenparfait oder Sorbet rouge (mit Rotwein, Maraschino oder Kirsch) oder Sorbet blanche (mit Weißwein, Kirsch oder Arrak).

Da wir in Gedanken bis Ischl und Gmunden vorgedrungen sind, sollten wir die herrlichen **Fische** nennen, die man aus den Bächen und den zahlreichen Seen zieht. Den Waller, den großen Edelfisch mit wenig Gräten und zartem Fleisch, liefern vor allem der Wallersee und die Trumer Seen. Noch feiner schmeckt der seltene Seeschill, blaugesotten. Der Stammfisch des Salzkammergutes ist die Reinanke (Renke), geräuchert oder nach Art der Müllerin. Äschen und Forellen, blau oder gebacken, munden zu zerlassener Butter und Petersilienkartoffeln. Krümmt sich der Fisch etwas auf Schüsseln oder Teller, so ist das ein Indiz für Frische. – Auch die Salzburger huldigen einmal im Jahr, am Faschingsdienstag, einem Fisch: dem Hering. Am Vortag der Fastenzeit stellen die großen Hotels und Restaurants glänzend dekorierte Platten mit Fischspeisen, aber auch anderen Delikatessen einem staunenden Publikum vor. Am Abend wird der ›Heringsschmaus‹ von festlich gekleideten Gästen verspeist.

Die **Hotels** im Salzkammergut stellen ihren Gästen Fischbuffets erst am Aschermittwoch vor, Fische gibt es jedoch die ganze Saison. Die reicht z. B. beim ›Grünen Baum‹ in Hallstatt vom 1. Mai bis 30. September. Das Lokal, seit 200 Jahren im Besitz der Familien Kainz und Lißbauer, hat eine schattige Seeterrasse und einen Speisesaal

288

mit herrlichem Seeblick; serviert werden Lachsforellen, Hechte, Reinanken und Fluß-
forellen. – Im Hotel ›Zur Post‹ in Bad Ischl, dessen ›Poststüberl‹ an die einstmalige
Bestimmung des Hauses erinnert, serviert man je nach Jahreszeit Bachforellen, Reinanken und Traunlachs. Das Haus, in dem mehrfach die kaiserliche Familie gewohnt hat,
ist im Biedermeier ausgestattet, besitzt ein Service aus hauchdünnem Sèvres-Porzellan,
das Napoleon III. einem Vorbesitzer geschenkt hat. Geschlossen Mitte Okt. bis 23. Dez.
– Das Seehotel ›Plomberg‹ am Südufer des Mondsees ist im Kern ein Bauernhaus aus dem 15. Jh., das 1850 eine Gastwirtschaft für Jäger, Fischer und Holzhacker
aufnahm. Das moderne Hotel, dessen Chefkoch aus dem Hotel Sacher die Wiener
Küche pflegt, hat einen eigenen Strand, Boote und ein Fischrecht. – Das ›Äußere‹ des
Gasthofes und Hotels ›Zur Post‹ in St. Gilgen am Wolfgangsee, schon 1415 urkundlich
genannt, steht unter Denkmalschutz, doch ist die Inneneinrichtung modern, wobei viel
Holz verwendet wurde. Die Blumen der anliegenden Wiesen kehren gemalt auf Schränken und Bettstatt wieder. Neben Fischen gibt es hier vor allem Grillspezialitäten. –
Das bekannteste Hotel ist heute das ›Weiße Rößl‹ am Wolfgangsee, aus fünf Bürgerhäusern entstanden, deren ältestes bereits 1440 urkundlich erwähnt wird. 1912 übernahm die Familie Peter den Besitz, erweiterte ihn durch die ›Rößl-Terrasse‹ und den
Speisesaal, die auf einem Pfeilerrost über dem See ruhen. Zwei Stammgäste, die Herren Blumenthal und Kadelburg, ließen hier ihr Lustspiel ›Weißes Rößl‹ spielen, das die
Vorlage zur Operette abgab, für die Ralph Benatzky, Robert Stolz und Bruno Granichstaedten einige ›Evergreens‹ schrieben. Das vielbeschaute Haus bietet u. a. Saibling
blau, Reinanken gebraten oder geräuchert, Hecht und Lachsforelle von Ostern bis
30. Oktober. – Was der Attersee an Fischen zu bieten hat, gibt's beim ›Fischer-Sepp‹ in
Seewalchen, dazu die passenden Weine.

Wer es gerne herzhafter mag, wird in Grill's Gasthof (mit Fleischhauerei) ›Alte Post‹
in Faistenau wohlgefüllte Kalbsbrust, deftige Haussulz und vielerlei Zubereitungen
von Erdäpfeln (Kartoffeln) vorfinden. – Ähnlich nahrhaft geht es beim ›Wegscheid-
wirt-Schlutzkrapfenwirt‹ in Salzburg-Aigen zu. Die namengebenden Schlutzkrapfen
(Ravioli) sind mit Topfen (Quark) und Spinat gefüllt, die Leberknödelsuppe und das
Gulasch hervorragend gewürzt. Wer von den einheimischen Speisen etwas ausruhen,
aber nicht zuviel bezahlen möchte, dem bietet Frau Sirkka Hartmann im Gasthaus
›Gundlwirt‹ in Henndorf am Wallersee finnische Kost, wie Rentierragout, Piirakka
(mit Fisch oder Krautfleisch gefüllte Pastetchen), Lachs- und Heringsplatten an. Wem
mehr die heimischen Fischarten zusagten, ist im ›Gasthaus Fürstenbrunn‹ in Grödig-
Fürstenbrunn, nahe dem Untersberg, bestens aufgehoben, denn dort trifft er auf einen
passionierten Fischer, den Wirt Manfred Schnöll, dessen warme Räucherforellen fleißig
vorbestellt werden. Sollte jemand kein Freund von Fischgerichten sein, kann er natürlich wie gewohnt auf das Angebot an Schnitzel und Rostbraten, Leberwurst und
Blunzn (Blutwurst) zurückgreifen.

Phantasievoller und damit auch aufwendiger bereitet man Rind und Kalb, Lamm
und Kitz und all die Knödel, Strudel und Nudeln im ›Gasthof Pühringer‹ in Schnee-

BRAUCHTUM UND FEIERTAGE

gattern zu. Der kleine Ort hat unter Weinkennern einen großen Namen, weil dort Claus Josef Riedel Weingläser entwickelt hat, mit denen man je nach Charakter der Rebe die Zone der Zunge erreicht, die dafür besonders empfänglich ist.

Heimische Kost zu veredeln, also von zuviel Mehl und Schmalz zu befreien, haben sich zwei Köche im ›Salurner Hof‹ in Elsbethen an der Halleiner Landesstraße zur Aufgabe gemacht und überraschen mit Beuscherlwuchtel (Blätterteigballon mit Lunge gefüllt), soufliertem Blunzgugelhupf und ähnlichen Wohlschleckereien. Auch im Restaurant ›Riedenburg‹ in Salzburg (Neutorstraße 31) bemühen sich die Köche um das leibliche Wohl ihrer Gäste und servieren ihnen neben anderen Köstlichkeiten ein ansprechend dekoriertes fünfgängiges Gourmetmenü. – Das Weinhaus ›Attwenger‹ in Bad Ischl, am Lehárkai an der Traun gelegen, führt zwar noch alle die Speisen wie Tafelspitz, Milchlammrücken und Kaiserfleisch, die Kaiser Franz Joseph einst so schätzte, doch inzwischen werden sie vom Küchenchef auf französisch leichte Art und in phantasievollen Kombinationen zubereitet. Eine reichhaltige Weinkarte rundet das Ganze ab.

Da es in dem Gebiet, das dieser Kunst-Reiseführer beschreibt, noch 500 weitere erwähnenswerte Gasthöfe gibt, kann an dieser Stelle nur eine kleine Auswahl getroffen werden.

Brauchtum und Feiertage in den Salzburger Gauen

Abseits der Großstadt Salzburg und der Hotelkonglomerate etwa des Gasteiner Tals haben sich im Pinzgau, im Pongau und im Kammergut **ländliche Art** und **Feiertage** erhalten, obwohl in den Tälern nurmehr jeder Zehnte, im Seengebiet nur jeder Zwanzigste in der Landwirtschaft tätig ist, auch nicht als Zimmervermieter von Touristen und Skifahrern lebt. So ist im Binsengau (= Pinzgau) und ihm anschließenden Salzachbohnengau (= Pongau) im Advent das ›Frautragen‹ noch lebendig. Ein Marienbild wird feierlich von einem Hof zum anderen getragen, wo es über Nacht bleibt, von der Familie und den Nachbarn verehrt. Am Heiligen Abend stellt man die verschiedenen Marienbilder aus den weitverstreuten Höfen im Zentrum des Ortes zusammen. Da vom Mittagsmahl an Heiligabend das Gedeihen des Hofes im kommenden Jahr abhängt, werden nicht nur alle Hofbewohner zur Fastenspeise geladen, sondern einer aus der Runde geht vor die Tür und ruft: »Birnbam, Apfelbam, Kerschbam, Hollerstaudn, essen gehn!« Tiere und Bäume gehören eben zur Hofgemeinschaft. – Zu Dreikönig geht hier und im Salzburger Land die ›Percht‹, eine Art Frau Holle um. Alleine oder in wilden Scharen tauchen die Perchten auf, hinter großen, geschnitzten Masken verstecken sich die Namenlosen unter Steinbockgehörn. Der Pinzgau kennt die Schnabelpercht in der Rauris und das ›Trestern‹, eine Gruppe von sieben bis neun Männern in rotweiß gemustertem Gewand, das Gesicht mit Bändern verhangen, auf dem Hut 40 weiße Hahnenfedern. Sie tanzen, bis auf ein kurzes Mittelstück, ohne Musik lautlos schwierige Rhythmen, als wollten sie Getreide dreschen. In Unken tanzen die Perchten gar auf Stelzen. – Der Sommer gehört den ländlichen Schützenfesten. Am 25. 7. treffen sich Hunderte auf dem Hundstein (2116 m) gegenüber Zell am See zum ›Ranggeln‹, einem Ringkampf in Kleidung nach festen Regeln, das die Pinzgauer genau wie das Schützenwesen mit den Tirolern gemeinsam haben. Am 15. August, dem ›Hohen Frautag‹, wird in zahlreichen Kirchen (auch Salzburgs und Oberösterreichs) der Fraubuschen aus Heilkräutern geweiht. Am 24. August (Bartholomä) ist Wallfahrt von Alm übers Steinerne Meer nach St. Bartholomä am (bayerischen) Königssee. – Der 2. Samstag im Oktober ist in der Regel der Almabtrieb der mit Kränzen und Rosetten aus Papier geschmückten Rinder. An Leonhardi (6. 11.) wird Vieh in Eschenau gesegnet, geht die Leonhardifahrt nach Leogang. Burschen, die sich wie Kühe gebärden, ein Anführer, der als Stier verkleidet ins Bockshorn bläst, spielen am 10. 11. (Vorabend von Martini) Alpererfahren in Hollersbach, Bramberg, Wald und Neukirchen, wobei den Mädchen der Höfe unter großem Gebrüll die Leviten ›gelesen‹ werden.

Der **Lungau**, in 1100 m Höhe eingebettet zwischen die Tauernpaßhöhe (1738 m) im Norden und die Katschberghöhe (1641 m) im Süden, durch die Tauernautobahn seit 1975 schneller erreichbar, hat sich noch urtümliche Bräuche bewahrt, die bisweilen unter christlichem Gewand ihre germanisch-heidnische Herkunft verbergen. So leben in der Kasermandlfahrt (dem Pongauer Alpererfahren vergleichbar) im November Erinnerungen an die ›Wilde Fahrt‹ des Totenheeres weiter, samt Bräuchen der Bauernrüge, verkörpert durch die Habergeis. – Zu Weihnachten wird noch das Klotzenbrot, der Mettenlaib, mit viel gedörrten Früchten gebacken, um fürderhin keinen Hunger leiden zu müssen. – An Dreikönig (6. 1.) werden Weihrauch und wohlriechende Kräuter auf Räucherpfannen verschmaucht, um böse Geister zu vertreiben, wird mit geweihter Kreide (wie im ganzen Salzburger Land) der Dreikönigssegen ›C+M+B‹ samt der Jahreszahl über die Türe geschrieben. – Die ›Vereinigte‹ in Tamsweg ist eine Festwoche im Fasching mit scherzhaften Bräuchen, Umzügen und Tänzen, einst den Zünften vorbehalten, jetzt von allen Einwohnern des Marktes getragen. – Der Umzug mit Christus auf dem Palmesel, Ende des 18. Jh. verboten, hat sich nur noch in Puch erhalten. Hinterdrein zieht die Jugend des Ortes mit geschmückten Palmbäumen aus Weidenzweigen, die mit buntgefärbten Hobelscharten (langen Hobelspänen) und einem Buchsbäumchen geschmückt sind. Im Land kennt man nur noch den Palmbuschen, in Hallein die Palmkreuze. – Am Vormittag des Karsamstag holt man sich am geweihten Feuer bei der Pfarrkirche ein brennendes Holzbüschel und weiht damit alle Herdstellen, vergräbt den glühenden Rest auf einem Acker. – Nur im Lungau gibt es in der Nacht vom Karsamstag zum Ostersonntag Höhenfeuer, manchmal auch zu Peter (29. 6.), während sonst nur Sonnwendfeuer (Johannisfeuer) üblich sind. – Zum festlich geschmückten Weihekorb zu Ostern, in dem verschiedene Speisen ruhn, wird im ganzen Salzburgischen, am schönsten aber im Lungau, die Butter durch kleine hölzerne Model üppig verziert. – Zu Fronleichnam werden die Prangstangen getragen (Farbtafel 33), die auf indogermanisches Stangenbrauchtum zurückgehen. In Zederhaus und Muhr führt man

BRAUCHTUM UND FEIERTAGE

Almabtrieb im Oktober

mit echten Blumen besteckte, sonst mit buntgefärbter Wolle umkleidete Prangstangen mit, wie sie am reichsten in Werfenweng/Pongau zu sehen sind. – In sieben Gemeinden des Lungaus (Lessach, Mariapfarr, Mauterndorf, Muhr, Ramingstein, St. Michael und Tamsweg) nimmt der Riese Samson, der trotz seines biblischen Namens aus der alpinen Riesensagenwelt stammt, mit einem Zwergenpaar an der Fronleichnamsprozession teil und tanzt vor den Häusern der örtlichen Honoratioren. (Die Samson- und Zwergenfiguren von ca. 1890 im Salzburger Volkskundemuseum stammen aus Mauterndorf.) – Im Sommer, während der bäuerlichen Hauptarbeitszeit, ruhen die Bräuche, setzen erst wieder mit den Flurumritten zu Michaeli (29. 9.) ein. An diesem Tag ist Markt zu St. Michael, wozu als Symbol der Marktfreiheit der schwertbewehrte hölzerne Arm ausgesteckt wird.

Das wichtigste Ereignis im **Salzburger Flachgau** ist Fronleichnam in Oberndorf, gestaltet von der Oberndorfer Schiffergarde in roten Uniformen, die das Brauchtum der Zunft der Salzachschiffer übernommen hat, die bereits im 13. Jh. existierte. Vormittags wird auf der Brücke, die ins bayerische Laufen führt, der Segen während des Wetter-Evangeliums erteilt. Gleichzeitig findet auf der Salzach das ›Himmelbrotschutzen‹ statt. Von einem Boot aus werden drei gesegnete Hostien mit einem Kranz in den Fluß geworfen, um Schutz vor den Gefahren des Wassers zu erflehen. Nachmittags tobt als komödiantische Einlage auf der Salzach die Piratenschlacht zur Erinnerung an die Schiffer, die sich einst aus Not zum Dienst auf fremden Meeren hatten verdingen müs-

Krampus-Laufen am Vorabend von Nikolaus

sen. – Erneuert wurden die Georgiritte am 23. 4. oder dem Sonntag darauf in Kirchberg bei Eugendorf und von Bergheim nach Maria Plain, belebt der ›Büchelritt‹ von Oberndorf/Salzach nach Maria Bühl, der Flursegen und Pferdeweihe in einem ist.

Um die Sitten und Bräuche im **Salzkammergut** kennenzulernen, ist der Urlaubersommer wenig geeignet. Die (fotogenen) Schaubräuche beginnen im Herbst mit den Schlußkämpfen der Schützen, ihrem Aufzug und Schützenmahl. Noch gibt es mehr als ein Dutzend Armbrustschützenvereinigungen, darunter allein acht in Bad Goisern. Berühmt ist das ›Leopoldi-Schießen‹ der Lauffener Feuerschützen. – Am ›Liachtbratlmontag‹ (Montag nach dem 29. 9.) treffen sich zu Umzug und Kirchgang in Ischl die Jahrgangsgenossen, die ihren 50., 60., 70., 80. oder 90. Geburtstag feiern. Dieser Brauch, seit fast hundert Jahren bezeugt, festigt das Zusammengehörigkeitsgefühl der Einheimischen sehr. – Nach den ›goldenen Samstagen‹ des Oktobers mit dem Viehabtrieb ist erst am 5. 12. (Vorabend von Nikolaus) wieder Schau-Spiel. In Mitterndorf wird alle zwei Jahre das ›Hinterberger Nikolospiel‹ mit an die hundert Mitwirkenden gegeben, dessen Kern ein Jedermannspiel mit Bettlerbeichte ist, das von Gehöft zu Gehöft zieht und im Ortskern endet. Das Gros bilden die zahlreichen ›Krampusse‹, in einfache, große und Ober-Teufel unterschieden. Unheimlich muten vier ganz in Stroh gehüllte Gestalten an, die mannshohe Stangen wie Fühler hochrecken und mit ihren Peitschen knallen. Bis zur Mitternacht haben alle Krampusse die Freiheit zu brüllen, zu knallen und Kuhglocken zu läuten. Die eifrigsten Krampusläufer sind in Windischgarsten und

VOLKSKUNST

Schützenscheibe der priv. Schützen Steyrs. Heimathaus Steyr

den beiden Stoder zu finden. – Mit dem Advent beginnt die Zeit, zu Hause und in den Kirchen die figurenreichen Krippen aufzustellen. Wer motorisiert ist, fährt auf ›Krippenschau‹ nach Ischl, zur Loidlkrippe nach Ebensee, die ein Schwanthaler-Schüler aus Altmünster schuf, nach Altmünster und Gmunden. – Der Vorabend von Dreikönig, der 5. 1., ist der ›Glöcklertag‹, der in Ebensee am kräftigsten gefeiert wird. Eine Schar weißgekleideter junger Burschen, eine Kuhglocke am Gürtel, ein durchscheinendes Zeichen (Stern, Schiff, Kirche, Dreikönig etc.) auf dem Kopf, rennt im Laufschritt lärmend durch die Gassen, wobei das Licht in der Figur nicht verlöschen soll. Der Brauch hat sich von Ebensee nach Ischl, Salzburg und Lambach ausgebreitet. An Dreikönig ziehen am Traunsee die Sternsinger von Haus zu Haus und erheischen Gaben. In Gmunden und Ischl reiten die drei Könige hoch zu Roß. – In den beiden ›Salzflecken‹ Bad Aussee und Ebensee erreicht der Fasching seinen Höhepunkt. Am Faschingsmontag windet sich in Ebensee der Zug der ›Fetzen‹ aus der ›Kohlstatt‹, der Talstation der Feuerkogel-Seilbahn, wobei die vermummten Gestalten auf abstoßende Häßlichkeit (aufs ›Schiach-sein‹) größten Wert legen. Fröhlicher sind die ›Flinserl‹ in ihren Lappengewändern in Aussee, die auf die Rufe ›Nuß, Nuß‹ hin nicht nur Nüsse, sondern auch Äpfel und Orangen unter die Kinder werfen. Ihren Namen gab ihnen das hundertfältige Blinken der Gold- und Silberpailletten des Kostüms, der venezianischen Gesichtsmaske und des Goldrausches auf ihrem spitzen Hut. In Ischl erinnern noch die riesigen Gestalten des ›Bader Jagerls‹ und seiner Frau Gertraud beim Kinderfasching am Rosenmontag an die Blütezeit des Kurortes. – Am Sonntag vor Ostern ist ›Palmprozession‹. In Ischl gibt es noch heute drei Arten Palmbuschen: die schweren Palmkatzerlbäume der Bauern mit rotbackigen Äpfeln am Stamm, die kunstvoll gebundenen Stanglpalm der Bürgerssöhne, schließlich die einfachen Feldbuschen der Kinder, die dann auf den Acker oder die Wiese gesteckt werden. – Fronleichnam wird in allen Gemeinden feierlich begangen. Da in Hallstatt und Traunkirchen der Platz im Ort zu schmal für barocke Prachtentfaltung war, verlegte man den Umzug auf den See. Das besonders geschmückte Altarschiff (der ›Altarmutzen‹) wird von bekränzten Booten begleitet, deren Insassen zur Blasmusik Fronleichnamslieder singen. Noch heute erhebt der Pfarrer zu Hallstatt die Monstranz gegen den Salzberg hin, damit die in ihm schlummernden Schätze »Brot geben auf immerdar«.

Daß die Menschen des Salzkammergutes seit langem der Musik zugetan sind, zeigt der älteste Fund im Bereich der Salzofenhöhle beim Lahngangsee im Toten Gebirge: eine Flöte aus dem Knochen eines Höhlenbären. Inzwischen sind alle die Vierzeiler, Lieder und Gaßlreime gesammelt worden. Man trägt sie bei Heimatabenden und Wettbewerben vor (Spinnstuben gibt es ja längst nicht mehr), genau wie die alten Tänze, der ›Steirische‹, der ›Schleunige‹, die beim ›Brautstehlen‹ vor der Hochzeit oder beim Kehraus des Schützenmahles noch gesprungen und gestampft werden. Neben den Märschen ertönen alte Weisen, von den zahlreichen Kapellen gespielt, von denen größere Gemeinden deren zwei besitzen. Ihre Herkunft erkennen die Besucher der zahlreichen sommerlichen Wettbewerbe und Kameradschaftstreffen der Kriegervereine an Farbe und Zuschnitt der Tracht, die allerdings in Gefahr ist, vom uniformen graugrünen Trachtenanzug und dem ›gesamtösterreichischen Dirndl‹ abgelöst zu werden, die, in modischen Abwandlungen in Salzburg und Wien fabriziert, auch von Ausländern gerne getragen werden.

Von der **Volkskunst** hat sich am besten die Bauernmajolika von Gmunden konserviert, deren Dekor aus grünen Schleifen, Knoten und Bändern seit gut zweihundert

295

BRAUCHTUM UND FEIERTAGE

Paarhof im
Salzkammergut
(Gosau)

Jahren unverändert blieb. Die Tausende von Darstellungen und Sprüchen auf Gmundner Krügen und Schüsseln schildern das Volksleben zwischen 1700 und 1900 besser und detaillierter als alle Beschreibungen. Das häusliche Handwerk der Viechtau (zwischen Altmünster am Traunsee und dem Attersee), das bemalte Spanschachteln, gedrechselte Näpfe, Spielzeug, geschnitzte Buttermodel und Löffel lieferte, im vorigen Jahrhundert 300 Familien ernährte, ist fast zum Erliegen gekommen. Einen einzigen Krippenschnitzer konnte ich ausfindig machen, der Aufträge für 15 Monate im voraus hatte. Er nimmt als Anregung die Krippe des Joh. Georg Schwanthaler zu Altmünster. – Als schaurig und barock gilt den Touristen die Arbeit des letzten Totenkopfmalers in Hallstatt. Da aus Platzmangel die Gräber nach ca. 20 Jahren geräumt werden mußten, malte er auf die Stirn der Schädel Namen, Lebensdaten, Blumen und Blätter, ehe sie im Untergeschoß der Michaelskapelle zu den 1200 Totenköpfen auf die Gestelle geschichtet wurden (s. S. 142).

Entrüsten kann man sich über den Vogelfang im Spätherbst, den die Ebenseer aber mit einem Privileg der Kaiserin Maria Theresia verteidigen können. Die Behörden konnten den Fang auf Kreuzschnabel, Gimpel, Stieglitz und Zeisig einschränken und die Quoten festlegen, so im Bezirk Gmunden auf zehn Vögel bei 500 Antragstellern, im Bezirk Vöcklabruck auf fünf für 100 Fangscheinbesitzer. Die mit Lockvögeln eingebrachte Beute wird abgerichtet, ab Kathrein (24. 11.) bei Wettbewerben ausgestellt, überwintert trillernd in den Stuben und wird im Frühjahr zum größten Teil wieder freigelassen. – Harmloser sind die Taubenmärkte zwischen Weihnachten und Palmsonntag vor allem im Vorland zwischen Vöcklabruck und Steyr, dem Traungau, wo die zarten Tiere für einen delikaten, gefüllten Braten eingekauft werden. Am berühmtesten ist der ›Klanglmarkt‹ zu Wels am Samstag nach Lichtmeß (2. 2.).

Am 4. Fastensonntag, dem ›Liebstattsonntag‹, schenken sich junge wie alte Paare in Gmunden reichverzierte Lebkuchenherzen und probieren frisch zubereiteten Met, also mit Reinhefe vergorenen Honigwein, bei dem auf 1 kg Honig höchstenfalls 2 l Wasser kommen dürfen. – Zum alten Osterbrauchtum gehört das Antlaßsingen in der Gründonnerstagsnacht in Traun mit alten Wächterrufen. An Ostern versucht man das Eierpecken, bei dem der Sieger ist, der mit seinem Ei die der Konkurrenten anpicken (anklopfen) konnte. – Am ›Weißen Sonntag‹, dem Ahnlsonntag, besuchen Enkel ihre

296

Großeltern, Patenkinder ihre Paten (Godensonntag). Spätestens an diesem 1. Sonntag nach Ostern beginnt das Schützenjahr der Stachelschützen (Armbrustschützen). – Zum 1. Mai werden die Maibäume ›gesetzt‹, die im Salzkammergut im Unterschied zum Traungau Spruchtafeln am Schaft und die segenbringenden »Hansl-und-Gretl-Figuren« tragen. Figuren und Bäume müssen scharf bewacht werden, damit die Burschen des Nachbarortes die Glücksbringer nicht stehlen oder gar den Maibaum ›werfen‹, also umlegen. – Bei den Florianifeiern der Feuerwehrleute am 4. Mai gedenkt man des Schutzheiligen Oberösterreichs, des Vorstandes der Kanzlei des römischen Statthalters von Noricum in Lauriacum (Enns), der um 304 ertränkt wurde, weil er gefangenen Christen helfen wollte. Da er mit einem Wasserschaff abgebildet wird, ernannte man ihn zum Patron der Feuerwehrleute, die bei Abergläubischen an diesem Tage allein Feuer anmachen und Wasser tragen dürfen. – Am Sonntag, der Berthold (27. 7.) am nächsten liegt, begeht man in Garsten bei Steyr den Bertholdsonntag mit Pontifikalamt und Prozession, um des hl. Berthold zu gedenken, der aus dem Schwarzwald stammte und 1110 erster Abt zu Garsten wurde. Fisch und Brot, die er als Attribute hält, sollen seine caritative Tätigkeit bezeugen. – Ein recht junger Brauch ist die Totengedenkmesse vor dem 1950 errichteten Stahlkreuz auf dem Traunstein (1691 m) am 1. Sonntag im August. Häufig las die Messe der Bischof von Linz, obwohl der Aufstieg auch geübten Bergsteigern etwas abverlangt. – Die ›Goldenen Samstage‹ werden im Traungau, wo ja kein Almabtrieb stattfindet, zu Wallfahrten genutzt, schon um sich für die Ernte zu bedanken. Am bekanntesten ist die Wallfahrt nach Adlwang (südlich Bad Hall). Die Marienorte (z. B. Maria Laab östlich Mauthausen; Maria Scharten südlich Eferding; Maria Bründl in Andrichsfurt nordöstlich Ried) erhalten Zuspruch vor allem an den Marienfeiertagen: Himmelfahrt (15. 8.), Mariä Geburt (8. 9.), Maria vom Rosenkranz (7. 10.), Unbefleckte Empfängnis (8. 12.). – Wiederbelebt wurden die Leonhardiritte am 6. 11., vor allem der von Pettenbach nach Heiligenleithen (zwischen Gmunden und Kremsmünster) mit Rittmesse, Predigt im Freien, Segnung der Rosse und dreimaligem Ritt ums Gotteshaus. – Dann kommt schon wieder der Advent herauf, dessen 1. Sonntag mit einem ›Bratwürstlessen‹ begangen wird. Es gilt die Krippen zu richten und einen Tannenbaum zu besorgen. Nur selten wird noch ein lichterbestecktes Tannenbäumchen zur Abwehr böser Geister im Traunsee oder der Traun versenkt.

Küche und Keller im Alpenvorland

Einen besseren Sammelnamen für das Innviertel, den Traungau, das Mühlviertel und die eingesprengten kleinen Viertel wie den Hausruck oder das Machfeld habe ich nicht finden können, bin mir aber bewußt, daß nur Geographen ihn benutzen. In diesen Gebieten hält man – und nicht nur in den Wallfahrtsorten – oft noch an zwei Fastentagen fest, an denen es – auch in den Gaststätten – Mehlspeisen oder Knödel gibt. Letztere sind außerdem die ideale Beikost zu Schweinebraten, der neben den verschiedenen

KÜCHE UND KELLER IM ALPENVORLAND

Arten der ›Schnitzel‹ am häufigsten auf der Speisekarte zu finden ist. Dabei beachte man, daß Wiener Schnitzel (wie das Prager und das Pariser Schnitzel) stets vom Kalb kommen muß, daß Schnitzel Wiener Art dagegen paniertes Schweinefleisch sein darf. Ochsenfleisch schmeckt am besten mit Sahnekren zu Salzkartoffeln. Nahezu alle Kloster- oder Stiftsschenken oder Restaurants sind zu empfehlen. Im ›Schlierbacher Stiftskeller‹ genießt man den würzigen Klosterkäse nahe dem Lagerort frisch auf Holztellern, den Achleitner Schloßkäse am besten ebenfalls ›vor Ort‹. Den Westteil unseres Gebietes beherrschen die Schärdinger Butter-, Topfen- und Käsesorten.

In der Sommerzeit gibt es überm Holzkohlenfeuer geröstete ›Steckerlfische‹ in kleinen Buden entlang der kurvenreichen Straße von Ebensee nach Altmünster und am Traunfall (zwischen Steyermühl und Lambach). Sie schmecken hervorragend und knusprig. – Im Umkreis der großen Wälder am Alpenfuß, im Inn- und Mühlviertel erfährt das Wild vielerlei Zubereitung. Führend ist das Hotel ›Schinagl‹ in Klaus. Nicht nur hier, vor allem in Steyr erinnert man sich alter Rezepte, so des Steyrer Flößerbratens, der wie andere Spezialitäten des Traungaues im Hotel ›Minichmayr‹ präsentiert wird, mit dem ›Pürstinger‹ in Bad Hall wetteifert. Beide führen die Lebzelteromelette – eine mit Lebkuchenbrösel, feinen Gewürzen, Rum und Haselnüssen aufbereitete Schneeomelette. Wenn Sie den Steyrer Flößerbraten kopieren wollen, dann reiben Sie 1 kg Surbraten (ohne Knochen) mit Wacholderbeeren, Pfeffer, Rosmarin, Paprika und Kümmel ein und räuchern eine Stunde lang leicht das Fleisch über Tannenreisigfeuer, ehe es im Rohr kurz gebraten wird. Als Beilagen munden Bratäpfel, Kartoffelknödel, Krautsalat, Specklinsen, Kren oder Apfelbrei.

Da Gewürze durstig machen, hält man überall Bier bereit, neuerdings in ländlichen Gaststätten auch wieder Most aus Äpfeln und Birnen. Diese Früchte werden auch zum ›Obstler‹ gebrannt, der auf fettes Essen folgt, aber auch bei jedem freudigen Anlaß kredenzt wird. Die Enzian- und Wacholderschnäpse werden ›im Gebirg‹ destilliert, im Pongau sogar ein Vogelbeerschnaps. Im Stift Schlägl und im Kloster Michaelbeuern stellt man Liköre her, die man in kleineren Mengen über die Grenze führen darf. Die besten Schnäpse zieht man übrigens aus den verachteten Holzbirnen, deren Bäume, mitunter über 200 Jahre alt, wie Riesen einsam auf den Feldern zwischen Traun und Enns stehen.

Da auch Stiftherren und Mönche ungestört zu Mittag essen wollen, finden zwischen 12 Uhr und 14 Uhr keine Führungen statt. Ansonsten beginnen die Führungen zur vollen Stunde.

Sitten und Bräuche im Mühl- und Innviertel

Das **Innviertel** und das **Mühlviertel** sind, bis auf ihre ›fetten Ränder‹, arme Gebiete, was Kunst und Attraktionen anlangt, von einigen herrlichen Ausnahmen abgesehen. Dafür sind diese waldreichen Viertel vom Tourismus noch nicht entdeckt, die Straßen, Kirchen und Gasthöfe wenig belebt. Die forellenreichen Bäche des Mühlviertels plätschern glasklar, die eisenhaltige Mühl, Rodl, Gusen, Aist und Naarn strömen in tief eingeschnittenen Tälern zur Donau, ohne Hotels und Wasserskiplätze versorgen zu müssen. Wer wandern und sehen will, wer nicht so viel Geld ausgeben möchte, ist in dieser grünen Welt zwischen Braunau und Sandl gut aufgehoben.

An alten Bräuchen hat sich im **Mühlviertel** etwa das Sonnwendfeuer am ›Heidenstein‹ bei Eibenstein nordwestlich Freistadt erhalten. Die Umwohner stellen rings um die hochgetürmten Granitfelsen Laubhütten auf und zapfen im Hain, der den ›Heidenstein‹ umgibt, Bier. Eine (vermutlich von Kelten geschlagene) Treppe führt aufs schmale Plateau, in dem sich mehrere, von den Kräften der Verwitterung geschaffene Schalen befinden, die wie manche andere Auswaschung auch als heidnische Opferschalen gelten. Von diesem Göttersitz aus hat man eine gute Fernsicht bis zum Sternstein und zum ›Heiligen Berg‹ bei Rainbach. Dorthin hat der Legende nach ein Volk von Menschen mit Tierköpfen die erste Kirche auf dem ›Heidenstein‹ so lange nächtens verschleppt, bis man die Kirche bei Rainbach stehen ließ. – Die ›Opfersteine‹ genannte Felsengruppe bei St. Leonhard bei Freistadt sollen Raststeine sein, in denen Heilige, hier der bäuerliche Viehpatron Leonhard, auf ihren Reisen übernachtet haben. Der gewaltigste der ›Pechölsteine‹ liegt auf einer Wiese nahe Hundsdorf bei Gutau. Eingemeißelt ist ein stilisiertes Blatt, in dessen vertieftem Stil sich das flüssige Harz, das heilbringende Pechöl (Knieöl) sammelte. Bis zum Ersten Weltkrieg wurde in vielen Pechölsteinen das geschätzte Heilmittel gewonnen und durch ›Öltragermandl‹ verbreitet. Aus der keltischen Zeit stammt auch das Relief an einer Konsole im Schloßhof zu Freistadt, wo ein Unhold in Menschengestalt mit überdimensioniertem Kopf den ballartigen Kopf eines Menschen verschlingt. (Bis 1940 ging am 21. 12. im mittleren und südlichen Innviertel der ›Thomasschädel‹, eine genauso geformte Maske um.) – Im nordwestlichen Mühlviertel erinnert das ›Wolfablassen‹ am 10. 11., dem Vorabend von Martini, an die größte Gefahr der Viehweiden bis in die Neuzeit. Die männliche Schuljugend zieht unter dem Lärm von Ratschen, Schellen, Glocken und altem Blechgeschirr durch den Ort und schreit vor jedem Haus: »Der Wolf ist abgelassen!« – Zwar wurden ›Nikolausfrau‹ und ›Habergeis‹ inzwischen nach Linzer Vorbild durch den würdigen ›Bischof‹ und den ›Krampus‹ ersetzt, doch hat sich in sechs Orten des Nordwestens (Kollerschlag, Julbach, Peilstein, Heinrichsberg, Nebelberg, Hinterschiffl) das eindrucksvolle ›Rauhnachtsingen‹ erhalten, das nur alle drei oder vier Jahre veranstaltet wird. – In einigen Orten, so in Julbach, Schwarzenberg und Ulrichsberg, geben die Taufpaten ihren Schützlingen noch das ›Neujahr‹, ein zu Spiralen, Doppelspiralen oder Wirbelsternen geformtes Gebäck, das bis zu einem halben Meter Durchmesser hat, deren schönste Form ein neunspeichiges Rad mit einem Schneckengebäck als Nabe ist. – Vor allem im Westen des Mühlviertels werden zur Palmenweihe am Palmsonntag bis zu 5 m hohe Stangen aus Haselruten und Birkenzweigen gebunden, mit bunten Bändern, Äpfeln und Orangen geschmückt, und wie ein wandelnder Wald zur Kirche getragen. Dabei zeigt sich ein sozialökonomisches Gefälle, denn die reichste Prozession erlebt man in Rohrbach und Urfahr, die ärmsten nördlich

SITTEN UND BRÄUCHE IM ALPENVORLAND

Freistadt und Perg, wo statt der riesigen Stangen nurmehr handgroße Weihbüschel mitgetragen werden. – Der Maibaum muß in der Nacht des 30. 4. ›gesetzt‹ werden und am Morgen des 1. 5. alle uneingeweihten Ortsbewohner überraschen. Er darf von den Burschen der Nachbarschaft gestohlen werden, doch im Westen nur bis zum Maientanz, im Osten in den drei ersten und drei letzten Maitagen, im Süden nur bis zum Glockenschlag der Frühmesse am 2. 5., so daß Sie mitunter in einer Ortschaft zwei und drei Maibäume nebeneinander im Boden verankert sehen können.

Bäuerliches Kunstwerk hat sich an zwei Orten besonders entfaltet. Aus dem kleinen Dorf Hirschbach bei Freistadt kamen die schönsten bemalten Möbel, deren beste Stücke, zwischen 1790 und 1840 gearbeitet und durch die ›Malermenscher‹ mit bunten Rokokomotiven überzogen, im Linzer Schloßmuseum stehen. In Sandl nordöstlich Freistadt wurden in Hinterglasmanier Heilige und Szenen aus dem Alten und Neuen Testament gemalt, die in ihrer Konzentration auf das wesentliche Liniengerüst und wenige kräftige Farben an Ikonen erinnern (Farbtafel 8). Diese Vereinfachung zu Symbolen war allerdings nicht das Ergebnis mönchischen Gehorsams, sondern Erfordernis der Massenproduktion, die einsetzte, als der Vertrieb, vor allem in den Südosten der Monarchie, bis 1866 sprunghaft anstieg. Zwar nennt der Volksmund heute jedes Hinterglasbild mit religiösen Motiven ›Sandlbildl‹, doch lieferten die Sandler Glashütten nur von 1805–66. Eine reiche Sammlung besitzt das Oberösterreichische Landesmuseum in Linz, die man erst betrachten sollte, bevor man ein ›ächtes Sandlbildl‹ erwirbt.

Das **Innviertel**, erst 1779 von Bayern abgetrennt, ist echtes Bauernland geblieben, dessen Bewohner, so erfuhr ich es, am besten im Wirtshaus und bei einer Hochzeit zu erleben sind. Für Touristen sind das natürlich keine Termine, man muß sich schon Zeit zum Kennenlernen lassen. Unter den Getränken dominiert eindeutig das Bier, auch das aus Bayern eingeführte. Unter den Speisen herrschen einhellig Fleischspeisen vor, darunter Schweinebraten in mancher gewürzreichen Variation, auch der Rostbraten, der keinen Rost gesehen hat, sondern ein Ripperl ist.

Vielerorts hängt es von aktiven Burschen ab, ob die Sonnwendfeuer noch lodern, von rührigen Pfarrern, wie feierlich die Fronleichnamsprozession und der Flurumgang ausfallen. Sehr besucht ist das Passionsspiel in Mettmach bei Ried. Im zentral gelegenen Ried steht das INNVIERTLER VOLKSKUNDEHAUS, eine Schatzkammer der alten Bräuche, die unterschwellig bis heute weiterleben. Hier hängt eine der schönsten Serien von Schützenscheiben, hier verwahrt man über 60 000 Andachtsbilder, darunter feinste Spitzenbilder und Miniaturen, dazu Holzschnitte auf Seide und Birkenrinde, Hunderte von religiösen Medaillen, die besten darunter von dem Salzburger Stempelschneider Peter Seel, dazu eine vollständige Sammlung von ›Ulrichskreuzen‹ und anderen dämonenabwehrenden oder fruchtbarkeitszaubernden Amuletten (s. S. 301).

Ein kleiner Umweg lohnt sich nach Zwicklèdt (zwischen Schärding und Passau gelegen), dem Alterssitz des Zeichners Alfred Kubin, dessen Holzhaus bis heute unverändert erhalten blieb. Hier, nahe den Wäldern, entstanden viele der düsteren und ausweglosen Grafiken, die Illustrationen zu E. Th. A. Hoffmann, E. A. Poe, F. M. Dostojewski.

Literarische Schauplätze

ADALBERT STIFTER, 1805 in Oberplan/Böhmerwald geboren, zuletzt (1868 †) Schulrat in Linz, nicht nur Dichter, sondern auch begabter Maler, hat am häufigsten und intensivsten Landschaften und Orte in Oberösterreich zum Schauplatz seiner Schöpfungen erhoben. Schon sein unvollendeter Erstling ›Julius‹ (1829) spielt auf Schloß Wildberg im Haselgraben. Die Erzählung ›Katzensilber‹ (1853) ist in Rohrbach im Mühlviertel und auf dem Kirchmayr-Gut in Urfahr angesiedelt, die ›Winterbriefe aus Kirchschlag‹ (1866) stammen aus dem gleichnamigen Ort im Mühlviertel, während man in seinem großen Roman ›Nachsommer‹ (1857) in Kerberg leicht Kefermarkt erkennen kann, aber auch Schloß Weinberg und Pesenbach. ›Der fromme Spruch‹ gehört wohl auf Schloß Rosenhof bei Sandl nordöstlich Freistadt, während der Aspergmeierhof westlich Kremsmünster beim Exerzitienheim ›Subiaco‹ – das Muster eines Vierkanters – als Schauplatz des ›Rosenhauses‹ ermittelt wurde; Stifter war Schüler des Gymnasiums zu Kremsmünster gewesen. Seine letzte Erzählung ›Aus dem baierischen Wald‹ (1868) beginnt in den Lackenhäusern, führt über Schwarzenberg, Ulrichsberg, Aigen, Rohrbach nach Ottensheim bei Linz.

Weit in das Herz des Salzkammergutes führt Stifters ›Der Waldsteig‹ (1843), der in Bad Ischl spielt. LUDWIG GANGHOFERS umfangreicher Roman ›Der Mann im Salz‹ (1906) wurde von einem Ereignis in Hallstatt ausgelöst. Als 1734 im dortigen Kilb-Werk der Werkshimmel auf die Ablaßvorrichtung gestürzt war, wurde bei der Reparatur die vom Salz konservierte Leiche eines Mannes mit vollständigem Haupt- und Barthaar gefunden, der vor mehr als 400 Jahren verschüttet worden war. – Am Ausfluß der Traun aus dem Traunsee lagert der Grünberg, heute durch eine Seilbahn erschlossen, den NIKOLAUS LENAU bestiegen und in ›Der Hochberg‹ verewigt hat, gefesselt in unglücklicher Liebe zur Schulmeisterstochter Nanette Wolf, im Gedicht Agnes geheißen. ›Lenaus Morgensitz‹ unter einer Platane der Gmundener Traunpromenade ist ausgeschildert.

Westlich davon und nahe dem Attersee, in Sicking südöstlich Seewalchen, soll das ›Kalkwerk‹ (1970) liegen, das THOMAS BERNHARD beschrieben hat. Sein ›Der Kulterer‹, die Schilderung eines zum Tode Verurteilten, wurde in der Strafanstalt Garsten bei Steyr verfilmt. Der Besucher der Klosterkirche Garsten kann einen Teil des vergitterten Komplexes sehen. – In Steyrs Gassen, Winkeln und Häusern spielen zwei Romane der ENRICA VON HANDEL-MAZZETTI: ›Stephana Schwertner‹ (1912/14) und ›Die arme Margaret‹ (1910).

Hoch im Norden, bei Windhaag nordöstlich Freistadt lag die Burg des Minnesängers DIETMAR VON AIST, der zwischen 1139 und 1171 in Urkunden genannt wird, dessen

301

LITERARISCHE SCHAUPLÄTZE

Lieder in der Weingartner Handschrift überliefert sind. Sein Wappen ist ein weißes Einhorn im roten Feld. – Die Familie der RITTER VON KÜRENBERG, deren einer die Nibelungenstrophe schuf, hatten ihre Burg im Kürnbergerwald bei Wilhering westlich Linz. – Die bedeutendste Erzählung aus der Mitte des 13. Jh., der ›Meier Helmbrecht‹ des WERNHER DER GARTENAERE, wird auf dem Meier-Helmbrechtshof bei Gilgenberg östlich Burghausen/Inn lokalisiert.

Wenig südlich davon, in der St.-Nikolaus-Kirche zu Oberndorf an der Salzach erklang am 24. 12. 1818 erstmals das Lied ›Stille Nacht, heilige Nacht‹, das der Hilfspriester JOSEPH MOHR verfaßt, der Lehrer im benachbarten Arnsdorf, FRANZ XAVER GRUBER, für zwei Solostimmen, vierstimmigen Chor mit Gitarrenbegleitung gesetzt hatte. Wegen der Altersschwäche der Orgel war man auf die Gitarrenbegleitung verfallen. Als ein Tiroler Orgelbauer sieben Jahre später eine neue Orgel aufstellte und dabei das Lied kennenlernte, wurde es der Vergessenheit entrissen, denn eine Zillertaler Sängergruppe, die vier Geschwister Rainer, nahmen es als Tiroler Volkslied in ihr Repertoire auf und sangen es 1831 in Leipzig erstmals im Konzertsaal. Erst als 1854 die Königliche Hofkapelle Berlin das Salzburger Stift St. Peter zu klären bat, ob Johann Michael Haydn der Komponist sei, schrieb F. X. Gruber seine ›Authentische Veranlassung der Composition‹, sonst würde es heute noch als Tiroler Volkslied gesungen werden.

Ein letzter Ausflug sei gestattet nach Henndorf am Wallersee, wo CARL ZUCKMAYER von 1926–38, bis zu seiner Emigration »gelebt wie im Paradiese« hat. Sein ›Seelenbräu‹ ist der Bräu in Henndorf, einer der ältesten Gasthöfe Österreichs, aus dem u. a. der Kammersänger Richard Mayr, der unvergessene Ochs von Lerchenau im ›Rosenkavalier‹, stammt. Zuckmayer hielt die erste Begegnung mit dem Bräu Carl Mayr 1926 in seiner Autobiographie so fest: »Nie werde ich vergessen, wie uns Herr Carl Mayr unter den schattigen Kastanien seines erhöhten Wirtsgartens, jenseits der Straße, empfing. Es war, als wäre man beim letzten Großherzog eines der alten, höchstkultivierten Duodezhöfe zu Gast geladen. Seltsam mischte sich in seinem schon leicht ergrauten Kopf das Derbe mit dem Zarten. Seine jugendlich schlanke Gestalt, in eine von ihm selbst entworfene, elegant stilisierte Spielart der einheimischen Tracht gekleidet, bewegte sich auf Haferlschuhen aus grauem Wildleder mit Silberspangen in einer fast tänzerischen Leichtigkeit und Grazilität zwischen Küche, Gasthoftischen und der kleinen bezaubernden Gartenvilla wie die eines freundlichen Souveräns, während von seinen immer lachbereiten Lippen gelegentlich die derbsten Schimpf- und Scheltworte ländlicher Provenienz erschallen konnten.« Zuckmayer verschaffte auch Ödön von Horváth und Franz Theodor Csokor in Henndorf Arbeitsrefugien.

Die Schauplätze werden Ihnen weniger fremd vorkommen, wenn Sie sich das eine oder andere Werk zulegen und vielleicht eine Regenpause nutzen, um sich mit Inhalt und Ort des Geschehens vertraut zu machen.

Ausgewählte Literatur

ALLGEMEINE WERKE: Handbuch der Historischen Stätten, 1. Bd.: Donauländer und Burgenland, 2 Bd.: Alpenländer und Südtirol, Stuttgart 1970 – Reclams Kunstführer Österreich, Bd. 1 enthält u. a. Oberösterreich, Bd. 2 u. a. Salzburg, Stuttgart 1968, 1974 – Gerhard Stenzel, Von Schloß zu Schloß in Österreich, Wien 1976; – (eher feuilletonistisch) Joachim Schondorff, Österreich (darin Salzburg, Oberösterreich), Olten/Freiburg i. Br. 1975 – Knaurs Kulturführer: Österreich, München/Zürich 1977 – Herbert Schindler, Barockreisen in Österreich, An der Donau entlang, München 1968 – Robert Löbl / Erich Landgrebe, Österreich, Ein Porträt in Farben, München 1974; dazu die zahlreichen Kirchenführer des Verlages Schnell & Steiner in München und der Reihe Christliche Kunststätten Österreichs im Verlag St. Peter in Salzburg.

SCHRIFTEN ZU SALZBURG: Merian, Salzburg, Jg. XVII, Heft 1, Hamburg 1964, Franz Martin, Salzburg, Geschichte und Kunst dieser Stadt, Salzburg / Stuttgart / Zürich 1972 – Wolfgang Steinitz, Salzburg, ein Kunst- und Reiseführer für die Stadt und ihre Umgebung, Salzburg 1974 (darin z. B. S. 44–46 eine Beschreibung aller Deckengemälde des Doms) – Pert Peternell (Hrsg.), Salzburg-Chronik, Salzburg/Stuttgart/Zürich 1971 – (wichtig für die Musikgeschichte) Bernhard Paumgartner, Salzburg, Salzburg 1966 – Karl Heinz Ritschel, Salzburg, Anmut und Macht, Wien/Hamburg 1970 – Eberhard Zwink (Hrsg.), 900 Jahre Festung Hohensalzburg, Salzburg 1977 – P. Friedrich Hermann, St. Peter in Salzburg, Salzburg 1976 – Adolf Hahnl, Das Neutor, Salzburg 1977 – Robert Löbl / Franz Braumann, Salzburger Land mit Salzkammergut, Innsbruck/Wien/München o. J. – Merian, Der Pinzgau, Jg. XVIII, Heft 4, Hamburg 1965. – Johannes Graf von Moy (Hrsg.), Barock in Salzburg, Festschrift für Hans Sedlmayr, Salzburg/München 1977

SCHRIFTEN ZUM SALZKAMMERGUT UND OBERÖSTERREICH: Merian, Salzkammergut, Jg. 31, Heft 1, Hamburg 1978 – Kristian Sotriffer, Das Salzkammergut, Linz 1969 – Robert Löbl / Franz Braumann, Oberösterreich, Innsbruck/Wien/München 1971 – Merian, Oberösterreich an Traun und Enns, Jg. XXV, Heft 11, Hamburg 1972 – Norbert Grabherr, Burgen und Schlösser in Oberösterreich, Linz 1970 – Rudolf Walter Litschel, Zwischen Hausruck und Enns, Linz o. J. – Kristian Sotriffer, Das Mühlviertel, Linz 1972 – R. W. Litschel, Land am Inn in Bayern und Oberösterreich, Linz 1975 – Otto Wutzel (Schriftleitung), 1200 Jahre Kremsmünster, Stiftsführer, Linz 1977 – Stift Lambach (Hrsg.), 900 Jahre Lambach, Lambach 1956 – Wolfgang Sperner, Linz, Porträt einer Stadt, Linz 1976 – Friedrich Reischel, Stift Schlägl, Aigen/Schlägl 1973 – (ein historisch ausführlicher Katalog) Der oberösterreichische Bauernkrieg 1626, Linz 1976. – Detailnachweise mit ausführlichen Literaturangaben bringen die beiden Handbücher der Historischen Stätten am Anfang der Liste.

Fotonachweis

Anthony-Verlag, Starnberg
- (Dr. Grünert) Abb. 117
- (Heindel) Abb. 34

Bavaria-Verlag, Gauting
- (Grete Back) Abb. 107
- (W. Bahnmüller) Abb. 111
- (Emil Bauer) Abb. 48
- (E. Baumann) Abb. 59
- (J. Jeiter) Abb. 152
- (Peter Keetman) Abb. 24

Luftaufnahmen: Lothar Beckel, Bad Ischl; freigeg. v. BMfLV mit
Zl. 5923 RAbt.B/75 (Ft. 10),
Zl. 5923 RAbt.B/75 (Ft. 11),
Zl. 7855 RAbt.B/73 (Ft. 18),
Zl. 7763 RAbt.B/74 (Ft. 22),
Zl. 7855 RAbt.B/73 (Ft. 24),
Zl. 7763 RAbt.B/74 (Ft. 32),
Zl. 7763 RAbt.B/74 (Ft. 34),
Zl. 7763 RAbt.B/74 (Ft. 35),
Zl. 7123 RAbt.B/75 (Abb. 51),
Zl. 7763 RAbt.B/75 (Abb. 71),
Zl. 13080/468-1 6/77 (Abb. 115),
Zl. 5525 RAbt.B/74 (Abb. 129),
Zl. 9531 RAbt.B/73 (Abb. 130) und
Zl. 9531 RAbt.B/73 (Abb. 141)

Bildarchiv Hans Huber KG, Garmisch-Partenkirchen
Umschlag (Vorderseite); Ft. 1, 2, 4, 5, 15, 17; Abb. 95

IFA-Bilderteam, München Ft. 28 (Stadelmann); Abb. 108 (Aberham)

Peter Keetman, Breitbrunn (Chiemsee)
Abb. 11, 12, 17, 21, 22, 31, 47

Rolf Lindel, Heidenheim Abb. 18

Photo Löbl-Schreyer, Bad Tölz Umschlag (vordere Innenklappe), Umschlag (Rückseite); Ft. 8, 13, 16, 19, 21, 29, 37;

Abb. 7–10, 13–16, 25–29, 32, 36–42, 52–54, 60–63, 68, 73, 75, 79, 83, 87, 90–92, 94, 100, 101, 105, 113, 114, 116, 128, 131, 151

Hannes Loderbauer, Gmunden am Traunsee
Abb. 119

Werner Neumeister, München Ft. 6, 7, 9, 12, 27, 33, 36; Abb. 1, 4, 5, 35, 43–46, 49, 50, 56, 57, 65–67, 99, 104, 109, 132–137, 140, 144–147, 149, 150

Österreichische Fremdenverkehrswerbung, Köln
Abb. 2, 30, 64, 142

Michael Pasdzior, Hamburg Ft. 2, 3; Abb. 19, 20

Ursula Pfistermeister, Fürnried Abb. 58, 72, 80–82, 88, 96, 98, 102, 103, 112, 120, 121, 123–125, 143, 148

Pressebüro der Salzburger Festspiele
(Foto Steinmetz) Abb. 23

Toni Schneiders, Lindau Ft. 14, 20, 23, 25, 26, 30, 31; Abb. 55, 74, 97, 110, 118, 122, 126, 127, 139; Textabb. S. 19

Maximilian Singer, Hallstatt Abb. 76–78

Werner Stuhler, Hergensweiler Ft. 38; Abb. 3, 6, 33, 69, 70, 85, 86

Verkehrsamt Steyr (Foto Frühauf) Abb. 106

Verwaltung des Stifts Schlägl Abb. 138

Fotohaus Westmüller, Linz Ab. 93

Nachfolgende Abbildungen mit freundlicher Genehmigung des

Museum Carolino Augusteum, Salzburg
Abb. S. 16, 17, 24, 28, 73, 75, 79, 120

Oberösterreichischer Landesverlag, Linz
Abb. S. 271, 294, 299, 301

Verlag Philipp Reclam jun., Stuttgart
Abb. S. 27, 168, 175, 183, 230

Residenz-Verlag, Salzburg Abb. S. 20, 118

Erklärung historischer und kunsthistorischer Fachbegriffe (Glossar)

Agora (griech.: das Unzugängliche) Allerheiligstes, Raum des Kultbilds im (griechischen) Tempel

Akanthus Mittelmeerische Distelart mit großen, gezackten, an den Rändern leicht eingerollten Blättern; seit der Antike ein in stilisierter Form verbreitetes Dekorationsmuster in Baukunst und Kunstgewerbe

Altan Eine bis zum Erdboden unterbaute Plattform (eine Art Balkon) an oberen Stockwerken

Altarblatt Mittelbild eines → Retabels

Altarkonchen → Konchen

Antependium (lat.: das Davorhängende) Schmückende Bekleidung der Frontseite des Altarunterbaus aus kostbarem Stoff, bearbeiteten Metall- oder Holztafeln

Apsis Meist halbrunder, mit einer Halbkuppel überdeckter Raum, der sich zu einem Hauptraum hin öffnet, in der christlichen Baukunst überwiegend der östliche Abschluß einer Kirche

Arabeske Ornament aus stilisiertem Laub und Ranken, oft durch eingefügte Sphingen, Masken, Figuren und Gefäße bereichert

Ärarbauten Bauten staatlicher Behörden

Architrav Der den Oberbau tragende Hauptbalken über Säulen oder Pfeilern

Arkade Bogenstellung über Säulen oder Pfeilern

Atrium Von Säulen getragener Innenhof des römischen Wohnhauses mit einer mittleren Öffnung im Dach; in der christlichen Baukunst von Säulenhallen umgebener westlicher Vorhof einer Kirche

Aula Innenhof des griechischen Wohnhauses, dem römischen Atrium entsprechend

Baldachin In der Baukunst dachartiger Aufbau über einem Altar, Bischofsstuhl, einer Statue oder einem Grabmal

Balustrade Ein aus kleinen, gedrungenen Stützen (Balustern) gebildetes Geländer an Treppen, Balkonen oder als Dachgeschoß

Basilika Drei- und mehrschiffige Kirche, deren Mittelschiff höher und breiter ist als die Seitenschiffe, so daß der durchfensterte Obergaden für Lichteinfall sorgt. In der römischen Architektur Markt- und Gerichtshalle, in der christlichen Baukunst früh bevorzugter Kirchentypus

Beinhaus Meist zweigeschossige Friedhofskapelle zur Aufbewahrung von Gebeinen

Beletage (franz.: schönes Stockwerk) Hauptgeschoß eines Gebäudes

Bergfried, Belfried Hauptturm einer Burg, als Beobachtungsstand und letzte Zufluchtsstätte bei Belagerungen

Bering Mantelmauer einer Burg

Blendarkade, Blendbogen Ein der geschlossenen Wand vorgeblendeter d. h. aufgelegter Bogen. In der romanischen und gotischen Baukunst als Wandgliederung eingesetzt

Chor Hochaltarraum einer Kirche, einige Stufen höher liegend als der Gemeinderaum, architektonisch besonders ausgestaltet und oftmals durch einen → Lettner, durch Gitter oder Schranken vom Mittelschiff abgetrennt

305

GLOSSAR

Chorgestühl An den Längsseiten des Chores angeordnete, meist reich verzierte Sitzreihen für die Geistlichen

Diorama Beidseitig bemalter, durchscheinender Stoff, bei dem je nach Beleuchtung einmal die eine, dann die andere Seite zur Geltung kommt (1822 von Daguerre erfunden); heute: mit plastischen Gegenständen und gemaltem Hintergrund ausgestattetes Schaubild
Draperie (franz.: Tuch) Kunstvoller Faltenwurf

Eckrisalit → Risalit
Empore Galerie- oder altanartiger Einbau in einem Innenraum; meist in Kirchen
Epitaph Erinnerungsmal (Inschrift, figürliche Darstellung) für einen Verstorbenen, selten in Zusammenhang mit einem Grab stehend
Eroten (griech.:) Kleine, geflügelte, meist männliche Liebesgötter; bei den Römern Amoretten genannt (Putten)

Faldistorium Faltstuhl
Fayence Tonware, die nach dem Brennen mit einer Blei- oder Zinnglasur überzogen und im feuchten Zustand mit sogenannten Scharffeuerfarben bemalt wird. Bei einem zweiten Brand verschmilzt dann die Glasur mit den Farben zu einer glänzenden Schicht (Majolika)
Filigranarbeit Sehr feiner, feingliedrig gefertigter Schmuck- oder Kunstgegenstand
Flügelaltar Retabel aus einem feststehenden Mittelteil, dem beidseitig je ein oder mehrere bewegliche Flügel angefügt sind
Flysch Marine Sandsteine, Mergel, Schiefertone und Kalke in Wechsellagerung
Forum Römische Variante der griechischen Agora
Fresko Wandmalerei, bei der mit Kalkwasser angerührte Farbe auf den noch feuchten Putz aufgetragen wird; besonders haltbar, weil sich Farben und Verputz unauflöslich miteinander verbinden. Im Gegensatz dazu Seccomalerei auf trockenem Putz

Gesprenge In der Kunst der Gotik feingliedriger, geschnitzter Aufbau über einem Altarschrein
Gesteinsgrus Eines des bei der physikalischen Verwitterung entstehenden eckigen Schuttmaterials von Sand- bis Feinkiesgröße
Gewölbeformen Tonnengewölbe: Gewölbe mit halbkreisförmigem Querschnitt (einfachste Form des Gewölbes); greifen quer verlaufende Stichkappen senkrecht in das Hauptgewölbe ein, entsteht ein Stichkappengewölbe, bei der Durchdringung zweier gleich hoher Tonnengewölbe ein Kreuzgewölbe; bilden sich an den Schnittpunkten der Gewölbeflächen eines Kreuzgewölbes Grate, handelt es sich um ein Kreuzgratgewölbe; verläuft entlang der Grate eine tragende Skelettkonstruktion, spricht man von einem Kreuzrippengewölbe. Figurierte Gewölbe sind solche, bei denen Rippen Figuren bilden (Sternrippengewölbe, Rautensterngewölbe, Schlingrippengewölbe)
Giebel Jeweilige Begrenzung der beiden zusammenstoßenden Flächen eines Satteldachs. Es gibt verschiedene Varianten: er kann dreieckig, segmentbogenförmig, abgetreppt oder in mehreren Winkeln gebrochen sein
Gloriole (Heiligenschein) Licht- oder Strahlenkranz um den Kopf göttlicher und heiliger Figuren
Gneis Weit verbreitete Gruppe metamorpher Gesteine (am weitesten verbreitetes Schiefergestein)
Granitgrus → Gesteinsgrus
Grisaille Malerei aus Grautönen (Monochromie), häufig um Stuck oder Skulpturen vorzutäuschen

Hochaltar Hauptaltar; in der altchristlichen Basilika stand er vor der Apsis, rückte im Mittelalter in diese hinein
Hochaltarblatt Gemälde im Zentrum des Retabels
Hohlkehle Konkav gestaltetes bauplastisches Element an Zierleisten, das oft in Verbindung mit weiteren Zierprofilen auftritt

306

Hora Bezeichnung für jeweils eine der acht Gebetsstunden des Stundengebets in der katholischen Kirche (Pl.: Horen)

Immaculata (lat.:) »Die unbefleckt Empfangende«. Beiname Mariens

Inkunabel Wiegendruck; die ältesten mit metallenen Einzellettern gedruckten Bücher oder Einblattwerke (etwa 1450–1500)

Intarsien Einlegearbeiten in verschiedenfarbigen Materialien; neben Holz auch Elfenbein, Stein, Schildpatt, Perlmutt usw.

Kalvarienberg Nachbildung der Kreuzigungsstätte Christi

Kapitell Oberer Abschluß von Säule, Pfeiler oder Pilaster mit ornamentaler, figürlicher oder pflanzlicher Dekoration

Karner → Beinhaus

Kasel Meßgewand des katholischen Priesters

Kenotaph Leergrab, das an einen andernorts bestatteten Verstorbenen erinnern soll

Kielbogen Konkav-konvexer Bogen, der wie der Querschnitt eines Schiffskiels aussieht

Knorpelwerk Symmetrisch geschnitzte oder stuckierte knorpelförmige Ornamente des 17. Jh.

Kolonnade Säulenreihe mit Architrav zur Begrenzung von Straßen oder Plätzen und Gliederung von Fassaden

Kolumbarium, Columbarium (lat.: Taubenschlag) Römische und frühchristliche Urnenbegräbnisstätte; freistehend mit bis zu 700 Urnenfächern, im Aussehen einem Taubenschlag ähnlich

Konche Halbrunde Nische mit Halbkuppel

Kragstein Aus der Mauer vorspringender Tragstein, der an der Vorderseite aus zwei treppenförmig aufeinander zulaufenden Steinschichtungen besteht

Kreuzarme Die über das Langhaus vorspringenden Teile des Querschiffes

Kreuzgang Um den rechteckigen Innenhof eines Klosters angelegter überdachter Umgang

Kreuzrippengewölbe → Gewölbeformen

Krypta Unterirdisch gelegener Raum unter dem Ostabschluß einer Kirche zur Aufbewahrung von Reliquien, Grabstätte von Heiligen und Märtyrern

Langhaus Bei einer Kirche der langgestreckte Gebäudeteil zwischen Fassade und Chor

Lettner Trennwand mit einem oder mehreren Durchgängen zwischen Chor und Mittelschiff einer Kirche

Loggia Gewölbte, offene Bogenhalle in oder vor einem Gebäude

Löß Feines, trockenes, gelbliches Sediment (Schichtgestein), das zu fruchtbarem braunem Lößlehm verwittert

Lünette Halbkreisförmiges, dekoriertes Feld über einer Tür oder einem Fenster

Magdalénien Letzte Phase und Unterstufe der europäischen Altsteinzeit, in der die altsteinzeitliche Kunst ihren Höhepunkt erreicht

Majolika → Fayence

Maßwerk Geometrisches Bauornament der Gotik, zunächst nur zur Unterteilung von großen Fenstern, später auch zur dekorativen Gliederung von Wandflächen, Giebeln usw.

Mensa Altarplatte

Missale Meßbuch

Mithräum Unterirdisches Heiligtum für die Verehrung des Gottes Mithras

Mittelrisalit → Risalit

Molasse Im nördlichen Alpenvorland abgelagerter Sandstein sowie Konglomeratschichten tertiären Ursprungs

Monstranz Kostbares Gefäß zum Tragen und Zeigen der geweihten Hostie

Moräne Von Gletschern bewegter und abgelagerter Gesteinsschutt

Munizipium Gemeinde des römischen Staatsverbandes, die staatliche Aufgaben zu erfüllen hatte

Nagelfluh Im Alpenvorland vorkommendes Sedimentgestein aus Geröllen unterschiedlicher Zusammensetzung

GLOSSAR

Pallium Weiße Schulterbinde mit sechs schwarzen Kreuzen als persönliches Amtszeichen der katholischen Erzbischöfe

Paramente Im christlichen Gottesdienst die Ausstattung von Altar, Kanzel und liturgischen Geräten mit oft kostbaren Gewändern und Tüchern

Paxtafel Täfelchen, das früher zur Weitergabe des liturgischen Friedenskusses verwendet wurde (mit Darstellungen Christi, Mariens oder von Heiligen verziert)

Pfeiler Stützglied über rechteckigem, polygonalem oder rundem Grundriß

Pièta Plastische Darstellung Mariens mit dem toten Christus auf ihrem Schoß (Vesperbild)

Pilaster Der Wand oder einem anderen Bauglied vorgelegter vertikaler Mauerstreifen mit Basis und Kapitell

pontisch-sarmatisch Nach dem ca. im 4. Jh. am Schwarzen Meer lebenden Volksstamm der Sarmaten und dem von ihnen entwickelten Zierstil an Schmuckgegenständen (pontisch: das Schwarze Meer betreffend)

Portikus Eine von Säulen getragene und meist von einem Dreieckgiebel überfangene Vorhalle, die der Hauptfront eines Gebäudes vorgelagert ist

Predella Auf der Mensa aufsitzender Sockel eines Retabels oder eines Flügelaltars

Presbyterium Der den Priestern vorbehaltene, meist etwas erhöhte Raumteil einer Basilika, in dem sich der Hochaltar befindet (nicht unbedingt mit dem Chor identisch)

Putten → Eroten

Querhaus, Querschiff Zwischen Langhaus und Chor eingeschobener Querbau, durch den ein Kirchengrundriß Kreuzform erhält

Rautensterngewölbe → Gewölbeformen

Refektorium Der Speisesaal eines Klosters

Relief Eine aus einer Fläche herausgearbeitete plastische Form, die jedoch stets mit dem Hintergrund (Reliefgrund) verbunden ist

Retabel Mit Gemälden oder Skulpturen geschmückter Altaraufsatz

Rippe Verstärkender Konstruktionsteil eines Gewölbes → Gewölbeformen

Risalit Ein in ganzer Höhe eines Bauwerks vorkragender Mittelteil, der auch als Eck- oder Seitenrisalit zur Auflockerung einer Fassade beiträgt

Riß Maßgerechte Projektion eines Körpers auf eine Ebene

Robot Frondienst

Sakramentshäuschen Architektonisch ausgebildetes Behältnis aus Stein und Holz, meist auf einem Sockel, zur Aufbewahrung geweihter Hostien an der Nordwand des Chores

Sala terrena Gartensaal im Erdgeschoß eines Schlosses oder Palastes, meist im Mittelrisalit unter dem Hauptsaal als Übergang zum Park angeordnet

Schiefergrus → Gesteinsgrus

schleifen hier: der Befestigung dienende Bauten niederreißen, dem Erdboden gleichmachen

Schlingrippengewölbe → Gewölbeformen

Schüttkasten Gebäude zur Aufbewahrung von Stroh oder Getreide

Schwibbogen Meist zwischen zwei Gebäuden oder über engen Gassen gespannt, nimmt er den Horizontalschub auf und leitet ihn ab

Seccomalerei Wandmalerei, die auf trockenem Putz ausgeführt wird; im Gegensatz zur Freskomalerei

Sequester Zwangsverwaltung

Sgraffitto Wetterbeständige Fassadenmalerei, bei der die Darstellung in übereinandergelegte, verschiedenfarbige Putzschichten eingekratzt wird

Sprengwerk Konstruktion aus Holz, Eisen oder Stahl zur Ableitung schwerer Lasten oder zur Überbrückung großer Spannweiten; auch Gesprenge

Staffelkirche mehrschiffige Kirche, deren Decken- bzw. Gewölbehöhe zum Mittelschiff hin stufenförmig ansteigt

Sternrippengewölbe → Gewölbeformen

Stichkappengewölbe → Gewölbeformen

Stichkappe Gewölbeteil meist über Fenstern und anderen Maueröffnungen, der senkrecht in das Hauptgewölbe einschneidet

Stuck Formbares und schnell härtendes Gemisch aus Gips, Kalk, Sand und Wasser zur Dekoration von Innenräumen, aber auch als Werkstoff für Skulpturen und Reliefs

Stufenportal Portal, bei dem die Mauerführung zu beiden Seiten gestuft ist; bei großer Mauerstärke erscheint so eine relativ kleine Öffnung in der Fassade wesentlich breiter

Sturz Oberer horizontaler Abschluß einer Tür- oder Fensteröffnung

Suffragan Einem Erzbischof unterstellter Diözesanbischof

Supraporte Gemälde über Türen

Tabernakel Gehäuse zur Aufbewahrung geweihter Hostien. In der Gotik zum Sakramentshäuschen ausgestaltet

Tapisserie (franz.) Wandteppich

Temperamalerei Maltechnik mit deckenden Farben, die mit wäßrigen Bindemitteln (Eigelb, Honig, Leim o. ä.) vermischt sind

Tertiär die ältere Formation der Erdneuzeit (vor ca. 65–1,8 Mio. Jahren)

Tondo Kreisrundes Gemälde oder Relief

Traufe Die untere waagerechte Begrenzung an der Längsseite eines Daches, parallel zum First verlaufend, für den Abfluß des Regenwassers

Trinität Dreifaltigkeit: Gottvater, Sohn und Heiliger Geist

Triptychon Dreiteiliges Altarbild, bestehend aus einem Mittelbild und zwei Seitenflügeln

Triton Meergottheit der griechischen Mythologie, Sohn des Poseidon; nur im Plural: griechische Meeresgötter im Gefolge Poseidons

Triumphbogen In der Antike Ehrenbogen für einen Kaiser oder Feldherrn

Triumphkreuz Monumentales mittelalterliches Kruzifix oder Kreuzigungsgruppe, die entweder unter dem Triumphbogen bzw. über Lettner oder Chorschranken stehend oder an Ketten hängend angebracht sind

Türsturz → Sturz

Tympanon Bogenfeld über einem mittelalterlichen Portal, meist mit plastischem Schmuck

Unziale Mittelalterliche griechische und römische Buchschrift aus gerundeten Großbuchstaben

Vestibül Vorbau vor einem Hauseingang

Volute Spiral- oder schneckenförmiges Ornament an Kapitellen der ionischen Ordnung; in Rennaissance und Barock werden auch Giebel und Konsolen mit Voluten geschmückt

Vorwerk Teil des Verteidigungssystems einer Burg oder Stadtbefestigung

Votivgabe Gabe, die aufgrund eines Gelübdes oder als Dank für eine Gebetserhörung an Wallfahrtsorten gespendet wird (entsprechend: Votivbild, -kapelle, -tafel)

Wandarkade → Arkade

Zeughaus Gebäude zur Aufbewahrung von Waffen und sonstigem Kriegsmaterial (Arsenal)

Zwinger Bereich zwischen Vor- und Hauptmauer einer Burg oder Stadtbefestigung

Register

Namenverzeichnis

A = Architekt, B = Baumeister, Bh = Bildhauer, G = Glasmaler, Gi = Gießer, Go = Goldschmied, Ing = Ingenieur, Ksch = Kunstschmied, M = Maler, Mo = Mosaizist, O = Orgelbauer, Sch = Schnitzer, St = Stukkateur, T = Tischler
Bei den Salzburger Erzbischöfen wurden die Vornamen bei der alphabetischen Einreihung berücksichtigt und wie bei den Herrschern die Regierungsdaten angegeben. Kursive Ziffern bedeuten ausführliche Beschreibungen.

Adlhardt, Jacob (Bh)   30, 74, 122
Agilolfinger, bair. Herzogsgeschlecht   135–136, 164
Albert, Johann (M)   272
Allio, Paolo d' (St)   167
Alt, Salome   69, *78*, 171
Altdorfer, Albrecht (M)   182; Abb. 101
Altomonte, Andreas (Ing)   265
–, Bartolomeo (M)   166, 174, 176, 178, 179, 182, 212, 236, 260, 266, 269, 270
–, Martino (M)   20, 169, 176, 187, 227, 240, 266
Andretter, J. E. von   17
Androy, Johann Kajetan d' (St)   128
Angeli, Domenico d' (A)   188
Arco-Steppberg, Grafengeschlecht   121
Arno, Erzbischof von Salzburg (785–821)   11
Asper, Johann Konrad (Bh)   23, 31, 113
Astl, Lienhard (Bh)   142, 165, 226
Auer, Jakob (Bh)   168
–, Werkstatt   167
Aufseß, Friedrich von, Bischof von Bamberg   211, 213

Babenberger, ostfränkisches Grafengeschlecht   12, 30, 165, 166, 170, 173, 188, 209, 211, 235, 236
Bahr, Hermann   287
Baldauf, Hans (Bh)   129, 130
Barberini, Giovanni Battista (St)   175, 224
Bassarino, Giuseppe (St)   23
Beckett, Thomas   31
Beduzzi, Antonio (B)   167, 173, 280

Beham, Georg   124
Behrens, Peter (A)   29
Belucci, Antonio (M)   175
Benatzky, Ralph   290
Bernhard, Thomas   303
Bernhard von Rohr, Erzbischof von Salzburg   (1466–82)   32
Bertoleto, Andrea (B)   113
Bertoni, Wander (Bh)   74
Bianco, Johann (Bh)   182
Bloemaert, Adriaen (M)   72, 257
Bocksberger, Ulrich (M)   125
Bodinger, Karl (Bh)   74
Böhm, Karl   283
Brenno, Carlo Antonio (St)   20, 70
–, Francesco (St)   20, 69, 70
Brezer, Johann (Bh)   226
Bruckner, Anton   176, 177, 182, 184, 190
Brueghel, Jan d. Ä. (M)   227
Burghausen, Hans von (B)· 26, 277
Burgkmair, Hans (M)   130
Burkart von Weißpriach, Kardinal   32, 127
Bussi, Carlo Antonio (M)   165

Callot, Jacques (Kupferstecher)   78
Camesina, Alberto (St)   20
Carabelli, Antonio (St)   20, 70
Caracalla, röm. Kaiser   185
Carlone, Bartolomeo (St)   183, 209, 240, 272
–, Carlo (M)   169, 176
–, Carlo Antonio (B)   165, *181–183*, 191, 192, 209–210, 222, 224, 226, 235, 257, 272
–, Domenico Antonio (St)   176, 212

310

–, Diego Francesco (St)   77, 116, 167, 168, 182, 226
–, Giovanni Battista (B)   191, 209, 231, 272
–, Pietro Francesco (B)   175, 191, 209
Castello, Elia (St)   19, 113
Castrofranco, Cosmas a (M)   177
Celesti, Andrea (M)   183
Claudius, röm. Kaiser (41–54)   15
Colombo, Giovanni Battista (St, Bh)   175, 183, 224
Correggio, Antonio (M)   261
Coxcie, Michael (M)   227
Croce, Johann Nepomuk della (M)   278
Czernin, Johann Rudolf, Graf   21

Daller, Johann Georg (M)   187
Dallinger, Johann Benedikt (M)   226
Damisch, Heinrich   281
Danreiter, Franz Anton (Gartenarchitekt)   78, 80, 113
Dario, Giovanni Antonio (B)   19, 22, 23, 114, 161
Degler, Hans (M)   176
Deutschmann, Josef (Bh)   272
Diabelli, Anton   279
Diokletian, röm. Kaiser   170
Dollicher, Matthias (M)   179
Donner, Georg Raphael (Bh)   79, 175
Doppler, Georg (Steinmetz)   169
Driesche, J. B. von (B)   130
Dünge, Eugen (T)   266

Eberhard II., Graf von Regensberg, Erzbischof von Salzburg (1200–46)   14, 67
Ebner, Franz Anton (M)   75, 116
Eck, Benedikt, Abt von St. Wolfgang   138 bis 140
Eder, Georg (Ksch)   223
Egedacher, Johann Christoph (O)   25, 187
–, Johann Ignaz (O)   169
Eisl, Josef Andrä (M)   127, 131
Eismann, Johann Anton (M)   21
Enenkl, Johann Hartmann   210
Enzensperger, G. J. (Bh)   277
Erentrudis, 1. Äbtissin von Stift Nonnberg   66, 68
Erhart, Gregor (Sch)   258
Ertl, Joachim (Sch)   212, 213
Exendorfer, Max (M)   138

Faber, Johannes   171
Faistauer, Anton (M)   74, 76
Faistenberger, Wilhelm (M)   133
Feichtmayer, Johann Michael (M)   187
Feichtmayr, Johann Michael (St)   266
Ferdinand II., Kaiser   13, 209
Ferdinand III., Großherzog v. Toskana   14, 21
Fick, Roderich (A)   173
Fischer, Johann Michael (B)   271
Fischer, Vincenz (M)   77
Fischer von Erlach, Johann Bernhard (B)   26, 72, 73, 74, 77, 78, 80, 115, 134
–, Josef Emanuel (B)   30, 165, 167
Formbach, Grafen von   12
Frank, Johann Blasius (A)   228
Franz, Adam (Sch)   183
Franz Anton Fürst von Harrach, Erzbischof von Salzburg (1709–27)   20, 77–78, 269
Franz Joseph, Kaiser   140–141, 215, 288
Freundt, Leonhard (O)   257
Frey, Simon (B)   272
Fricsay, Ferenc   283
Friedrich I. Barbarossa, Kaiser   26
Friedrich III., Kaiser   173, 178, 188, 214, 233, 236
Friedrich von Walchen, Erzbischof von Salzburg (1240–84)   12, 76
Fries, Simon (Bh)   26, 115, 125
Fröhlich, Fritz (M)   269
Frölich, Johann (Bh)   78
Frueauf, Rueland d. Ä.
–, Werkstatt   142
Furtwängler, Wilhelm   283

Gall, Jakob (St)   79
Galliardi, Antonio (M)   192
Ganghofer, Ludwig   303
Gasser, Josef (Bh)   177
Gebhard, Erzbischof von Salzburg (1060–88)   32, 272, 279
Gerold, Jakob (Bh)   115, 129
Getzinger, Hans (Bh)   259
Geumann, Hans Christoph von   163
–, Ortlof   163
Geyer, Elias von (Ing)   74
Ghezzi, Giuseppe (M)   183
Gleink, Ministerialengeschlecht   187
Gottesreiter, Christoph   31
Götz, Josef Mathias (Bh)   164, 169, 273
Götzinger, Andreas (Bh)   70, 78

REGISTER

Grabenberger, Brüder (M) 191, 192, 224
Graf, Christoph 130
Granichstaedten, Bruno 290
Gras, Kaspar (Bh) 78
Gregor XIII., Papst 25, 222
Greitter, Elias (M) 226
Grenier, Louis (Bh) 76
Greysing, Martin, Abt v. Stift Schlägl 259, 262
Grießmayr, M. Christoph (T) 210
Grillinger, Petrus 128
Gruber, Franz Xaver 303
Gründler, Sebastian (Bh) 187
Gstöttenbauer, Karl Johann (Ksch) 212
Guet, Peter (Steinmetz) 178
Gugg, Gordian (M) 130
Guggenbichler, Meinrad (Bh) 73, 77,
  137–138, 140, 163, 164, 279
–, Werkstatt 136, 138, 162
Guidobald Graf von Thun, Erzbischof von
  Salzburg (1654–68) 19, 115, 119
Gumpp, Johann Anton (M) 183
Gunetzrhainer, Johann (B) 271, 277
Guppenberger, Wolf (Ksch) 71

Hagenauer, Johann Baptist (Bh) 26, 74, 77,
  132, 162
–, Johann Georg (Bh) 78, 79
–, Johann Lorenz von 31, 71–72
–, Sebastian (Bh) 276, 277
–, Wolfgang (B, Bh) 26, 31, 65, 74, 77, 122,
  131, 161, 162
Hagger, Conrad 286
Haim, Georg (M) 129
Hainzl, Fidelis (B) 128
Halbax, Michael Wenzel (M) 182, 183
Hamilton, Franz von (M) 226
Handel-Mazzetti, Enrica von 179, 303
Hanreich-Ludwig (Privatsammlung) 164
Hardegg, Grafengeschlecht 235–236
Häring, Gabriel (Bh) 68, 127
Harperger, Peter (B) 128
Haslecker, Hans (Bh) 233
Haslinger, Johann (B) 176, 265, 266
Hauer, Hans (G) 134
Haunsperg, Gotschalk von 173
Hayberger, Joh. Gotthard (B) 182, 189
Haydn, Michael 30, 31
Haze, Melchior de (Gi) 19
Heindl, Wolfgang Andreas (M) 168, 170,
  212, 230

Heinrich II., Kaiser 66, 68, 127, 164, 180,
  192, 223, 224, 277
Heinrich der Zänker, Herzog 12, 138
Heiß, Johann (M) 192
Heißler, Simon (Bh) 176
Hemmel von Andlau, Peter (G) 68
Herberger, Johann Michael (O) 273
Herberstorff, Adam Graf von 13, 211, 216,
  217, 284–285
Herold, Christof (Gi) 113
Hiebel, Ignaz (Bh) 174
Hieronymus Graf von Colloredo, Erzbischof
  von Salzburg (1772–1803) 19, 80
Hildebrandt, Johann Lukas von (B) 21, 78,
  79, 126, 162, 174, 175, 269
Hinterseer, Philipp (Ksch) 17, 29, 80; Abb. 35
Hitzl, Jakob (Sch) 161, 162
–, Franz de Paula (Bh) 30, 76, 80
Hochleitner, Valentin (O) 210
Hofhaymer, Paul (Hoforganist) 66, 126
Hoflehner, Rudolf (Bh) 74
Hofmann, Valentin (Ksch) 225
Hofmannsthal, Hugo von 22, 282, 287
Högler, Johann (Steinmetz) 30, 162
–, Anton (Steinmetz) 122
Holzinger, Franz Josef Ignaz (St) 266, 271
Holzmeister, Clemens (A) 74, 177
Höpp, Josef (St) 279
Hörmler, Lorenz 29
Höß, David (M) 210
Hrdlicka, Alfred (Bh) 74
Huber, Jörg (Bh) 235
Humboldt, Alexander von 70

Jakob, G. 21
Jegg, Stephan 182
Johann III. von Gran, Erzbischof von Salz-
  burg (1482–89) 32
Johann Ernst Graf von Thun, Erzbischof von
  Salzburg (1687–1709) 20, 70, 72, 75, 78,
  80, 115, 116
Johann, Erzherzog (1782–1859) 214
Johst, Ignaz (Sch) 180
–, Johann Christoph (Bh) 210
Jörger, Christoph 211
–, Helmhart 13, 219
Josef II., Kaiser (1765–90) 13, 175, 187, 190,
  209, 211, 231, 261
Josef Anton Gall, Bischof von Linz 136
Junger, Sebastian (B) 275

Kager, Matthias (Bh) 272
Kandler, Georg und Jakob (St) 260
Karajan, Herbert von 283, 284
Karl, Hans (Go) 25
Karl d. Gr. (800–814) 11, 121, 172, 221, 223, 224
Kendler, Tobias (B) 135
Kepler, Johannes 178, 268
Khapp (Khopp), Hans 113
Khevenhüller, Hans von 163–164
Kirchgrabner, Franz Anton (B) 278
Kirchschlager, Heinrich 142
Kleber, Johann (B) 116, 134, 135
Klotz, Petrus, Erzabt von St. Peter 29
Köberl, Wolfgang (M) 272, 280
Koch, Franz Anton (Bh) 138
Kokoschka, Oskar (M) 74
Kolbitsch, Rudolf (G) 171
Kolig, Anton (Mo) 74
König, Franz Xaver (M) 17, 29
Königer, Veith (Bh) 212, 213
Konrad I., Graf von Abensberg, Erzbischof von Salzburg (1106–47) 28, 124, 129, 272
Konstantin d. Gr., röm. Kaiser (306–37) 11
Krackowizer, H. (A) 228
Krauss, Clemens 283
Kremser-Schmidt, siehe Schmidt, Martin Johann
Kriechbaum, Martin (Bh) 238
Krinner, Johann Mathias (B) 176, 178, 180
–, Matthias Ludwig (Bh) 174
Krismann, Franz Xaver (O) 176, 184, 190
Krumenauer, Stephan (B) 26, 275
Kubin, Alfred (M) 179, 302
Kupelwieser, Leopold (M) 142, 215

Lackner, Andreas (Bh) 125
Laib, Konrad (M) 27
Lambach-Wels, Grafengeschlecht 12, 166, 170
Lamberg, Grafengeschlecht 188
Laschensky, J. G. 71
Lederwasch, Christoph (M) 74, 115
–, Gregor (M) 128, 129
Lehár, Franz 141
Leithner, Michael (Bh) 183
Lenau, Nikolaus 303
Lengdörfer, Hans (B) 137
Leonhard von Keutschach, Erzbischof von Salzburg (1495–1519) 25, 32, 65, 127

Leopold Anton Freiherr von Firmian, Erzbischof von Salzburg (1727–44) 14, 32, 75, 115, 116
Lettenbichler, M. (M) 275
Lindermayr, Andreas Ferdinand (Ksch) 212, 213
Lindner, Otto (A) 279
List, C. P. (M) 138
Löffler, Christoph (Gi) 129
Lorenzoni, Peter A. (M) 136; Ft. 7
Losenstein, Herren von 188, 192
Loth, Karl (M) 231
Lucchese, Philiberto (A) 166
Ludwig der Fromme, König 136
Ludwig III., König von Bayern 121

Machland, Grafengeschlecht 234–236
Mähl, Leopold (Bh) 173
Makart, Hans (M) 76
Mandl, Michael Bernhard (Bh) 22, 72, 75, 80
Manzù, Giacomo (Bh) 22
Marc Aurel, röm. Kaiser (161–180) 11
Markus Sittikus Graf von Hohenems, Erzbischof von Salzburg (1612–19) 19, 21, 25, 66, 77, 78, 80, 113, 116, 117, 120
Martinelli, Anton Erhard (A) 165
Mascagni, Arsenio (M) 23, 119
Mataré, Ewald (Bh) 22
Materni, Giovanni Manfredo (St) 182
Matthäus Lang von Wellenburg, Kardinal und Erzbischof von Salzburg (1519–40) 32, 65
Mattielli, Lorenzo (Bh) 167
Maulpertsch, Franz Anton (M) 261
Max Gandolf Graf von Kuenburg, Erzbischof v. Salzburg (1668–87) 19, 69, 71, 114, 125
Maximilian I., Kaiser (1493–1519) 13, 32, 76, 171, 190, 233
Maximilian I., Herzog von Bayern (1597 bis 1623) 13, 66, 140
Mayr, Christoph Anton (M) 77, 134
–, M. (T) 163
–, Richard 304
Mayrhofer, Franz Christoph (M) 122
Mazza, Giovanni Battista (St) 226, 234
Megerle, Abraham 25
Meister Heinrich (Gi) 23
Meister von Irrsdorf 163
Meister im Kandlbach (Bh) 138
Meister Tommaso 19
Meittinger, Gabriel (M) 210

313

REGISTER

Memberger, Kaspar (M) 29
Mengs, Anton R. (M) 76
Messenta, Francesco (M) 169, 266
Meßner, Hans (Ksch) 183
Michael von Kuenburg, Erzbischof von Salzburg 27, 116
Möbius, Luis (A) 121
Mödlbauer, Paul (Bh) 131
Modler, Johann Baptist (Bh) 174, 272, 273
–, Johann Kaspar (St) 174, 178, 180, 270, 274
Mödlhamer, Paul (Bh) 127, 162
Mohr, Johann Georg (Bh) 122, 124, 128
–, Joseph 303
Mosto, Ottavio (St) 27, 78
Mozart, Anna Maria 71, 136
–, Leopold 28, 71, 113
–, Nannerl 28, 30, 31, 136
–, Wolfgang Amadeus 17, 20, 23, 28, 30, 71–72, 79–80, 113, 281; Ft. 7
Mozart-Nissen, Konstanze 16, 30, 113
Mülich, Peter (Gi) 140

Napoleon I., Kaiser 14, 136, 269, 271, 274
Nessenthaler, Anton (M) 122
Neumann, Balthasar (B) 231
Neve, Franz de (M) 23, 115, 138, 192
Niebauer, Johann Georg (Bh) 167
Nißl, Franz Xaver (Bh) 122

Obermüller, Michael (Sch) 176, 192
Odilo II., Begründer des Klosters Mondsee 11, 136
Odorozzi, Rudolf (A) 171
Oettinger, K. 216
Opstal, Bartholomäus van (Bh) 28, 115
Ostendorfer, Urban (M) 279
Otto I., Kaiser (936–73) 12
Otto II., Kaiser (973–83) 12, 124, 278
Otto III., Kaiser (983–1002) 12
Ottokar, König von Böhmen 12
Oxner, F. 162

Pacher, Friedrich (Bh) 140
–, Michael (Bh) 26, 139–140
Pagl, Maximilian, Abt von Lambach (1705–25) 166, 169
Palme, August (M) 260, 261
Pankraz, P. 222
Paracelsus 113

Paris Graf von Lodron, Erzbischof von Salzburg (1619–53) 14, 19, 20, 22, 29, 32, 65
Parodi, Domenico (M) 169
Paur, Silvester (M) 30
Pawanger, Jakob (B) 164, 270
Pereth, Johann Friedrich (M) 133, 163
Perger, Jörg (B) 275
Permoser, Balthasar (Bh) 119
Pernegger, Hand d. J. (Bh) 23, 259
Petz, Johann (Bh) 261
Pezolt, Georg 31
Pfaffinger, Josef Anton (Bh) 32, 71, 73, 76, 80, 113, 115, 135, 225, 280
Pflauder, Peter P. (St) 21, 30
Pippin, Frankenkönig 25
Pirchner, Johann (O) 225
Plain, Grafengeschlecht 26
Plank, Hans (G) 278
Pozzo, Andrea (M) 169
Prager, Laßla 233, 234
Prandtauer, Jakob (B) 176, 181–183, 184, 191, 223, 225, 231
Preisinger, Melchior (Ksch) 223
Preysing, M. J. E., Graf 19
Prossinger, Otto (A) 21
Prunner, Johann Michael (B) 168, 169, 170, 173, 174, 176, 177, 178, 184, 188, 210, 212, 218, 257
Prünner, Thomas (B) 272
Puchner, Christoph 171
Puchspaum, Hans (A) 189, 190
Pult, Johann (Bh) 128

Quaglio, Guido (M) 116

Raitenau, Hans Werner von 30
Ramsauer, Johann Georg, Salinenrat 143
Rännacher, Lienhart (Gi) 140
Raukamp, Josef (G) 179
Reckeisen, Thomas (Ksch) 27
Reinhardt, Max 116, 282, 283
Reischl, Johann Georg (M) 275
Reiser, Tobi 284
Remele, Urban (T) 224
Rensi, Andreas (M) 116
Reslfeld, Karl von (M) 29, 174, 176, 190, 191, 192, 210, 224, 231
Reßler, Josef (Bh) 183
Reydams, Heinrich II. 224
Richter, Hans 281

314

Rint, Johann (Sch) 238
Rittinger, Martin (Bh) 192
Roller, Alfred 282
Rosenegger, Lorenz 119
Rossacher, Kurt 21, 79; Ft. 9
Rossi, J. B. de 31
Rottmayr, Johann Michael (M) 20, 21, 27,
  70, 73, 74, 76, 77, 80, 126, 162, 183, 210,
  271, 279, 280
Rubens, Peter Paul (M) 21, 191; Abb. 39
Ruckerbauer, Johann Philipp (M) 277
Rudolf I. von Habsburg, König (1273–91)
  12–13
Rummel, Nikolaus (O) 266
Rupertus, Abt und 1. Bischof von Salzburg
  (ca. 696–718) 23, 28, 29, 66, 68

Sandrart, Joachim von (M) 23, 167, 174, 177,
  227
Sattler, Johann Paul (Bh) 178
–, Johann Jakob (Bh) 182
–, Leonhard (Bh) 182, 231
Sauter, Jeremias (Uhrmacher) 19
Scamozzi, Vincenzo (B) 16, 22
Schalk, Franz 282, 283
Schaumberg, Grafengeschlecht 164, 265, 266,
  267, 268, 269
Schindlauer, Leopold (Bh) 138
Schmidt, Friedrich von (B) 189
–, Martin Johann (M) 29, 115, 177, 178, 212,
  233, 261
Schmitz, Bruno (A) 179
Schneider-Manzell, Toni (Bh) 22, 23, 26, 74, 278
Schönauer, Heinrich (A) 121
Schönborn, Friedrich Carl von 21
Schönfeld, Johann Heinrich (M) 23, 227
Schöpf, Johann Nepomuk (M) 272
Schwanthaler, Franz (Bh) 114
–, Johann Georg (Bh) 216, 274, 296;
  Abb. S. 219
–, Ludwig (Bh) 16, 31, 121
–, Thomas (Bh) 114, 115, 140, 218, 271,
  273–274, 278
Schwind, Moritz von (M) 261
Scissor, Johannes (Bh) 30
Seeauer, Beda, Abt 17, 29
Seitl, Ferdinand 230
Septimus Severus, röm. Kaiser 165
Sigismund III. Graf von Schrattenbach, Erz-
  bischof von Salzburg (1753–71) 25, 74, 131

Simmel, Anton (T) 261
Sing, Kaspar (M) 277
Singer, Jakob (B) 134
–, Kassian (B) 80
Solari, Antonio (M) 29
–, Ignazio (M) 23
–, Santino (Bh) 22, 31, 72, 118, 119
Spaz, Johann Baptist (Bh, St) 176, 219, 223,
  226
–, Johann Peter (Bh) 223, 259, 271
–, Marx (B) 224, 259
Spindler, Hans (Bh) 220, 268
Spitzweg, Carl (M) 76
Starhemberg, Fürstengeschlecht 79, 180, 188,
  262, 268
Statz, Vincenz (B) 177
Staupitz, Johann von, Abt von St. Peter 31
Steidl, Melchior (M) 167, 168, 183, 226, 228
Steiger, Franz Michael (M) 279
Steinhuber, Jakob (B) 184
Stifter, Adalbert 179, 189, 222, 228, 238,
  302–303
Stöger, Josef (T) 272, 273
Stolz, Robert 290
Stoß, Veit 68; Abb. 10
Strauß, Richard 80, 282, 283
Sträußenberger, Franz (G) 134
Streicher, Franz Nikolaus (M) 122
Strindberg, August 236
Strobl, Friedrich (Ofensetzer) 119
Strudel, Peter (M) 192
Stuart, Bernhard, P. (a) 116
Stumpfeger, Lorenz (Steinmetz) 26, 30
–, Sebastian (Steinmetz) 77, 174
Swoboda, K. M. 69
Syder, Daniel (M) 225

Tabor, Stephan (Bh) 277
Tassi, Antonio (M) 182
Tassilo I., Baiernherzog aus dem Stamm der
  Agilolfinger 11
Tassilo III., Baiernherzog (748–88) 11, 136,
  161, 220–222, 223, 225, 226, 276
Tauber, Richard 141
Teniers, David d. Ä. (M) 261
Thenny, Johann Ignaz (Bh) 212
Theodo, Baiernherzog 11, 25, 66
Thomas, Franz (M) 260
–, Hans (Ksch) 115
Toscanini, Arturo 283

315

REGISTER

Trakl, Georg 70, 304
Trientl, Paul Ulrich (B) 179
Troger, Paul (M) 70, 76
Turriani, Innozenz (M) 192

Übelherr, Johann Georg (St) 266, 269–270
Unrueh, Johann Georg (M) 272

Valkenauer, Hans (Bh) 65, 76, 124, 161, 166, 214, 238, 276
Veichtlbauer, Josef (Pfarrer und Sammler) 274
Vellert, Dirk (M) 227
Veronese, Paolo (M) 261
Vierthaler, Johann Michael (St) 275, 276
Villach, Friedrich und Johann von (M) 128
Virgil, Abt und Bischof von Salzburg (767 bis 784) 23, 25
Viscardi, Bartolomeo (B) 276
Vogel, Jakob (M) 274
Vorrath, Heinrich (Go) 222

Waggerl, Karl Heinrich 284
Waldburger, Hans (Bh) 30, 68, 71, 78, 113, 119, 137
Waldmüller, Ferdinand Georg (M) 76
Walter, Bruno 283
Walter, Christoph, Abraham (Bh) 166
Walz, Hans (Ksch) 225
Weiß, Ferdinand (M) 261
Weiss, Johann (M) 29, 131
Weißenkirchner, Wolf (Bh) 74, 115
Wendlinger, Niclas (Steinmetz) 167

Westreicher, Engelbert (Bh) 261
Wichlhamer, Mathias 163
Widmann, Peter (Bh) 274
Widmoser, Josef (G) 124
Wieser, Lorenz (Bh) 77
Wiesinger, Wolfgang (B) 67, 275
Wilczek, Grafengeschlecht 127
Windhaag, Joachim Graf von 234
Windisch, Georg (B) 267
Wink, Christian (M) 272, 273, 280
Wolf Dietrich von Raitenau, Erzbischof von Salzburg (1587–1612) 16, 19, 20, 21, 22, 25, 26, 30, 32, 66, 69, 77, 78, 113, 127, 129; Abb. S. 67
Wolf(f), Andreas (M) 192, 225
Worath, Johann (Bh) 260, 261
Wrede, Karl Philipp von 136, 269, 271
Wultinger, Stephan (B) 165

Zanusi, Jakob (M) 113, 130, 135, 138, 162
Zauner, Franz Anton (Bh) 270
Zeiller, Johann Jakob (M) 272
Zeisel, Thomas (St) 167
Zell, Johann Baptist (T) 266
Zola, Franz (A) 180
Zuccalli, Giovanni Gaspare (B) 69, 70, 161
Zuckmayer, Carl 304
Zürn, Michael d. J. (Bh) 162, 216, 218, 224, 225, 274
–, Martin 274, 275, 276, 277
–, Werkstatt 276
Zweig, Stefan 80, 287

Orts- und Sachverzeichnis

Sind mehrere Seitenzahlen angegeben, bedeuten kursive Ziffern ausführliche Beschreibungen. Sachbegriffe wurden kursiv gesetzt.

Abtenau 14, *124–125*, 129, 142
Adlwang 192, 297
Adnet 124
Alkoven 266
– Hartheim (Schloß), siehe Hartheim
Alt-Aussee 213, *214–215*
Altenmarkt i. Pongau *125*, 126, 192; Abb. 55
Altheim 275
Altmünster *216*, 218, 294, 296; Abb. 120

Altoberndorf 280
Altpernstein, Burg 210–211
Anif, Schloß 121; Ft. 11
Attersee 9, 164, 296; Ft. 16
– Schloß Kammer 164
Aubachtal 125
Ausseerland 213–215

Bad Aussee *213–214*, 295; Abb. 117
Badgastein 131, 132; Abb. 59, 60

316

Bad Goisern   *141–142,* 215
Bad Hall   *229–230,* 284
Bad Hofgastein   131; Abb. 64
Bad Ischl   9, *140–141,* 215, 284, 288, 289,
   294, 295, 303; Ft. 22
Bad Leonfelden   258
Baumgartenberg, ehem. Zisterzienserstift
   12, *234–235*
Bischofshofen   10, 14, 129, *130,* 133; Abb. 61
Blühnbachtal   129
Böckstein   131
Braunau am Inn   *275–276,* 277; Abb. 146–150
Bruck (Bahnhof)   133
Bründl   258
Budapest   162

Christkindl   13, *230–231; Ft.* 29
Clam (Klam)   *235–236;* Abb. 130

Dachstein   9, *144;* Ft. 21; Abb. 79
Dienten am Hochkönig   130, 133; Ft. 23
Dürrnberg, s. Hallein

Ebensee   142, *215,* 290, 294, 295
Ebenzweier, Schloß   217
Eferding   *266–268,* 269
Engelhartszell   269–270; Abb. 142
Enns   11, *184–185,* 187, 233; Ft. 32; Abb. 105
Ennstal   192
Eugendorf   161

Felben   134; Abb. 67
Felbertauern-Straße   134
Festspiele   74, 22, *281–285*
Flachau   126
Florenz   21
Frankenberg   284
Frankenmarkt   163
Freistadt   *240, 257,* 258; Abb. 137
Fuschlsee   9, *135;* Ft. 17
   Jagdschloß   135

Gaisberg bei Salzburg   135
Gampern   165; Abb. 80, 81
Garsten, Kollegiatstift   12, 115, *191–192,*
   297, 303
Gasteiner Tal   130–132
Geiereck   121
Gerlospaß   9
Gleink   12, 187

Gmunden   141, *217–218,* 288, 290, 294,
   295–296; Abb. 119
Gnigl (Vorort von Salzburg)   135
Goldegg, Burg   130; Abb. 62
Golling   124, 129
Gosautal und Gosausee   142; Ft. 21
Grein   236–237
Grödig – St. Leonhard   121
Großglockner und -straße   9, 132
Grünau im Almtal   219

Haibach   269
Hallein   10, *122;* F. 10; Abb. 52, 54
Hallstatt   *142–144,* 215, 288, 295, 303;
   Abb. 75–78
Hartheim, Schloß   266
Haslach   258
Heiligenblut   133
Heiligenleithen   220, 297
Henndorf am Wallersee   304
Hinterstoder   211; Abb. 113, 116
›Hochalm‹ bei Salzburg   121–122
Hochkreut, Wildpark   216–217
Hofgastein, siehe Bad Hofgastein
Hohenbrunn   184
Hohenwerfen (Burg), siehe Werfen

Irrsdorf   137, *163;* Abb. 151
Ischl, siehe Bad Ischl

Kammer, Schloß   133
   im Attersee, siehe Attersee
Kaprun   133; Ft. 18
Kastenreith   192
Kefermarkt   238–240; Abb. 133, 134
   Schloß Weinberg, siehe Weinberg
Kirchdorf   209, 210
Klam, siehe Clam
Königswiesen   238; Abb. 135
Köstendorf   162–163
Kremsmünster   11, 209, 211, 219, 220–229,
   278; Abb. 122–127
   Bibliothek   228
   Geschichte   220–222
   Kaisersaal   226; Abb. 125
   Kunstsammlung   277
   Schatzkammer   222; Abb. 122
   Sternwarte   228–229
   Stiftshof   222–224; Abb. 123, 126
   Stiftskirche   224; Abb. 124, 127

REGISTER

Krimmler Wasserfälle 134; Abb. 68
Kuchl 124

Lambach, Benediktinerstift 9, 12, *166–169*;
  Abb. *84–88*
Lammertal 124
Langbath-Seen 215
Lauffen 141
Leoganger Steinberge 9, 133; Ft. 20
Linz 12, 13, 136, *171–180*, 192, 261, 265,
  266; Abb. *93–95*
  Barmherzige-Brüder-Kirche 177
  Dom 177
  Donaulände 179
  Elisabethinenkirche 179
  Ehem. Minoritenkirche 178
  Hauptplatz 173; Ft. 28; Abb. 94
  Jesuitenkirche 175
  Kapuzinerkirche 177
  Karmeliterkirche 176
  Landesmuseum 179
  Landestheater 177
  Landhaus 177; Abb. 93
  Pöstlingberg 180; Abb. 95
  Schloß 178–179
  Stadtmuseum ›Nordico‹ 179
  Stadtpfarrkirche Mariä Himmelfahrt 174
  Ursulinenkirche 176
Lorch 184
Lungau 14, *126*, 291; Ft. 33

Machland 234–236
Maria Alm 133
Mariapfarr 128; Abb. 58
Maishofen 133
Maria Kirchenthal 134; Abb. 65, 66
Maria Plain, siehe Salzburg
Mariazell 128
Mattighofen 277–278
Mattsee, Kollegiatstift 11, *161–162*, 278;
  Abb. 82
Mauterndorf 11, 126, *127–128*,
  Schloß Moosham 127
Mauthausen 10, *233*
Michaelbeuern, Kloster 77, *278–280*
Mittersill 134
Mondsee 10, 13, 138, 164, 289
  Kloster 11, 135, *136–138*, 139;
    Abb. 71, 72
  Rauchhaus 138

Moosham (Schloß), siehe Mauternhof
Mösendorf 163
Mühlbach am Hochkönig 130, 133
Mühlberg (Filialkirche) 161
Mühlviertel *237–263*, 299; Abb. 132
München 121
Münsteuer 273–274
Münzkirchen 270

Niedernfritz 125, 129

Oberalm 122; Abb. 53
Obernberg am Inn 274
Oberndorf a. d. Salzach 280, 292, 303
Oberrauchenödt 257–258; Abb. 136
Oberthalheim 166
Obertraun 144, 215
Oberwang 138
Ort, Schloß *217–218*, 219; Ft. 14

Perg 234
Pettenbach 220
Pfarrwerfen 130
Pischelsdorf am Engelbach 277
Pongau 14, 130, 290
Pöstlingberg, siehe Linz
Pötschenpaß 215
Pragstein, Schloß 233
Prähistorische Funde 122, 136, 141, 143, 171,
  180
Pregarten 238
Pürgg 213; Abb. 115
Pürnstein, Burg 262–263
Pyhrnpaß 211, *213*; Abb. 114

Radstadt 125
Radstädter Tauern 9, 126
Ranshofen 9, 275, *276–277*; Abb. 145
Regen/Niederbayern 115
Reichersberg, Augustiner-Chorherrenstift
  12, *272–274*; Abb. 140
Ried im Innkreis *274–275*, 302;
  Abb. 143
Rohrbach 259, 262, 302
Römische Funde 10–11, 15–16, 124, 140,
  164, 165, 170, 171, 180, 184, 216, 266
Rosenhof, Schloß 257, 258, 302
Rutzing bei Hörsching 10

Saalfelden 130
Saalhof, Schloß 133

Salzburg 10, 11, 12, 14, *15–120,* 121, 122,
124, 134, 135, *285–288;* Ft. 1–6; Abb. 1–51
Alter Markt 71; Abb. 19
Blasius- oder Bürgerspitalkirche 75–76;
Abb. 31
Dom *21–26,* 27; Abb. 21–27
Dreifaltigkeitskirche 80, 162
Emsburg 116
Emslieb 117
Erhardkirche 69–70
Felsenreitschule 74, 282
Festspielhäuser 74, 284
Franziskanerkirche 19, 21, *26–27,* 277;
Abb. 40–42
Freisaal, Schloß 116
Getreidegasse 71; Abb. 18
›Haus der Natur‹ 77
Hellbrunn, Schloß *117–120,* 166; Ft. 4, 5;
Abb. 48–49
Hofstallschwemme 75; Abb. 17
Hohensalzburg 32, *65–66;* Ft. 1, 3, 13;
Abb. 2, 4–7
Kajetanerkirche 70
Kajetanerplatz 31–32
Kapuzinerberg 15, 32
Kapuzinerkloster 80
Kleßheim, Schloß 115–116; Abb. 51
Kollegienkirche 72; Abb. 1
Leopoldskron, Schloß 116; Abb. 44
Makartplatz 78
Maria Plain *113–115;* Ft. 12; Abb. 43
Markuskirche 77
Michaelskirche 17
Mirabell *77–79,* 162; Ft. 3; Abb. 45–47
Mönchsberg 74, 77
Mozarteum 79, 116, 281
Mozarts Geburtshaus *71–72,* 281;
Abb. 28–30
Mozartplatz 16, 19
Müllner Kirche 77
Museum Carolino Augusteum 76, 120,
125; Abb. 11–16
Nonnberg, Stift 66–69
Neutor 74, 75
Rainer-Museum 32, 66
Rathaus 71
Residenz 19–22; Abb. 20, 36–39
Residenzplatz 16, *17–19,* 22; Ft. 2
Robinighof 113; Ft. 6
Sebastianskirche und -Friedhof 80, 113

St. Peter- und Friedhof 28
Sommer- und Felsenreitschule 74
Universität 17, 21, *72–74*
Waagplatz 70
Waldems 120
Winterreitschule 74
Zauberflötenhäuschen 79
Salzgewinnung u. Salzhandel 10, 13, 66,
122, 140, 142, 213, 218, 268, 275
Sandl 258, 300
Schärding *270–271,* 272
Scharnstein, Schloß 219
Schaumberg, Festung 268
Schlägl, Stift 12, *259–261;* Abb. 138
Umgebung 261
Schlierbach, Zisterzienserstift 13, *192–210,*
298; Ft. 30, 31; Abb. 110–112
Schlögen 8, 268, 269; Ft. 34
Schwanenstadt 166
Schwarzach 130
Seewalchen 165
Söllheim 161
Spital am Pyhrn *211–212,* 230, 277; Abb. 118
Sprinzenstein 262
St. Florian, Augustiner-Chorherrenstift
12, 165, *180–184,* Ft. 24–26; Abb. 96–104
St. Gallen 116
St. Georgen a. d. Mattig 277; Abb. 144
St. Georgen im Pinzgau 132
St. Gilgen 135, 138, 290; Abb. 69
St. Johann im Pongau 9, 130; Abb. 63
St. Martin bei Lofer 133
St. Martin im Lungau 127; Abb. 56
St. Michael im Lungau 126–127
St. Nikola a. d. Donau 236; Abb. 128
St. Peter 258
St. Thomas a. Blasenstein 237; Abb. 131, 132
St. Wolfgang 128, 136, *138–140;* Abb. 70,
73, 74
Stadl-Paura 13, *169,* 212; Ft. 27
Straßwalchen 137, *163*
Steyr 12, *188–191,* 192; Ft. 35; Abb. 106–109
Christkindl, siehe Christkindl
Stodertal 211
Strobl am Wolfgangsee 125, 138
Strudengau 236–237
Suben am Inn 12, *271*

Tamsweg *128–129,* 291; Abb. 57
Tenneck 129

319

Tillysburg   184
Traunkirchen   12, *215–216;* 295; Ft. 15;
   Abb. 121
Traunsee   9, *215–218,* 295; Ft. 15
Trautenfels, Schloß   213

Urfahr   180, 302
Urslautal   133

Vichtenstein, Burg   270; Abb. 141
Vigaun   124
Vöcklabruck   165; Abb. 83

Walchen, Landschloß   163
Wartberg a. d. Krems   220
Weinberg, Schloß   *240, 266;* Abb. 134

Weingarten, Kloster   115
Weißenbach am Attersee   215
Wels   10, 78, *169–171,* 296; Abb. 89–92
Werfen   129–130
   Burg Hohenwerfen   129
Weyeregg   164
Wien   21, 25, 26, 125, 136, 143, 165, 173,
   177, 190, 211, 216
Wilhering, Zisterzienserabtei   12, *265–266,*
   269; Abb. 139
Windhaag   234, 303
Wolfgangsee   9, *135,* 138, 290; Abb. 69, 70

Zell am See   133
Zwickledt   302